그리스도인의
일상다반사

그리스도인의 일상다반사

방선기 지음

1판 1쇄 발행 2009. 1. 19. | **1판 7쇄 발행** 2019. 11. 26. | **발행처** 포이에마 | **발행인** 고세규 | **등록번호** 제300−2006−190호 | **등록일자** 2006. 10. 16. | 서울특별시 종로구 북촌로 63−3 우편번호 03052 | 마케팅부 02)3668−3260, 편집부 02)730−8648, 팩스 02)745−4827

값은 뒤표지에 있습니다. ISBN 978−89−93474−04−6 03230 | 독자의견 전화 02)730−8648 | 이메일 masterpiece@poiema.co.kr | 좋은 독자가 좋은 책을 만듭니다. | 포이에마는 독자 여러분의 의견에 항상 귀를 기울이고 있습니다.

교리와 생활 사이의 병적인 괴리를 말끔하게 이어주는 **생활신학의 골든 브리지**

CHRISTIAN

그리스도인의 일상다반사

방선기

포이에마
POIEMA

사람의 일이 거룩한가 아니면 세속적인가를 결정하는 것은
그 사람이 무엇을 하느냐에 있지 않고 왜 그 일을 하느냐에 있다.
— A. W. 토저

Change, 사람은 무엇으로 변화되는가

세속에서 거룩을 발견하라

일상생활의 믿음　한 여론조사에 따르면, 한국 교회의 가장 심각한 문제는 '신앙과 삶의 괴리'이다. 이런 결과에 대해 많은 사람들이 동의하리라 믿는다. 나 역시 그 동안 다양한 사람들을 만나면서 그 결론에 동의할 수밖에 없었다. 그런데 '신앙과 삶의 괴리'라는 표현에 대해서는 동의하고 싶지 않다. 신앙은 좋지만 삶은 문제가 있다는 말은 성립되지 않는다. 어떻게 신앙이 좋은 사람이 삶은 엉망일 수 있겠는가? 물론 야고보서에서 "행함이 없는 믿음"(약 2:20)에 대해 말씀하지만, 이 말씀은 행함이 없는 믿음은 제대로 된 믿음이 아니라는 사실을 가르치기 위한 것이다. 엄밀히 말해서 신앙과 삶은 괴리가 있을 수 없으며, 결국 그 말은 적절치 않은 표현이다. 비판 받는 한국 교회의 현실을 제대로 표현하려면 '종교적인 삶과 일상적인 삶의 괴리'라고 하는 것이 더 정확하다.

이렇게 구별하고 한국 교회의 현실을 보면 둘 사이의 괴리는 상당히 심각하다. 언젠가 오랫동안 검사 생활을 하신 분에게 충격적인 이야기를 들었다. 한 은행원의 횡령 사건을 수사한 적이 있는데, 횡령한 돈을 추적해보니 꽤 많은 돈이 교회 재정에서 발견되었다. 나중에 알고 보니 그 은행원은 횡령한 돈의 10분의 1을 십일조로 교회에 헌금했다. 이야기를 들으면서 '어떻게 이런 일이 있을 수 있을까?' 탄식이 절로 나왔다. 생각해 보면 그 은행원은 거액의 십일조를 헌금할 정도로 종교적인 삶은 완벽했다. 그러나 일상의 삶은 그리스도인으로서는 도무지 용납할 수 없는 행동이었다. 물론 극단적인 경우이긴 하지만 실제로 이와 비슷한 일들을 범하는 그리스도인들을 주변에서 얼마든지 만날 수 있다.

물론 당사자들의 신앙에 가장 큰 문제가 있다. 신앙생활을 예배당 중심의 종교적인 영역으로 제한시켜 생각한 것 자체가 문제의 뿌리라고 할 수 있다. 그리스도인들에게 "요즘 신앙생활을 잘 하고 있느냐?"고 질문하면 열에 아홉은 "교회 출석과 헌금생활 잘 하고 있다"고 대답한다. 사람에 따라서 개인적인 경건생활을 염두에 두지만 그 이상으로 확대해서 생각하지 않는다.

그러나 그리스도인의 신앙생활은 생활의 모든 영역, 즉 사소한 것 하나까지 신앙을 기초로 세워야 정상이다. 결국 '가정생활이 신앙에 기초하고 있느냐? 자녀 양육을 신앙적으로 하느냐? 직장생활이나 재정의 문제도 신앙을 기초로 이루어지는가?' 라는 질문을 광범위하게 담고 있어야 정상이라는 말이다. 그러므로 "신앙생활 잘 하느냐?"는 질문은 아주 포괄적인 문제이다.

그러나 언제부터인지 신앙생활을 가정생활이나 직장생활과는 대조되는 교회 내의 종교활동이나 개인의 경건생활로 축소시켜 생각하게 되었다. 그래서 종교활동이나 경건생활은 신앙의 범주에 들어가지만, 일상생활은 신앙의 범주에 들어가지 못하고 성도 개인이 알아서 하는 삶의 범주로 여기게 되었다. 교회의 가르침은 종교활동이나 경건생활에 관련된 것으로 집중되고, 일상의 삶 속에서 어떻게 살아야 하는지는 성도들에게 맡겨버렸다.

그 결과 일상의 문제를 처리하는 것을 보면 신앙인으로서 차별성을 찾아보기 어렵다. 어떤 사람들은 익숙한 유교 전통에 따라 살기도 하고, 어떤 사람들은 주변의 세속적인 풍조를 그대로 따르기도 한다. 결과적으로 많은 그리스도인들이 종교적으로는 세상과 구별되지만 일상생활에서는 세상과 크게 다를 것이 없는 삶을 사는 것이다. 세상은 이것을 일러 '신앙과 삶의 괴리'라고 표현한다.

언젠가 직업과 관련한 고민을 내게 상담해 온 분이 있다. 이야기를 나누다가 "왜 이런 문제를 교회 목사님과 상담하지 않느냐"고 물었더니 "이런 문제는 교회 목사님과 이야기 나누기 어렵다"는 대답이 돌아왔다. 일단 교회 목사님이 이런 문제에 관심이 없고, 또 질문해봐야 대답해 줄 것 같지 않다는 것이다. 교회 목사님의 관심사와 능력에 대해서 이미 결론을 내리고 있는 것이다. 신앙과 삶의 괴리 문제를 풀어가기 위해서는 목회자들이 먼저 종교생활과 경건생활만큼이나 일상생활에 관심을 가져야 한다. 또 일상의 문제를 신앙적인 관점에서 고민하도록 가르쳐야 한다. 일상의 문제에 대해 항상 분명한 대답이 있는 것은 아니다. 하지만 적어도 일상생활의 문제를 가지고 함께 고민하는 과정은 있어야 한다. 일상의 문제를 고민하는 것 자체가 '신앙과 삶의 괴리'를 좁혀주는 길이기 때문이다.

물론 목회자들이 일상의 문제를 신앙에 근거해 조목조목 대답하기는 쉽지 않다. 신학 교육 체계가 그렇게 준비되어 있지 않기 때문이다. 신학은 목회자들의 목회 준비에 도움을 주어야 하고, 나아가 성도들이 일상생활을 신앙적으로 영위할 수 있도록 도움을 주어야 한다. 그러나 지금의 신학은 신학자들의 전공과목으로 축소된 경향이 없지 않다. 이렇다 보니 신학을 공부했지만 삶의 문제에 대해 신학적인 안목을 가지고 가르치거나 구체적으로 도움을 주는 것은 어렵다. 그러므로 '신앙과 삶의 괴리' 문제를 풀기 위해서는 신학의 관심사가 일상생활의 문제로 확대되어야 한다. 한마디로 사람들이 살아가는 문제에 대해 신학적인 관심을 가지고 신학적인 대답을 찾아야 한다.

이를 위해서는 책상과 교단을 떠나 실제적인 삶을 찾아나서는 신학자가 필요하다. 로버트 뱅크스는 이런 신학자를 가리켜 '사도적 신학자', '맨발의 신학자'라고 부른다. 한국 교회가 '신앙과 삶의 괴리' 문제를 해결하기 위해서는 신학자들이 전공에 관계없이 일상의 문제에 관심을 가지고 성경적이며 신학적인 해답을 찾아나서야 한다. 그 결과물들이 목회 현장에 있는 목회자들에게 목회 지침을 제공하고 성도들을 돕는 데 중요한 자료가 될 수 있어야 한다.

'신앙과 삶의 괴리' 문제는 성도 개인의 문제가 아니다. 그것은 목회자들의 목회철학에서 나오는 문제이며 결국은 신학적인 안목과 관심사에서 나오는 문제이다. 신앙과 삶의 괴리를 좁히기 위해 그리스도인 모두가 일상생활 문제에 관심을 가질 뿐 아니라 하나님의 뜻을 함께 찾아가는 노력이 필요한 때다.

신학의 주제로서 일상생활　대부분의 그리스도인에게 신학이라는 단어는 멀게만 느껴진다. 사람들에게 철학이나 사회학이 멀게 느껴지는 것과 마찬가지이다. 그런데 최근 철학자들과 사회학자들이 보통 사람들이 일상에서 경험하는 일들을 철학과 사회학이라는 학문의 범주 안으로 가지고 들어왔다. 사람들에게 가장 가깝고 중요한 일상의 삶을 철학적으로, 사회학적으로 조명해 보자는 것이다. 신학자들 가운데도 이와 비슷한 시도를 하는 사람들이 종종 있다.

전통적인 신학에는 기독교 교리를 조직적으로 정리한 조직신학과 성경을 연구하는 성경신학, 교회 역사를 다루는 역사신학, 목회의 실천적인 부분을 다루는 실천신학이 있다. 이러한 신학적 접근과 분류에 일상의 삶은 설자리가 없었다. 실천신학에서도 설교학, 목회학, 상담학 등 목회를 실천하는 데 필요한 것을 다룰 뿐 사람들의 일상의 삶과 관련된 것은 거의 다루지 않는다.

사실 성경은 일반적으로 종교적인 서적으로 여기지만, 내용을 보면 일상생활의 주제들이 넘쳐난다. 가장 인상적인 말씀은 전도서 9장 7–10절이다. 음식을 먹고 포도주를 마시는 것도 하나님이 주신 선물이며, 흰옷을 입고 머리에 기름을 바르고 사는 것도 하나님의 선물이다. 결혼하는 것도 하나님의 선물이며 이 땅에서 일하는 것도 하나님의 선물이다. 하나님의 선물이라고 하면 구원이나 성령의 은사 같은 것만 생각하겠지만, 살면서 경험하는 일상적인 것 모두를 하나님이 주셨다는 것이다. 성경이 이처럼 구체적으로 일상생활을 묘사하는 것 자체가 신선하지 않은가.

이스라엘 백성을 위한 법을 기록한 신명기 또한 일상생활의 다양한 영역을 구체적으로 기술하고 있다. 예수님은 우리가 익숙한 일상의 삶을 매개로 진리를 가르치셨다. 예수님이 말씀하신 거의 모든 비유는 일상생활에서 쉽게 경험할 수 있는 것이다. 먹을 것과 입을 것을 걱정하는 사람들에게 걱정할 필요가 없다면서 "공중의 새"(마 6:26)와 "들의 백합화"(마 6:28)를 보라고 하셨다. 씨 뿌리는 비유는 예수님 당시 사람들이 가장 익숙하게 경험하는 일상의 삶이다. 일상생활이 비유로 사용될 뿐 아니라 가르침의 주제였다. 바울과 베드로 등이 쓴 서신서는 복음과 믿음에 대한 교훈을 설명한 후 반드시 복음을 생활 속에서 실천하는 믿음에 대해 다양한 각도로 가르친다.

그러나 교회 역사를 보면 신학적인 관심은 아무래도 종교적인 영역에 치우쳐 있었고, 일상생활은 신학의 조명을 받지 못했다. 일상생활은 세속적인 일로 폄하되거나 심지어 거룩하지 못한 죄악으로 여겨졌다. 다행히 종교개혁을 통해서 약간의 변화가 있었다. 종교개혁은 기독교 신앙의 개혁이며 교회의 제도적인 개혁이지만 일상생활을 신앙적인 차원에서 보게 했다는 점에서 생활 개혁이라고 할 수 있다.

알리스터 맥그라스는 《종교개혁 시대의 영성》에서 종교개혁과 더불어 유럽 대도시들이 그리스도인들의 새로운 사고와 행동방식의 요람으로 등장했다면서, 영성이 형성되는 중심이 수도원에서 장터로 옮겨간 것이라고 평했다. "종교개혁의 영성은 일상 세계에서 이루어지는 삶에 그 뿌리를 내리면서 아울러 그 삶을 지향한다. … 종교개혁 영성의 핵심 요소들 – 가장 두드러지는 것은, 이신칭의와 윤리의 실천이라는 교리지만 – 은 심지어 집안 살림을 챙기는 것과 같은 가장 평범한 일상생활에도 새로운 차원의 의미와 중요성을 부여하였다."

일상생활을 신학적으로 접근하기 시작한 최초의 저자 로버트 뱅크스는 《일상생활 속의 그리스도인》에서 "일상생활의 신학은 전통적으로 신학적인 고찰의 대상이 되어왔던 주제에 주의를 기울인 만큼 일상생활의 문제들에도 지속적으로 주의를 기울이는 신학"이라고 말했다. 심지어 그가 이 책에서 가장 먼저 소개한 신학의 주제는 '잠'이다. 사람의 단위 행동 중 가장 많은 시간을 사용하는 중요한 것이 잠이지만 신학적으로 생각하기는 쉽지 않다. 로버트 뱅크스는 아담이 잠을 자다가 아내를 만나게 된 이야기나 요나의 잠, 예수님의 잠 등을 살펴보면서 잠에서 영적인 의미를 찾아냈다. 이처럼 우리 삶의 많은 요소들이 신학의 주제가 될 수 있다.

가톨릭 신부이자 영성작가인 에드워드 헤이즈는 《네가 선 곳은 어디든지 거룩한 곳이니라》에서 독서, 일, 돈, 가정, 손님대접, 화장실, 섹스, 무기와 전쟁, 대중문화, 편지, 한가함, 음악, 죽음 등을 다룬다. 그가 이처럼 다양한 삶의 요소에서 거룩함이라는 미세한 특성을 찾을 수 있었던 것은 전혀 새로운 관점 때문에 가능하다. "성속의 양분(兩分)에 종지부를 찍고 이 둘을 잘 융합시키는 방법"을 찾아낸 것이다.

신앙과 생활　　신앙이 있는 사람들이 그렇지 않은 사람들과 크게 구별되는 것은 종교적인 삶이다. 그들은 주일마다 교회에서 예배하고 십일조를 드린다. 여러 가지 봉사활동에 참여하기도 한다. 개인적인 문제가 생기면 하나님께 기도하고, 성경 말씀을 읽고 공부하며, 조금 더 열정이 있는 사람들은 다른 사람을 전도한다.

눈에 보이는 명백한 차이에 비해 일상생활에서는 신자와 비신자들 사이의 차이가 그리 커 보이지 않는다. 앞서 말한 종교적인 삶을 빼고 남은 삶의 모습은 거의 대동소이하다. 히브리서 11장에 나오는 믿음의 선배들은 "세상이 감당하지 못하는"(히 11:38) 사람들이었다. 그런데 그들의 후예인 오늘날 그리스도인들은 세상의 흐름에 지나치게 잘 영합한다. 사도 바울이 로마 교회를 향해 "너희는 이 세대를 본받지 말라"(롬 12:2)고 하신 말씀은 지금 시대를 살고 있는 그리스도인들에게 절실한 말씀이다.

그렇다고 신자들은 무턱대고 비신자들과 다르게 살아야 한다는 말은 아니다. 자칫 종교의 차이를 강조하다보면 그리스도인의 삶이 율법주의나 반문화주의에 빠지기 쉽다. 그래서 시대에 뒤떨어진 삶을 산다거나 현실 문화를 거부하면서 살아야 하는 것으로 착각하기 쉽다.

미국 여행 중 아미쉬 마을을 방문하면서 이런 생각이 들었다. 아미쉬 공동체가 세상과 구별된 삶을 살려고 애쓰는 모습은 그런대로 멋있어 보였다. 하지만 주님이 모든 그리스도인들에게 아미쉬 공동체와 같은 삶을 원하시지는 않는다. 그리스도인은 여전히 세상 속에 살면서 복음의 영향력을 미쳐야 하기 때문이다.

중요한 것은 삶에서 드러나는 가치관이 구별되어야 하는 것이다. 비슷한 의식주 생활을 하지만 구체적으로 드러나는 삶의 숨어 있는 가치관은 달라야 한다. 달라야 한다고 말하기보다 다를 수밖에 없다고 하는 것이 정확한 표현이다. 비신자들 중에도 건전한 가치관을 가지고 사는 사람들이 있고, 때론 더 많은 감동을 주기도 한다. 하물며 "그리스도 안에서 새로운 피조물"(고후 5:17)이 된 그리스도인들은 더 말해 무엇하랴.

그리스도인들이 비신자들과 일상생활에서 구별되는 경우가 간혹 있다. 안타깝게도 그 차이는 기독교 신앙이 종교적인 도구가 되는 것으로 나타난다. 자녀들의 생일 때면 예배드린다. 목사님이 자녀를 위해서 기도해주기를 원한다. 새로운 매장을 열 때도 목사님을 모시고 예배를 드린다. 하나님이 사업을 축복해주시기를 원하기 때문이다. 그러나 자녀 양육에 필요한 가치관이나 가게에서 일할 때 드러나는 가치관은 믿지 않는 사람들의 그것과 크게 다르지 않다.

가장 심각한 예는 입시와 취업을 위한 기도회가 아닐까 싶다. 우리나라의 입시 문제는 교육에 대한 잘못된 가치관 때문에 생겨난 것이고, 취업난도 건전한 직업관의 부재로 인해 가중되고 있다. 그러나 교육과 직업에 대한 생각을 보면 믿는 사람들이나 믿지 않는 사람들이 별반 다르지 않다. 차이가 있다면 문제 해결을 위해 기도한다는 것뿐.

기도하는 것이 잘못된 일은 아니다. 다만 그렇게 열정적으로 기도하는 믿음을 가진 사람들이 교육과 직업에 대한 생각과 가치관을 성경적으로 변화시키지 못하는 것이 안타까울 뿐이다. 자칫 잘못하면 우리의 신앙이 미신처럼 보일 수 있다. 기도의 신실성을 부인하는 것이 아니다. 다만 하나님의 뜻을 제대로 이해하지 못한 채 열심히 기도하는 일은 이방인들의 기도와 다를 바가 없다는 것이다.

나는 이 책에서 기독교 신앙에 대한 전반적인 이야기를 나누되, 대부분의 기독교 서적에서 말하는 구원의 확신이나 하나님의 말씀과 기도의 중요성, 예배와 교회생활, 전도와 선교에 대해서는 다루지 않을 것이다. 혹자는 그런 것 없이 어떻게 신앙을 언급할 수 있느냐고 반문할지 모른다. 기독교 신앙은 우리가 생각하는 경건활동에만 한정되지 않는다. 우리가 일상에서 생활하면서 나타나는 모든 영역에서 기독교 신앙은 발현된다. 바로 그것을 찾아보려는 것이다. 오늘 우리에게 정말 필요한 신앙은 바로 일상생활의 신앙이다. 비신자들이 그리스도인들의 신앙을 인정하는 것은 주로 종교생활을 통해서이다. 주일마다 교회에 가거나 밥 먹기 전에 기도하는 모습을 보고, 종종 성경책을 읽는 것을 보고 그리스도인인 것을 알게 된다. 그렇게 그리스도인이라고 나타내기는 쉽다. 그러나 일상생활의 모습에서 특별한 차이를 발견하지 못한다면, 그 신앙은 진정한 신앙이라고 보기 어렵다. 그리스도인들이 일상의 삶에서 구별된 모습을 보여줄 때 그것이 믿지 않는 사람들을 복음으로 이끄는 매력을 준다.

"이같이 너희 빛이 사람 앞에 비치게 하여 그들로 너희 착한 행실을 보고 하늘에 계신 너희 아버지께 영광을 돌리게 하라"(마 5:16). "어떤 사람은 말하기를 너는 믿음이 있고 나는 행함이 있으니 행함이 없는 네 믿음을 내게 보이라. 나는 행함으로 내 믿음을 네게 보이리라"(약 2:18).

일상의 삶과 관련된 주제는 굉장히 많기 때문에 모두 다루려면 사도 요한의 말처럼 "이 세상이라도 이 기록된 책을 두기에 부족할 것"(요 21:25)이다. 그래서 삶의 경험을 중심으로, 신앙이 각 영역에서 어떤 역할을 하는지 살펴보았다. 신앙이 영향을 미치는 분야가 넓어지면 넓어질수록 우리의 신앙은 울창하게 뻗어나갈 것이다. 또 그 모습을 보고 주변 사람들이 긍정적인 영향을 받는 법이다.

Life,
인생이란 무엇인가

1

인생이라는 길 위에서 믿음은 적지 않은 도전과 실패를 맞는다. 시대는 변하고 풍조는 기묘하다. 믿음과 소망과 사랑이라는 신앙의 유산은 세상을 헤쳐 나가는 데 턱없이 미약한 듯하다. 그럼에도 생명으로 빚어지는 것에서부터 죽음에 이르도록 삶의 모든 단면은 하나님의 섭리를 드러낸다. 그래서 어떤 모양이든 우리의 삶은 그 신비한 섭리의 통로가 된다.

1
생명과 신앙

christian

우리 사회의 가장 중요한 화두는 생산성이다.

모든 영역에서 생산성을 강조한다.

그런데 유독 자녀들의 출산은 줄어들고 있다.

자녀들의 가치에 대한 성경의 가르침을 제대로

이해하지 못하기 때문이다.

시편 기자는 자녀를 하나님이 자기

백성에게 주신 '기업'이며 '상급'이라고 말한다.

출산은 분명 영적인 행위이다.

자녀, 미래를 위한 기여

자녀를 향한 하나님의 뜻은 시편에 잘 드러난다. "자식들은 여호와의 기업이요 태의 열매는 그의 상급이로다. 젊은 자의 자식은 장사의 수중의 화살 같으니 이것이 그의 화살통에 가득한 자는 복되도다. 그들이 성문에서 그들의 원수와 담판할 때에 수치를 당하지 아니하리로다"(시 127:3-5).

우리 사회의 가장 중요한 화두는 생산성이다. 모든 영역에서 생산성을 강조한다. 그런데 유독 자녀의 출산은 줄어들고 있다. 자녀들의 가치에 대한 성경의 가르침을 제대로 이해하지 못하기 때문이다. 시편 기자는 자녀를 하나님이 자기 백성에게 주신 '기업'이며 '상급'이라고 말한다. 출산을 거절하거나 축소하는 것은 하나님이 주신 기업과 상급을 거절하거나 축소하는 것이다. 출산은 분명 영적인 행위이다.

전통적으로 자녀 출생은 가정의 축제였다. 농촌에서 자녀들이 태어나는 것은 새로운 일손이 생기는 일이기도 했다. 그래서 자녀가 태어나면 문설주에 숯이나 고추를 매달아서 온 동네에 광고했다. 그러나 요즘은 자녀 출생이 새로운 지출 항목 하나를 더하는 것으로 변질되었다. 자녀 양육 비용이 지나치게 크다는 것이다.

한 자녀가 성인이 될 때까지 드는 비용을 미리 계산해주는 사람도 있다. 딴에는 통계를 알고 미리 준비하는 것이 합리적으로 보이지만 사실 쓸데없는 계산이다. 마치 가정주부가 평생 씻을 그릇의 수를 미리 계산해 놓고, 그 숫자에 충격을 받아 설거지를 포기하는 것과 비슷하다. 매일매일 설거지하면 아무리 많은 그릇도 얼마든지 할 수 있다. 자녀 양육도 매일매일 마음과 힘을 쏟으면 결국 아이들은 자라게 마련이다. 미리 계산하면서 호들갑 떨어도 실제로는 아무런 도움이 되지 않는다.

성경은 자녀를 하나님의 선물이자 축복이라고 가르친다. 물론 요즘 현실에서 자녀 양육에 대한 걱정을 이해하지 못하는 것은 아니다. 자녀는 일정 기간 짐이 된다. 그러나 자녀는 가정과 사회의 힘이 된다. 시편 기자는 "자식은 장사의 수중의 화살과 같다"(시 127:4)고 했다. 짐승을 사냥하던 시절, 장사들은 화살을 메고 다녔다. 장사들은 가족의 생존이 달린 화살이 짐이 된다고 생각했을까. 등에 멘 화살은 든든한 힘이었다. 지금도 이 원리는 얼마든지 적용할 수 있다. 당장은 키우기 어렵지만 나중에는 가정의 힘이 된다. 조금만 멀리 내다보면 얼마든지 생각을 바꿀 수 있다.

자녀 문제는 가정 문제이면서 사회 문제이다. 지금 추세라면 군대에 갈 사람이 부족할 것이고, 일할 사람도 부족하다. 먼 미래 이야기가 아니다. 시편 기자는 자식이 많아야 "원수와 담판할 때에 수치를 당하지 아니하리로다"(시 127:5)라고 말했다. 인구가 국력인 시대이다. 그래서 선진국들도 출산율을 높이기 위해서 애쓰고 있다.

여러 분야에서 사회에 기여하는 것도 중요하다. 그러나 그것 때문에 미래를 포기해서는 안 된다. 자녀를 낳는 것은 우리 사회의 미래를 위해 가장 크게 기여하는 일이다. 더구나 그리스도인들에게는 믿음의 자녀를 낳는 영적 의미가 담긴 일이다. 흔히 말하는 전도의 생물학적인 열매가 출산을 통해 이뤄지는 것이다.

불임,
생명 청지기의 고난

나는 결혼 후 바로 아이가 생기지 않자 걱정을 했었다. 그때만 해도 결혼하면 누구나 금방 아이를 갖는 줄 알았다. 한 달 두 달이 가도 아무 소식이 없자 은근히 걱정이 되었다. 아내도 나와 비슷한 마음이었는지 상상임신을 경험하기도 했다. 약사인 교회 집사님께 조용히 물어 보았더니 빙그레 웃으면서 나보고 너무 급하다고 한다. 그 와중에 아내가 임신했다는 소식을 들었는데, 결혼한 지 6개월이 되었을 무렵이었다. 지금 생각해보면 6개월은 정말 짧은 기간이지만, 내게 당시 6개월은 정말 긴 시간이었다. 10개월 후 아들을 낳았을 때의 기쁨이란 이루 말할 수 없었다. 하나님이 사람에게 주시는 여러 가지 '기쁨 목록' 중에 아내와 결혼한 것 다음으로 자녀 출산을 꼽을 수 있지 않을까.

그런데 요즘 주변을 보면 모든 부부들이 자녀 출산의 기쁨을 자연스럽게 누리지 못한다. 6개월이 아니라 6년, 아니 그 이상의 기간 아이를 기다리는 부부들이 많다. 최근 늘어난 불임의 원인을 사람들은 여러 가지 이유를 들어 설명한다. 환경오염으로 인해 임신이 힘들어졌다고 한다. 스트레스가 많아져서 특히 여성들이 임신을 못하기도 한다. 결혼 연령이 높아지면서 자연스럽게 임신이 힘들어지기도 한다. 모두 일리 있는 말이다. 그러나 영적으로 보면, 정확한 이유는 알 수 없지만 하나님이 아이를 쉽게 주시지 않는 것이다.

성경에도 불임으로 고통을 당한 가정 이야기가 한두 가지가 아니다. 가장 대표적인 예는 믿음의 조상 아브라함이다. 그는 87세 되었을 때 첩을 통해 이스마엘을 얻었다. 그 후 13년이 지나서 아브라함이 100세, 아내 사라는 90세가 되었을 때에 이삭을 얻었다. 아브라함과 사라 부부의 일생은 태어날 자식을 기다리며 보낸 세월이라 해도 과언이 아니다.

그렇게 태어난 이삭도 리브가와 결혼한 지 20년 만에 쌍둥이 형제를 낳았다. 야곱은 비교적 빨리 자녀를 가졌으나, 진정으로 사랑한 아내 라헬이 임신하지 못해 많은 고통을 겪었다. 공해도 없고 현대인처럼 스트레스도 많지 않던 시절에 살던 믿음의 조상들이 불임으로 고통당한 것은 그것이 하나님의 의도적인 섭리였음을 깨닫게 한다.

믿음의 여인 한나가 아이가 없어서 고통을 당한 것도 특이하다. 그녀가 불임으로 얼마나 오래 고생했는지는 알 수 없다. 그러나 고난 후에 태어난 사무엘이 위대한 하나님의 사람이 된 것을 보면서 괴로웠던 불임이 한나에게 축복의 씨앗이었음을 알 수 있다. 불임은 믿는 사람들에게도 예외는 아니다.

오래 전에 교회 청년들과 수련회 마지막 날에 아픈 사람들을 위해 기도하는 시간을 가졌다. 그때 결혼 후 4년 동안 아기를 갖지 못한 부부가 "불임 문제를 위해서도 기도해줄 수 있느냐"고 요청했다. 그때 청년 모두는 간절한 마음으로 부부가 아이를 가질 수 있도록 기도했다. 수련회가 끝나고 며칠 후 부부에게 임신했다는 이야기를 들었다. 우리 모두는 기도 응답에 놀라지 않을 수 없었다. 나중에 부부가 아기를 안고 와서 "이 아기는 우리 둘이 낳은 것이 아니라 청년부가 함께 낳은 아기"라고 말해 진한 감동을 연출하기도 했다.

그 일 이후 직장이나 교회에서 임신하지 못하는 부부들을 찾기 시작했고, 발견하면 그 자리에서 그들을 위해 기도했다. 많은 부부가 함께 기도한 후에 아기를 갖게 되었고 함께 기뻐할 수 있었다. 한 번은 아기를 갖게 되어 함께 기뻐했는데 얼마 있지 않아 자연유산이 되는 바람에 속상한 적이 있다. 다시 그 부부를 위해서 간절히 기도했고 얼마 후에 새롭게 아이를 임신했다는 소식을 들었다. 그때는 감사와 함께 아이가 태중에서 잘 자라고 순산하도록 기도했다. 이 부부가 아이를 낳아 데리고 왔을 때 함께 기도하며 또 다른 기쁨을 맛볼 수 있었다.

불임 때문에 고통 받는 이들을 위해 기도하며 느끼는 것은 한 생명의 탄생은 부부의 성관계만으로 일어나는 일이 아니라는 사실이다. 부부의 성관계를 통해서 정자와 난자가 만나고 거기서 생명이 태어나는 것은 생물학적인 사실이다. 그렇지만 부부의 성관계는 생명의 통로일 뿐 생명의 원천은 아니다. 생명의 원천은 철저히 하나님이심을 새삼 깨닫는다. 야곱이 라헬에게 말한 그대로이다.

"그대를 임신하지 못하게 하시는 이는 하나님이시니 내가 하나님을 대신하겠느냐"(창 30:2).

낙태,
출생을 막는 죄악

우리 부부가 두 아이를 낳고 어느 정도 키워 큰 아들은 초등학교 5학년, 둘째 딸은 유치원에 갈 나이가 되었을 때였다. 자녀 양육의 짐이 다소 줄었으니 아내가 자유롭게 새로운 일을 시작하기를 기대했다. 그런데 느닷없이 아내가 임신했다는 소식을 전해주었다. 바로 그 순간 낙태하는 사람들의 마음이 이해되었다. 셋째 아이를 임신하면서 우리 부부가 계획한 것이 한순간에 허물어졌기 때문이다. 그러나 순간적으로 들린 사탄의 소리를 무시하고 우리는 셋째 아이를 낳아서 잘 키웠다. 이제 고등학교 3학년이 된 막내 아들을 보면서 이 아이를 향한 하나님의 계획과 임신의 순간 우리가 생각했던 우리의 계획이 얼마나 다른지 알게 되었다.

그런데 지금 이 땅에서는 인공유산이라는 그럴듯한 말로 포장된 채 낙태가 성행하고 있다. 심지어 아이를 '지운다'는 가벼운 표현을 사용하면서 생명을 죽이고 있다. 아무리 단어를 바꾸고 가벼운 표현을 사용한다고 해도 태중의 아이를 죽이는 것은 살인과 다르지 않다. 언제부터 태아를 생명체로 인정하느냐는 문제는 전문가들 사이의 논쟁거리일 뿐이다. 사랑하는 남녀의 성관계를 통해 새로운 생명이 생겼다면 이미 부인할 수 없는 한 인간으로 인정해야 한다. 시편 기자는 생명의 시작을 이렇게 노래한다. "주께서 내 내장을 지으시며 나의 모태에서 나를 만드셨나이다. 내가 주께 감사하옴은 나를 지으심이 심히 기묘하심이라. 주께서 하시는 일이 기이함을 내 영혼이 잘 아나이다"(시 139:13-14).

부부가 예상하지 않은 아이라고 해서 낙태하는 것은 생명을 죽이는 죄이다. 또한 사람이 알지 못하는 하나님의 놀라운 계획을 무시하는 불신앙의 행동이다. 하나님을 믿는 사람은 예상치 않은 임신을 하게 되었을 때 태중의 아이를 향한 하나님의 계획을 믿음으로 볼 수 있어야 한다. 요즘 막내아들을 보면서 첫째, 둘째와는 다른 의미를 느끼게 된다.

그래서 나는 사람들에게 셋째를 낳아야 한다고 농담처럼 이야기한다. 언젠가 미국에서 안면이 있는 한 목사님을 만났는데, 소식이 없는 사이에 셋째 아이를 낳았다고 했다. 그 목사님은 셋째가 정말 보배라는 이야기를 입에 침이 마르도록 했다. 나도 맞장구치면서 셋째 예찬론을 늘어놓았다.

그런데 알고 보니 목사님의 셋째는 장애아였다. 나는 셋째 예찬론을 편 것이 면구스러웠다. 그러나 목사님은 셋째가 보배라는 이야기와 함께, 그 아이를 낳고서 하나님이 새로운 사명을 주셨다고 덧붙였다. 목사님은 셋째 덕분에 지금 장애인을 위한 사역을 하고 있다. 모르긴 해도 목사님은 임신 초기에 장애인으로 태어날 가능성을 알고 있었을 것이다. 하지만 목사님은 임신한 아이를 이 땅에 태어나게 했다. 많은 사람들이 장애아 자녀를 고통으로 여기지만 목사님은 그 아이를 보배로 여긴다. 정말 귀한 신앙이 아닐 수 없다.

요즘 임산부는 임신 초기부터 다양한 기형아 검사를 받는다. 검사하는 이유는 간단하다. 기형아가 태어날 가능성이 높으면 낙태하기 위해서다. 충분히 이해가 된다. 그러나 믿음으로 그 아이를 낳는다면 분명 하나님의 축복이 될 것이다. 장애인이나 기형아의 가능성이 있어서 낙태를 시키는 것을 정죄하기보다 그런 아이를 낳는 믿음을 존경하고 싶다.

물론 현실적으로 판단하기 어려운 문제도 있다. 청소년들의 탈선으로 인해 일어난 불의의 임신이 그렇다. 지금도 많은 미혼모의 태중에서 자라던 태아들이 어쩔 수 없는 죽음을 맞는다. 이 문제는 낙태 문제에 앞서 청소년들의 교육 문제로 인식해야 한다. 문제는 이런 상황에서 낙태하는 것이 옳으냐 그르냐를 따지는 것이 그리 간단치 않다는 점이다. 어떤 의사로부터 어려운 생활을 하는 미혼모의 요구에 따라 낙태 시술한 적이 있다는 고백을 들을 적이 있다. 그는 "내가 낙태 시술을 거절한다고 해서 그 소녀가 낙태를 포기할 리가 없고, 제대로 보호받지 못한 상태에서 낙태할 것이 분명하기 때문에 낙태 시술을 해주고 그들을 잘 돌보아준다"고 말했다. 궤변 같이 들리지만 아주 틀린 말도 아니라 나 역시 혼란스러웠다.

미혼모가 아이를 낳은 후에 겪을 정신적, 경제적 고통을 생각하면 낙태가 어쩔 수 없는 대안일 수도 있다는 생각이 들기도 한다. 물론 기독교 윤리적으로 용납할 수 없는 일이다. 그러나 기독교 윤리도 모르고, 성경도 모르는 청소년들에게 원칙을 무조건 강요하는 것이 신앙적인 자세인가에 대해서도 생각해 보아야 한다.

무엇보다도 먼저 청소년들을 잘 가르쳐서 이런 실수를 하지 않도록 해야 한다. 혹시 이런 실수를 했더라도 태아의 생명 가치에 대한 하나님의 말씀을 가르치고 낙태하지 않도록 이끌어야 한다. 그러나 설득은커녕 낙태는 죄라는 진리만을 강요한 나머지 두고두고 죄책감에 빠지게 하는 일은 옳은 일이 아니다.

낙태를 하지 않도록 가르쳐야 하지만 낙태를 무조건 정죄하는 것은 조심해야 한다. 특히 어린 소녀들이 실수로 임신한 다음 낙태하려는 것은 정죄만으로 해결할 수 없다. 미국에서 자동차 뒤에 붙인 범퍼 스티커를 본 기억이 난다. "Don't abort, I'll adopt(낙태하지 말라. 내가 입양하겠다)." 미혼모들의 낙태에 대해 이런 적극적인 자세가 하나님의 뜻을 순종하려는 사람의 자세다.

강간 같은 불의한 사고로 임신했을 경우에는 문제가 더 복잡하다. 강간을 당해 임신한 경우는 미혼모의 임신보다 더 큰 충격에 빠진다. 강간으로 인한 임신이었지만 믿음으로 아이를 낳아서 기른 사람의 간증을 읽고 감동받은 적이 있다. 대단한 믿음의 승리이다. 그러나 이 일을 강간을 당한 모든 사람들에게 강요할 수 없다.

신학교 시절, 윤리학을 가르치던 교수님의 말이 인상적이었다. 그분은 낙태의 죄성에 대해서 분명하게 못을 박으며 강의를 끝냈다. 그리고 이렇게 덧붙였다. "그러나 내 딸이 동네 부랑아에게 강간을 당해서 임신했다면, 내가 어떻게 할지는 솔직히 잘 모르겠다." 정말 솔직한 고백이 아닐 수 없다.

하나님은 혼전 임신이나 강간이라는 과정을 통해서도 생명을 주신다. 하나님이 원하시는 방법은 아니지만 생명을 허용하시는 것이다. 이것을 믿음으로 받는다면 정말 귀한 일이다. 그야말로 믿음의 분량대로 결정할 수 있을 따름이다.

입양,
출생을 위한 새로운 길

결혼 후 17년을 기다리다가 결국 아이를 입양한 분이 있다. 그런데 다음해에 뜻밖에 아이를 낳게 되었다. 부부의 이야기를 들으면서 '1년만 더 기다릴 걸 그랬어'라는 말을 하겠거니 생각했다. 그런데 부부는 "입양한 아이가 축복의 씨앗"이라고 고백했다. 결국 부부는 입양운동에 적극적으로 나서게 되었다.

부부와 이야기를 나누면서 나 자신도 입양에 대한 생각을 새롭게 정리하게 되었다. 결혼한 부부들 가운데 아이가 없는 사람들은 물론 그렇지 않은 사람들도 한 번쯤 입양을 생각한다. 우리 부부도 잠시 입양을 생각한 적이 있지만 두 사람 모두 자신이 없었다. 어렵지 않게 세 자녀를 얻었기 때문에 입양을 심각하게 생각할 기회도 없었다. 그러나 불임으로 고통하는 사람들과 원치 않는 임신으로 고통당하는 사람들을 보며 입양에 대해 생각하는 시간을 갖게 되었다.

차인표 신애라 부부가 두 딸을 입양하면서 "가슴 아파 낳은 아이"라고 말한 것은 대단한 믿음의 표현이다. 그러나 과거 우리 사회에서 입양은 그리 떳떳한 일이 아니었다. '업둥이'나 '주워온 아이'라는 표현이 그것을 말해준다. 입양을 많이 하지도 않았고, 한다손 치더라도 드러내기 원치 않았다.

개인적으로 미국의 어느 가정에서 딸이 있는 부부가 동양인 아이와 흑인 아이를 입양해서 키우는 것을 보고 놀란 적이 있다. 피부색이 다른 아이를 입양한다는 것은 그야말로 입양을 만천하에 공개하는 것이다. 미국 부부의 입양에 대한 적극적인 태도를 보면서 입양에 대한 내 생각도 많이 달라졌다.

입양은 진정으로 영적인 일이다. 우리가 하나님의 자녀가 된 것 자체가 입양을 통해서 이루어진 일이기에 더욱 그렇다. 원래 하나님의 아들은 예수 그리스도뿐이다. 그런데 예수를 믿는 우리 모두가 "하나님의 자녀가 되는 권세"를 얻었다(요 1:12). 예수 그리스도가 우리를 대신해서 죽으심으로 우리 모두는 하나님의 자녀가 되었다. 우리는 하나님의 가정에 입양되었다.

우리는 입양되면서 하나님 자녀의 신분을 갖게 되었지만 자녀된 것을 실감하지 못할 때가 많다. 또 자녀답게 살지 못할 때도 많다. 이때 성령님이 우리에게 "우리가 하나님의 자녀인 것을 가르쳐 주신다"(롬 8:16). 그리고 하나님의 자녀답게 살도록 이끌어 주신다. 이제 우리는 하나님 나라의 상속자이면서 하나님 나라의 영광을 누리는 자녀이다. 이 소망이 있기 때문에 이 땅에서 겪는 고난을 이길 수 있다. 입양은 복음의 핵심적 의미를 담고 있다 해도 과언이 아니다.

하나님은 한 사람을 가정의 일원으로 만드는 두 가지 방법을 주셨다. 부모를 통해서 생명이 태어나는 것이 하나요, 입양이 또 다른 방법이다.

입양은 어쩔 수 없는 대안이 아니라 하나님이 보여주신 온전한 방법이다. 지금까지 입양은 아이를 낳지 못하는 사람들이 사용하는 대안 성격이 강했다. 그런데 이미 자녀가 있는 사람들이 입양하는 것을 보면서, 입양은 아이들에게 새로운 가정을 선물하는 사랑의 행동이라고 생각하게 되었다.

물론 감정적으로 입양을 결정해서는 안 된다. 한 아이의 인생이 걸린 문제이기 때문에 많은 고민과 대화 그리고 기도 후에 결정해야 한다. 그리스도인들에게 입양은 말이 아니라 행동으로 복음을 전하는 아름다운 일이 될 수 있다. 아이가 기독교 가정으로 입양이 되어 하나님의 말씀으로 양육 받고 하나님 나라를 위해 산다면, 그로 인해 주위 가정이 영향을 받는다면 그보다 복된 일이 없다.

저출산,
현실과 믿음 사이에서

수년 전, 지방에 있는 한 병원 산부인과에서 출생하는 아이가 과거에는 한 달에 500명이던 것이 최근에는 100명도 안 된다는 이야기를 듣고 놀란 적이 있다. 그렇게 처음 저출산 소식을 접한 후로는 비슷한 이야기를 계속 듣는다. 덩달아 유치원 숫자가 줄어들고, 아동복 매출이 준다는 소식도 들린다. 출산이 줄면서 일어나는 현상들이다. 저출산 문제는 지금이야 구직난으로 어려움을 겪고 있지만, 머지않은 미래에 인력난 문제로 확산될 것이다. 결국 인구 고령화 문제로 확대되면서 우리의 미래를 어둡게 할 것이다.

자녀를 낳지 않거나 적게 낳는 것은 가정의 결정과 선택 문제이다. 그러나 저출산 문제는 개인과 가정의 문제에 머물지 않고 우리 사회의 가장 심각한 문제로 대두되었고, 국가의 미래를 좌우하는 중요한 이슈가 되었다. 출산에 관한 한 우리나라의 통계는 어둡다. 그러나 사람들에게 아무리 통계를 들이대고 그로 인한 부정적인.미래를 호소한다고 해도 사람들의 마음을 움직이기는 어려운 것이 현실이다.

많은 부부들과 전문가들은 마음 놓고 출산할 수 있는 여건을 마련해야 한다고 목소리를 높인다. 사실 똑같은 문제를 경험했던 선진국들은 정책적인 대안으로 저출산 문제를 어느 정도 해결했다. 우리 정부도 선진국처럼 다양한 대책을 내놓기를 기대하고 있는 것이다. 그러나 저출산 문제가 정부의 대책만으로 해결할 수 있는 문제일까. 정부 정책도 필요하지만 부부들의 의식 전환이 꼭 필요하다.

안타까운 것은 온 나라가 걱정하는 문제에 대해 믿음이 있다는 그리스도인들의 자세도 별반 다르지 않다는 점이다. 물론 몇몇 교회에서 출산을 장려하는 이벤트를 마련하기도 했지만, 정작 저출산 문제를 신앙의 문제로 여기고 가르치지 않는다.

자녀를 낳고 안 낳고는 개인의 선택이고 저출산 현상은 사회적 문제일 뿐이지만, 사실 저출산 현상의 밑바닥을 살펴보면 성도 개개인의 믿음의 문제이며 영적인 문제이다. 하나님의 말씀에 비추어 보면 더욱 분명해진다. 출산을 기피하는 여러 가지 이유가 있지만 무엇보다 경제적인 문제로 인한 걱정 때문이다. 자녀 양육에 필요한 돈을 감당할 자신이 없다는 것이다. 미래에 대한 불안과 염려 때문에 출산을 포기하거나 축소한다. 최근 저출산을 우려한 정부가 여러 가지 보완책을 내놓고 출산을 장려한다. 재정적인 지원이 어느 정도 효과는 있겠지만 미래에 대한 불안과 염려를 완전히 해소할 수는 없다. 불안과 염려가 해결되지 않는 한 기꺼이 출산하려는 사람은 많지 않을 것이다. 아무리 훌륭한 보완책이 나와도 사람들 마음속의 불안과 염려는 해결하지 못한다. 출산에 대한 마음속의 불안과 염려는 경제적인 문제이기 전에 영적인 문제이다.

출산은 하나님에 대한 신뢰를 회복해야 해결된다. 불안과 염려라는 어둠을 재정적인 보완책이라는 촛불로 해결할 수 없다. '하나님을 신뢰하는 믿음'이라는 햇빛이 나타나야 비로소 해결된다. 염려하지 말라고 말씀하신 예수님의 가르침(마 6:31-32)을 조금 바꿔보자.

"그러므로 염려하여 이르기를 자녀에게 무엇을 먹일까 무엇을 입힐까 어떻게 교육을 시킬까 하지 말라. 이는 다 이방인들이 구하는 것이라. 너희 하늘 아버지께서 이 모든 것이 너희 자녀에게 있어야 할 줄을 아시느니라."

종종 자녀 양육비가 많이 들기 때문에 하나만 잘 키우자고 생각하는 사람도 있다. 그러나 자식이 하나라고 둘 이상 되는 경우보다 잘 키운다는 보장은 없다. 두 자녀 이상에게 쓸 돈을 한 자녀에게 쓰면 잘 키울 수 있다는 생각은 믿음과는 무관한 기계적인 생각이다. 그러나 자녀가 혼자서 자라는 것과 둘 이상이 함께 자라는 것 자체가 다르다.

"사람이 마음으로 자기의 길을 계획할지라도 그의 걸음을 인도하시는 이는 여호와"(잠 16:9) 하나님이심을 잊어서는 안 된다. 결국 출산 역시 우리의 믿음이 필요하다. 사실 미래에 대한 불안과 염려가 자리 잡고 있으면 한 자녀인 것도 불안하다. 불의의 사고가 생길 수도 있는 세상이다. 중요한 것은 하나님에 대한 신뢰 회복이다. 하나님이 이 땅에 필요해서 주신 생명이라면 하나님이 지켜주실 것을 신뢰해야 한다. 하나님에 대한 신뢰가 확실하다면 자녀를 낳지 못하게 하는 염려와 불안을 극복하게 된다는 말이다.

저출산의 원인에는 자신의 라이프 스타일을 희생하고 싶지 않은 부모들의 태도도 있다. 자녀를 낳아서 키우는 일은 분명 희생이 따른다. 맞벌이할 경우 여자들이 자녀 양육을 직장과 병행하지 못하는 수도 있다. 물론 막무가내로 희생을 강요할 수는 없다. 사회에서 맡겨진 일을 무작정 그만두라고 할 수 없다. 자녀를 낳는 일이 중요하지만 여성에게 희생을 강요하는 것은 참된 해결책이 아니다. 그러나 출산이 하나님이 맡기신 사명이라고 생각하면 달라질 수 있다. 자녀를 낳는 것은 하나님의 사람들에게는 매우 중요한 사명이다. 여자에게만 해당되는 것이 아니라 남자, 결국 부모의 사명이다.

출산과 양육을 하나님이 맡긴 사명이라고 생각하면 어느 정도 희생은 감수할 수 있다. 먼저 부부가 대화하고 기도해야 하고, 주위 사람들이 조언과 실질적인 도움을 주어야 한다. 모든 좋은 일은 자기희생이 따르게 마련이다. 중요한 것은 희생을 할 것이냐 말 것이냐가 아니라 그 일이 '희생할 만한 가치가 있느냐'는 것이다.

옛날에는 가문을 잇기 위해 자녀를 낳아야 했지만 지금은 그렇게 생각하는 사람이 그다지 많지 않다. 그러나 그리스도인들은 자녀를 믿음을 계승할 후손으로 생각해야 한다. 아이를 키우기 위해 하고 있는 일을 무조건그만두라는 것은 아니다. 그러나 자녀들이 귀찮아서 둘만 살고 싶다는 자세는 바람직하지 않다. 그리스도인들이 특별한 이유도 없이, 단지 내 몸 편하기 위해서 아기를 낳지 않는 것은 하나님께 대한 불순종이며 피조물로서 창조주에 대한 월권이다.

한 자녀로 족하다는 부부에게 특별한 철학이라도 있는가 물으면, 대답을 망설인다. 하나만 낳겠다는 결정은 사실 주변 사람들에게 영향을 받은 것이다. 자녀들이 많으면 공연히 부끄럽다는 사람도 있다. 주변의 압력 때문에 아이 수를 줄이는 것은 믿는 사람이 할 일은 분명 아니다. 출산율 저하는 오늘 우리 세대의 풍조가 되었다. 주변에서 하는 것을 따라 하다 보니 더 악화된다. 하나님의 사람은 "이 세대를 본받지 말고 오직 마음을 새롭게 함으로 변화를 받아 하나님의 선하시고 기뻐하시고 온전하신 뜻이 무엇인지 분별"해야 한다(롬 12:2). 오히려 주변에서 그럴수록 하나님의 뜻을 따르기 위해서 풍조를 거스르는 노력이 필요하다.

특별한 사명을 감당하기 위해 자녀를 갖지 않을 수도 있다. 선교 사역을 위해 자녀 수를 제한하는 것은 충분히 있을 수 있다. 그러나 우리 사회에서 자녀를 충분히 낳는 것만으로도 개인주의적이고 현실주의적인 풍조를 거스르는 모범을 보여줄 수도 있다. 자녀 출산의 모범을 통해 세상에 우리의 믿음을 보여줄 수 있다는 것이다. "무릇 하나님께로부터 난 자마다 세상을 이기느니라. 세상을 이기는 승리는 이것이니 우리의 믿음이니라"(요일 5:4).

이제 출산을 영적인 문제로 인식하고 개인의 선호를 초월한 결단이 필요하다. 입술로는 "뜻이 하늘에서 이루어진 것 같이 땅에서도 이루어지이다"(마 6:10)라고 고백하면서 행동으로는 주변 사람들을 의식하고 따라간다면 "믿음의 주요 또 온전하게 하시는 우리 주님"(히 12:2)이 얼마나 한탄스럽게 느끼시겠는가.

저출산 문제를 해결하기 위해 정부의 적극적이고 실제적인 대책도 필요하다. 교회도 정부의 시책을 도와 일정 부분 기여해야 한다. 정부가 하지 못하는 일이라면 더더욱 교회가 나서야 한다. 그것이 결국 성도들의 생각을 바꾸는 일이며, 믿는 사람들에게 기대할 수 있는 일이기 때문이다. 이제는 출산과 양육을 믿음의 눈으로 보고 생각하고 결단하자. 하나님을 믿는 사람들이 이 문제를 먼저 풀기 시작하면 우리 사회가 따라올 것이다.

생명을 향한 하나님의 뜻

하나님이 사람을 창조하고 복을 주시며 명하신 최초의 명령은 "생육하고 번성하라"(창 1:28)는 말씀이었다. 과거 우리나라는 출산 조절을 위해 국가적인 가족계획을 실시했다. 그때 이 말씀을 근거로 인위적으로 자녀 수를 조절하는 것이 비성경적이라는 주장이 있었다. 물론 무작정 자녀를 많이 낳는 것이 성경적이라는 말은 아니다. 산아제한을 당연히 여기던 상황에서 하나님의 말씀을 믿는 사람이라면 충분히 할 수 있는 반박인 셈이다. 이 문제는 여전히 논쟁의 여지가 있다.

자녀를 제한적으로 낳은 것이 잘못된 것만은 아니다. 기아에 허덕이는 아프리카 아이들을 보면 무작정 낳는 것이 하나님의 뜻이라고 고집할 수 없다. 부모의 건강을 고려하듯, 가정의 상황을 고려해서 자녀를 낳은 것 자체를 비성경적이라고 정죄할 수는 없는 것이다. 그래서 우리나라에서도 '둘만 낳아서 잘 기르자'는 운동을 벌였고, 그 일환으로 셋째 아이는 의료보험 혜택도 주지 않았다. 바로 10여년 전 일이다.

그런데 지금 우리나라 형편은 정반대가 되었다. 출산율이 급감해서 세계에서 가장 출산율이 낮은 축에 든다. 1970년대 초반 출산율이 4.28명이던 것이 2007년에는 1.26명으로 급감했다. 선진국에서 100년 동안 이루어진 출산율 감소가 우리나라에서는 20년 만에 이루어졌다. 이런 추세라면 다음 세대를 걱정하지 않을 수 없다. 지금 선진국들은 다음 세대를 위해 적극적으로 출산을 장려하고 있다.

사람에게 주어진 "생육하고 번성하라"(창 1:28)는 명령은 자녀를 많이 낳으라는 뜻과 함께 하나님의 창조세계를 다스릴 후손을 충분히 낳으라는 의미도 포함한다. 우리 조상들이 이 명령에 불순종해 임의로 출산을 조절했다면 우리가 사는 세상은 지금처럼 존재하지 않았을 수도 있다. 그런 의미에서 지금이야말로 "생육하고 번성하라"는 명령에 새삼 귀 기울이고 순종해야 할 때이다.

개인적으로 출산보다 더 큰 계획이 있을 수 있다. 자녀 양육보다 중요한 일 때문에 자녀를 포기할 수도 있다. 그러나 자녀를 낳아서 키우는 일 자체가 하나님의 일이라는 사실을 잊어서는 안 된다. 자녀 출산은 개인적인 필요를 위한 결정이 아니라 창조세계를 향한 청지기적 사명임을 기억해야 한다. 마태복음을 보면 하나님의 놀라운 사역이 수많은 사람들의 "낳고"(마 1:2)를 통해 이루어진 것을 알 수 있다. 자녀를 낳는 일은 창조명령에 대한 일차적인 순종이다.

자녀의 출생은 하나님의 오묘한 섭리이다. 그런데 현대인들은 의학의 발달로 출산의 신비한 섭리를 잊어버리고 산다. 출산을 자신들이 계획하고 결정할 수 있는 일로 오해한다. 물론 엄마의 건강 때문에 출산이 어려운 경우도 있다. 그러나 자신의 필요에 의해 임의로 임신 여부를 결정하는 것은 하나님의 섭리를 역행하는 일이다. 종종 기간을 정해놓고 인위적으로 임신을 미루다가 정작 임신을 하려고 할 때 임신이 되지 않아 어려움에 처한 부부들도 많다.

자녀 출산은 하나님의 신비한 섭리의 통로가 되는 일이다. 하나님을 모른다면 자신이 임의로 결정할 수도 있다. 그러나 믿는 사람들은 하나님의 신비한 섭리의 통로가 된다는 겸손한 자세로 출산에 임해야 한다. 원치 않는 임신이어서 낙태하는 경우도 많은데 낙태는 엄청난 죄악이다. 정상적인 부부들이 낙태하지 않는다면 우리나라 출산율은 훨씬 높아질 것이다. 그리스도인들이 출산에 대한 하나님의 신비한 섭리를 새롭게 깨달아야 한다. 하나님의 분명한 뜻을 알았다면 적어도 그리스도인들은 저출산 대열에 서면 안 된다.

2 — 교육과 신앙

성경이 말하는 교육은 3D로 표현할 수 있다.

하나님이 자녀들에게 주신 재능과 능력을

발견(discover)하고, 그것을 개발(develop)하며,

이에 걸맞는 학교와 일을 설계(design)하는 것이다.

부모의 요구에 따라 진행되는 교육으로는

진정한 목표를 달성할 수 없다.

혹 단기 목표는 이룬다 해도 아이들을 의존적으로 만든다.

자녀양육,
극성과 열성의 괴리

한 독일 여성이 일본에 살면서 의아하게 여긴 점이 있다. 일본 엄마들은 자녀를 교육시키면 자신들이 원하는 대로 될 수 있다는 신념으로 가득 차 보였다는 것이다. 똑같은 교육을 받아도 우수한 아이와 그렇지 못한 아이가 있기 때문에 일찍부터 직업교육이 발달한 독일과 일본의 다른 점이었다.

우리나라 부모들도 일본 부모들처럼 원하는 대로 자녀를 만들 수 있다는 확신을 가지고 있다. 그래서 아주 어릴 때부터 글자를 가르치고, 영어 교육에 안달이다. 피아노와 태권도는 기본이다. 그러나 아무리 가르쳐도 원하는 대로 되지 않는 아이들이 많다. 지적인 능력이 천차만별이어서 아무리 잘 가르쳐도 따라오지 못하는 경우가 허다하다. 피아노나 태권도도 마찬가지이다. 음악과 운동에 재능과 소질이 없으면 잘할 수 없다. 어쩔 수 없는 현실이지만 엄마들은 쉽게 인정하지 않는다. 자기 아이들도 할 수 있다고 우기고 싶은 것이다.

많은 어린이들의 삶이 고달픈 이유가 거기에 있다. 부모들은 아이들의 가능성을 지나치게 확신한 나머지 아이들을 그냥 내버려두면 절대로 안 된다고 생각한다. 자녀들을 철저히 불신하는 것이다. 하지만 아이들은 내버려둬도 저절로 알게 되는 것이 많다. 아이들은 하나님의 형상을 입고 태어났기 때문에 영역은 다르지만 기본적 창조력이 있다. 나이가 들면서 세상이 정한 규범과 틀을 익힐 때까지 창의력을 마음껏 발휘하도록 기회를 주어야 한다. 그러나 엄마들은 아이들을 믿지 못한다.

아이들은 자연스럽게 성장하지만 엄마들은 노심초사한다. 내 아이가 남보다 늦게 서거나 걸으면 은근히 초조하다. 옆집 아이는 말을 하고 글을 읽는데 자기 아이가 그러지 못하면 더욱 초조하다. 그런 엄마들에게

"초등학교 4학년쯤 되면 잘 걷고 뛴다. 유창하게 한국말을 하고 책도 읽을 것이다"라고 예언 아닌 예언을 하면 우습게 여긴다. 당연히 아는 일이다. 당연히 알면서도 왜 염려하는가. 시간이 지나면 해결되는 문제인데 왜 공연한 걱정을 하는가.

반면 아이들이 친구들을 괴롭히거나 공공장소에서 소란을 피우는 일에는 관대하다. "아직 어려서 몰라서 그런다"는 것이다. 크면 안 그럴 거라고 예언까지 하지만 그것은 말이 되지 않는 예언이다. 친구들을 괴롭히거나 주변 사람들에게 폐를 끼치는 아이들은 어려서부터 제대로 교육받지 않으면 나이가 들어도 변하지 않는다. "세살 버릇이 여든까지 간다"는 속담도 있지 않은가.

종종 "우리 애가 원래 이렇지 않다"는 말을 듣는다. 기질과 성품을 혼동하기 때문에 하는 말이다. 아이의 기질은 크게 변하지 않는다. 내성적인 아이는 아무리 태권도를 가르쳐도 외향적으로 변하지 않는다. 우리 큰아들은 내성적이고 조용한 편이다. '기질이 좀 바뀌지 않을까' 싶어서 어릴 적에 태권도를 가르쳤다. 그러나 태권도를 즐기지도 않았고, 기질은 더더욱 달라지지 않았다.

에서와 야곱은 쌍둥이였지만 기질은 정반대였다. 형제의 기질 차이가 큰 문제는 아니었지만 부모가 지혜롭게 처신하지 못했기 때문에 문제가 된 것이다. 물론 조금 나아질 수도 있다. 그러나 자녀의 기질을 부모가 원하는 기질로 만들려는 것은 과욕이다. 또한 하나님이 자녀에게 주신 고유한 인격을 무시하는 불신앙의 행동이다.

아이들의 성품은 변할 수 있다. 다른 사람을 무례하게 대하는 아이들은 예의를 지킬 때까지 계속 타일러야 한다. 변해야 할 성품이기 때문이다. 엘리의 두 아들 홉니와 비느하스가 제사장이 되어서도 불경건한 행동을 일삼았다. 그러나 아버지 엘리는 어려서부터 잘못된 성품을 수수방관했다. 성경은 "마땅히 행할 길을 아이에게 가르치라. 그리하면 늙어도 그것을 떠나지 아니하리라"(잠 22:6)고 가르친다. 요즘 엄마들은 필수과목은 제쳐두고 선택과목을 필수인 양 경쟁적으로 가르친다. 성품이 제대로 개발되지 않은 지식인이나 재주꾼을 만들어서 무엇하려는가. 적어도 그리스도인 가정에서만은 달라야 한다.

교육열,
그 이상한 열풍

요즘 직원들과 가정 경제에 대해 이야기하다 보면 자연스럽게 자녀 교육에 관한 이야기로 옮아간다. 서너 살만 되면 사교육비가 들기 시작하고, 초등학교에 입학하면 본격적으로 돈이 든다는 것이다. 월급만으로는 살림을 꾸리기 어렵다는 말도 한다. 그런데 한 직원은 자녀 교육비 이야기를 하다가 아내에게 핀잔을 들었다고 한다. 주변 사람들이 자녀들을 이런저런 학원에 보내는 것이 신경 쓰여 "우리 아이도 뭔가 시켜야 하는 것 아니냐"고 아내에게 한마디했단다. 그런데 아내는 이렇게 반응했다. "이 아이가 당신 아이예요? 하나님의 아이인데 왜 당신이 사서 걱정을 해요?"

이 직원의 이야기는 사막에서 오아시스를 찾은 듯 반가웠다. 요즘 젊은 엄마로서는 보기 드문 신앙의 소유자이다. 사실 모든 문제를 하나님께 맡길 수 있다. 그러나 아이들 교육문제만은 학원이나 과외에 의지해야 한다고 생각한다. 아이들의 장래가 명문학교에 진학하느냐 못 하느냐에 달려있다고 생각하는 현실에서 "하나님의 아이인데 왜 걱정하느냐"는 고백은, 현재 우리나라의 성도로서 할 수 있는 가장 위대한 신앙 고백이 아닐 수 없다.

요즘 자녀 교육에 관심을 쏟는 부모들의 모습은 단순히 자녀와 교육에 대한 관심이라기보다 우리 사회 전반에 깔려 있는 잘못된 의식을 반영한다. 이러한 의식은 그리스도인 내면에 깔려 있는 불신앙의 모습으로 나타나기도 한다. 물론 자녀들을 학원 보내고 과외시키는 것 자체가 죄악 혹은 불신앙적인 행동이라는 말은 아니다. 다만 교육열에 마음을 뺏겨 하나님이 주인되지 못하는 삶을 산다면 문제이다.

많은 사람들이 자녀 교육에 관심을 갖는 것은 자녀 장래에 대한 불안 때문이다. 요즘처럼 경쟁이 치열한 때에 자녀들의 장래를 염려하지 않을 수 없다. 안타까운 것은 하나님을 믿는 사람들도 지나치게 장래에 대해 염려한다는 것이다. 부모로서 자녀 장래와 교육에 관심을 갖는 것은 당연한 책임이다. 그러나 그것 때문에 전전긍긍하는 모습은 아무래도 신앙인다운 모습은 아니다.

예수님은 "아무것도 염려하지 말고 다만 모든 일에 기도와 간구로, 너희 구할 것을 감사함으로 하나님께 아뢰라"(빌 4:6)고 말씀하셨다. "그리하면 모든 지각에 뛰어난 하나님의 평강이 그리스도 예수 안에서 너희 마음과 생각을 지키시리라"(빌 4:7)고도 말씀하셨다. 그렇다면 자녀 교육 문제도, 그들의 장래 문제도 결국 기도 제목이며 하나님께 완전히 맡겨야 할 문제이다. 물론 신앙이 있다고 자녀 교육을 내팽개치라는 말이 아니다. 다만 문제를 온전히 주님께 맡기라는 말이다. 적어도 학원이나 과외가 자녀 교육을 보장하고, 그렇게 해서 좋은 학교에 들어가야 장래가 보장된다는 생각은 버려야 한다.

사실 그리스도인이라 해도 자녀 교육에 임하는 태도는 주변과 다르지 않다. 자녀를 제대로 이해하고 그에 맞는 교육을 하는 것이 아니라 주변에서 하니까 그대로 따라 한다. 특별한 대안이 없다면 그렇게 하는 것이 속 편한 일이다. 그러나 주님은 분명 "이 세대를 본받지 말고 오직 마음을 새롭게 함으로 변화를 받아 하나님의 선하시고 기뻐하시고 온전하신 뜻이 무엇인지 분별하도록 하라"(롬 12:2)고 말씀하셨다. 지금의 교육 방법이나 기준은 '이 세대' 즉 세상풍조이다. 더 정확히 말하자면 옆집 사람들의 방법과 기준이다. 진정으로 자녀를 사랑한다면 우리 자녀를 향한 하나님의 뜻이 무엇인지 깊이 생각하고, 그에 따라서 자녀들을 교육해야 한다. 그러나 마음의 여유가 없다. 자녀를 향한 하나님의 뜻은 눈에 보이지 않고, 옆집 아이가 무엇을 하느냐는 명확하게 보이기 때문이다.

또 하나 중요한 것은 경제 문제이다. 많은 사람들이 자녀 교육비 때문에 힘들다. 세상 어느 나라보다 교육비 지출이 많은 나라가 바로 우리나라이다. 충분히 이해할 수 있는 일이며, 자녀를 위해 부모가 희생을 한다는 점에서 아름다운 모습이기도 하다. 그러나 자녀 교육비로 인한 경제적 부담이 지나치게 되면 돈의 유혹을 받는다. 종종 범죄를 저지른 사람들이 자녀 과외비를 벌기 위해 범죄를 저질렀다고 실토한다. 심지어 엄마들이 자녀 교육비를 벌기 위해서 유흥업소에 드나들기도 한다. 가슴 아픈 현실이다.

성도들도 예외는 아니다. 자녀 교육비 때문에 돈에 마음을 사로잡히고, 결국 유혹에 넘어가는 성도들도 많다. 사도 바울이 경고한 대로 "돈을 사랑함이 일만 악의 뿌리"(딤전 6:10)가 되는 것이다. 경제적으로 여유가 있더라도 절제해야 하지만 경제적인 여유가 안 되는데 무리하다 보면 결국 하나님의 뜻을 거스르게 된다. 자녀를 위해 부모가 희생할 수 있다고 반문할 수도 있지만 자녀 교육비로 인해 부모가 범죄하는 것과 혼동해서는 안 된다.

자녀를 사랑해서 나온 숱한 노력이 불신앙의 모습으로 나타날 수 있다. 별것 아닌 문제를 지나치게 심각하게 받아들이는 것 아니냐고 반문할 수도 있다. 그러나 자녀 교육 때문에 전전긍긍하며 주변의 눈치를 보고, 분에 넘치는 지출을 하는 것은 하나님의 섭리와 뜻과 명령을 존중하지 않는 행동임을 명심해야 한다.

영어,
우리들의 슬픈 강박증

한국 사회에서 영어교육은 사활이 달린 문제이다. 영어를 가르칠 형편이 되는 부모도 있지만 그렇지 못한 부모들은 괜히 초조하다. 그런데 어릴 때 배우는 영어는 한계가 있다. 학교나 유치원에서 배우더라도 집이나 친구들 사이에서 사용하지 않으면 자기 언어가 되기 어렵다. 내 큰아들은 초등학교 2학년 때까지 미국에서 자랐지만 한국에 돌아온 지 6개월 만에 대부분의 영어를 잊어버렸다. 사용하지 않는 언어는 오랫동안 유지하기 어렵다.

생활 영어는 사실 우리나라에 살면서 필요 없는 것이다. 미국에서 살면 어차피 생활 영어는 배우게 된다. 기를 쓰고 영어를 배울 필요가 없다는 것이다. 영어가 진짜 필요한 곳은 사업이나 공부할 때이다. 영어로 대화하고 토론도 할 수 있어야 한다. 그러기 위해서는 영어 자체보다도 많은 지식을 쌓아야 한다. 아무리 영어를 잘해도 필요한 영역의 지식이 부족하면 소용없다.

영어를 어떻게 배우느냐가 중요하다. 나는 영어를 재미없게 배웠다. 그래서인지 미국에서 꽤 생활했는데도 영어 실력은 초라하다. 30년도 전에, 직장에서 프랑스로 6개월간 출장가느라 3개월간 집중적으로 불어를 배웠는데, 그때는 재미있게 배웠다. 6개월 뒤 귀국할 때쯤 내 불어 실력은 내가 생각해도 제법이었다. 요즘도 불어가 새록새록 기억이 난다. 재미있게 배웠기 때문이다. 부모에 이끌려 억지로 영어를 배운 아이들은 영어에 대한 거부감이 생기게 마련이고, 정작 영어를 공부해야 할 때 부정적인 자세를 갖게 되지 않을까 염려된다.

우리나라 사람들은 영어 발음에 대한 콤플렉스를 가지고 있다. 심지어 발음을 좋게 하기 위해 아이들의 혀를 수술하는 충격적인 일도 있다. 미국 사람처럼 발음해야 영어를 잘한다고 생각하는 사람을 보면 답답하다.

내 경우에도 미국이나 캐나다에서 강의할 때는 아무래도 긴장된다. 영어가 서툴기도 하지만 미국 사람처럼 할 수 없기 때문에 주눅이 드는 모양이다. 그런데 인도에서 강의할 때는 미국 사람들 앞에서보다 훨씬 자연스러웠다. 영어로 미국 사람을 따라잡을 수는 없지만 영어가 모국어가 아닌 인도 사람들과는 크게 차이가 나지 않기 때문이다.

영어를 미국말이나 캐나다말로 배우면 안 된다. 사실 우리나라 영어 교육은 미국식으로 발음하고, 미국식 속어를 배우는 것이다. 그런데 영어를 사용하는 나라마다 발음과 표현이 천차만별이다. 영국이나 호주 사람들의 영어 발음은 미국 사람과 분명히 다르다. 인도, 홍콩, 싱가포르 사람들을 보면 영어를 자유자재로 사용하지만 발음과 표현이 독특하다. 그들에게 영어는 국제 공용어일 뿐이다. 영어는 국제 공용어로 인식하고 배워야 한다.

영어는 삶에 필요한 유용한 도구이지만 우상이 되어서는 안 된다. 일찍 가르칠 수 있으면 가르쳐도 좋다. 그러나 아이의 상황에 대한 이해 없이 강요하면 역효과를 낳는다. 그리고 영어라는 도구만 가지고는 아무것도 할 수 없다는 것을 알아야 한다.

조기유학, 기러기 아빠를 근심함

최근 언론에 조기유학과 기러기 아빠에 대한 기사가 자주 오르내린다. 교육열과 영어에 대한 집착 때문에 일어난 현상이다. 기러기 아빠의 희생으로 덕을 본 아이들을 소개하는 기사도 종종 보이지만, 조기유학으로 인해 일어난 부정적인 결과들이 대부분이다. 하지만 교회는 세상이 관심을 갖는 만큼 조기유학이나 기러기 아빠에 대해 관심을 갖지 않는다. 혹 관심이 있다 해도 거론하기가 거북하다. 이미 조기유학을 보냈거나 현재 기러기 아빠로 생활하는 사람들이 많기 때문이다. 한국 교회도 그렇지만 유학지인 미국이나 캐나다에 있는 한인 교회도 마찬가지이다.

조기유학으로 소기의 목적을 달성할 수 있느냐의 문제는 의견이 분분하다. 또한 조기유학이 막대한 재정을 사용할 만큼 가치가 있느냐도 사람마다 생각이 다르다. 여기서는 기러기 아빠가 되면서까지 조기유학을 보내는 것이, 성경이 가정에 대해서 가르치는 말씀에 합당한가로 논의를 좁히고자 한다.

자녀들이 성인이 되기까지 필요한 교육에서 가장 중요한 요소는 부모이다. 하나님은 자녀 교육의 일차적인 책임을 부모에게 맡겼다(신 6:7-

9). 학교 교육은 부모 교육을 대체할 수 없으며, 교육의 연장선상에서 보완을 위해 필요한 것이다. 홈스쿨링은 학교 교육마저 부모들이 맡겠다는 것이다. 모든 부모가 홈스쿨링을 할 수 있는 것은 아니기 때문에 강요할 수는 없다. 그러나 부모들이 자녀 교육에서 가장 중요한 사람이라는 사실은 인식해야 한다.

그런데 조기유학은 자녀에게 가장 중요한 영향을 미치는 부모들의 역할을 배제하거나 감소시킨다. 교육을 위해 조기유학을 보내는 것은 일면 타당하지만 어려서 부모와 떨어진다는 점에서 비교육적인 처사이다. 자라나는 아이들에게 부모의 비중은 결코 과소평가할 수 없다. 가정의 특별한 상황 때문에 불가피하게 부모와 떨어져 살 수도 있다. 그러나 특별한 사정이나 불가피한 상황이 아닌, 단순히 자녀들의 영어 교육을 위해 조기유학을 선택하는 것은 하나님이 기뻐하시지 않는다.

단순히 영어 때문이 아니라 일찍부터 국제 감각을 키워야 한다며 조기유학을 보내는 사람도 있다. 특별한 재능을 살리기 위해 어쩔 수 없이 조기유학을 보내기도 한다. 선교사 자녀들은 가족과 떨어져 있는 경우가 많다. 그러나 어떤 경우라도 어린 나이에 부모를 떠나서 생활하는 것은 교육적으로 바람직한 현상이 아니다.

중국에서 사역하는 선교사 한 분은 "제발 중국으로 조기유학 보내지 말라"고 기회 있을 때마다 말한다. 국고 낭비요 나라 망신이라는 것이다. 중국이나 동남아 등 유학비용이 적은 경우 아이들이 도피유학을 떠나는 경우가 많아 상황이 더 심각하다는 것이다. 미국이나 캐나다로 유학 간 아이들도 마찬가지이다. 잘 적응하는 아이도 있지만 꽤 많은 아이들이 문제아가 된다. 그런데도 대부분의 부모들은 자기 자식은 문제아가 아니라는 확신을 가지고 산다.

유학 목적을 어느 정도 달성한다 해도 일찍 부모를 떠나 살면 부모와 관계가 소원해지기 쉽다. 부모는 희생하며 유학 보내지만 자녀들 입장에서는 부모들 때문에 희생당한다고 생각할 수도 있다. 결국 성인이 되면 부모 자식 관계는 멀어진다. 자녀들에게 부모 공경을 바라는 것 자체가 어렵다.

물론 모든 어려움을 감수하고 자녀들이 미래 사회의 책임 있는 인재로 성장시킬 수 있다면 좋다. 그러나 그 전에 하나님을 의뢰하고 신중한 마음으로 기도해야 한다. 또한 대화를 통해 자녀 상태나 생각을 제대로 알고 시작해야 한다. 남들이 한다고 해서, 불안과 욕심 때문에 시작한다면 하나님의 뜻을 분별하지 못하는 실수를 범하게 된다.

또한 기러기 아빠는 주님이 부부에게 원하시는 삶을 사는 데도 문제가 된다. 사도 바울은 "다만 기도할 틈을 얻기 위하여 합의상 얼마 동안은 하되 서로 분방하지 말라"(고전 7:5)고 가르쳤다. 그 이유는 "이는 너희가 절제 못함으로 말미암아 사탄이 너희를 시험하지 못하게 하기 위해서다"(고전 7:5).

기러기 아빠들에게 이 말씀으로 권면하면 대부분 "우리는 그런 걱정할 필요가 없다"고 반응한다. 믿음이 있기 때문에 괜찮다, 하나님이 지켜주시니까 괜찮다고 생각하는 것이다. 그러나 현실적으로 부정적인 결말을 보는 경우도 없지 않다. 그리스도인이라고 불행이 면제되는 것은 아니다.

혹시 나쁜 결과가 없더라도 사탄에게 가능성을 열어주는 것 자체가 신앙인으로서 할 일은 아니다. 믿음이 있으니까 문제가 없다고 생각할 것이 아니라 오히려 믿음이 있기 때문에 사탄에게 기회를 주지 않도록 노력해야 한다. "음욕을 품고 여자를 보는 자마다 마음에 이미 간음하였다"(마 5:28)고 말씀하신 예수님의 눈으로 보면 아내와 떨어져 있는 남편은 결코 바람직하지 않다. 남편과 오랫동안 떨어져 있는 아내도 안전하지 않다. 이때 부부간에 문제가 생긴다면 자녀들도 치명상을 입는다. 자녀들이 아버지와 떨어져 살면서 아버지의 영향을 받지 못하는 것도 자녀교육에서 아쉬운 부분이다.

조기유학이나 기러기 아빠는 모험적인 시도이다. 세속의 가치관에 젖어 있는 사람들이 자녀들의 성공을 위해서 모험(?)을 시도한다면 뭐라 할 말이 없다. 그러나 믿는 사람들이 믿지 않는 사람들과 별반 다르지 않은 목적 때문에 하나님이 원하시는 바를 무시하는 것은 안타까운 일이다. 우리 가정의 자녀 교육이 세상풍조인지 하나님의 뜻인지를 분별해야 한다. 또한 부부가 떨어져 사는 것이 세상풍조인지 하나님의 뜻인지도 분별해야 한다. 나도 모르는 사이에 하나님의 뜻을 거스르고 세상풍조에 휩쓸려 버린 것은 아닌지 돌아보아야 한다.

대안학교, 무엇의 대안인가?

큰아들이 고등학교에 입학하기 전, 기독교 학교에 보내고 싶어 경남 거창에 있는 거창고등학교를 찾아간 적이 있다. 나는 흡족한 마음에 아들을 데리고 다시 견학을 갔었다. 그런데 아들이 집을 떠나 지방에 가고 싶지 않다고 해서 결국 포기했다. 일 년 후, 여전히 기독교 학교에 대한 미련이 남아서 경기도 안산에 있는 동산고등학교에 편입을 시도했다. 감사하게도 기회가 주어졌는데 편입시험을 보는 날 아들이 아파서 갈 수 없었다. 나중에 알고 보니 아들은 편입하고 싶지 않았던 것이다. 결국 그것마저 포기하고 말았다.

아들을 기독교 학교에 보내고 싶었던 이유는 어릴 때부터 기독교 신앙으로 지도를 받으면 좋겠다고 생각했기 때문이다. 서울에 수많은 기독교 계열 학교가 있지만 아쉬운 부분이 많다. 그런데 사람들이 거창고등학교와 동산고등학교에 관심을 갖는 이유가 서울 명문대학에 학생들을 많이 보내기 때문이라는 사실을 나중에 알았다. 그것을 알고 나서 큰아들이 두 학교에 가지 못한 것에 대한 아쉬움이 조금 사라지긴 했다.

막내가 고등학교에 입학할 때 똑같은 생각을 했다. 이번에는 대학입시와 무관하게 기독교 정신으로 가르치는 학교를 찾았다. 충남에 있는 풀무농업고등학교였다. 교사들을 만나 학교의 설립정신을 듣고 마음이 흡족했다. 막내아들을 설득해서 함께 견학하기도 했다. 처음에는 완강히 거부하던 막내아들은 아빠의 강권에 못이겨 입학시험을 치렀다. 결과는 불합격이었다. 나는 아쉬워했지만 막내아들은 은근히 다행이라는 눈치였다. 결국 막내도 내가 원하는 학교에 보내는 데 실패했다.

학교 교육이 대학 입학을 위한 도구로 변질된 것이 못마땅해서 시도한 것인데 뜻대로 되지 않았다. 그런데 나와 비슷한 생각을 가진 사람들이 꽤 많다. 그래서 대안학교를 찾는 것이다. 대안학교 중에는 기독교 대안학교가 꽤 많다. 몇몇 기독교 대안학교에서 학부모들에게 강의할 기회도 있었다. 기독교 대안학교 교사들과 학부모들과 이야기하다가 몇 가지 느낀 것이 있다.

먼저 대안학교가 자칫 귀족학교로 변질될 수 있다는 것이다. 대안학교에 보내려면 경제적인 부담이 큰 편이다. 어떤 대안학교는 해외여행을 떠나기도 한다. 경제적으로 어려운 학생들에게는 대안이 아니라 귀족학교처럼 보이는 것이 당연하다. 미국 남부의 한 기독교 학교에 흑인 아이들은 거의 없는 것을 보면서 부정적인 마음이 들었다. 아무리 기독교 정신으로 가르쳐도 가난한 흑인들이 입학할 수 없다면 진정한 기독교 학교라고 할 수 없다고 여긴 것이다.

두 번째는 대학입시를 위한 대안학교로 전락할 수 있다는 것이다. 대안학교를 보내는 목적은 우리 사회의 잘못된 흐름을 거스르며 진정한 대안이 무엇인가 찾는 데 있어야 한다. 그러나 지금, 많은 대안학교는 대학입시 결과에 흔들린다. 대학입시를 위한 대안학교는 진정한 의미의 대안학교가 아니다.

공교육의 문제점이 무엇인지 정확히 확인하고 믿음의 눈으로 대안학교를 찾는 것은 믿음의 한 표현이다. 그러나 교육의 목적을 하나님이 원하시는 자녀로 키우는 것에 두지 않고, 좋은 대학에 가기 위해 대안학교를 선택했다면 그 학교는 대안학교가 아니라 대학 진학을 위한 또 다른 통로일 뿐이다.

입시, 명문학교의 허상

아들을 서울대에 보내주면 대신 지옥에 갈 수 있는가? 이 질문에 아들이 서울대만 가면 자기 하나 희생하는 것은 문제도 아니라는 엄마들이 많다는 이야기를 들은 적이 있다. 지어낸 이야기겠지만 우리나라 엄마들의 명문대 집착을 단적으로 보여주는 이야기이다. 학교도 중요하지만 의학이나 법학처럼 특정한 전공을 선호하던 때도 있었다. 미국에도 명문대 즉 '아이비리그'가 있다. 어느 나라든 명문학교가 있고, 그곳에 보내고 싶어 하는 학부모들도 많다. 그런데 우리나라 부모들의 집착은 유독 심하다.

종종 교회에서 명문대에 입학했다고 광고하는, 심지어 하나님께 영광이 된다고 말하는 경우가 있다. 이런 행동은 하나님의 영광을 욕되게 하는 일이다. 하나님은 자기 백성이 명문대학에 들어간다고 좋아하시고, 그렇지 못했다고 자존심 상하거나 기분 나빠하시는 분이 아니다. 자녀가 명문대에 들어가면 부모 기분이 좋은 것은 당연하다. 그러나 하나님은 자기 백성들이 입시에서 어떤 결과를 얻었느냐에 따라 영광을 받고 안 받는 분이 아니다.

어떤 부모들은 특목고나 명문대를 목표로 정해 놓고 자녀들에게 강요한다. 자녀들이 좋은 학교에 가는 소원을 갖는 것 자체는 잘못되었다고 말할 수는 없다. 그러나 그것만을 자녀 교육의 목표로 삼고 몰아가는 것은 교육적으로도 문제이고 신앙적으로도 문제를 낳는다. 아이들이 좋은 학교에 들어가는 것은 좋은 일이다. 그러나 좋은 학교가 자녀 교육의 절대적인 목표가 되면 위험하다. 목표를 이루기 위해서는 자칫 하나님의 뜻을 무시할 수 있기 때문이다. 입시 공부 때문에 교회생활을 제대로 할 수 없다거나, 하더라도 아주 제한적으로 참여한다면 그 목표는 이미 하나님의 뜻에서 벗어난 것이다. 이미 우상이 된 것이다. 명문대는 지금 우리나라 부모들의 우상이다. 성도들 역시 큰 우상에 빠져 있다.

명문대에 다닌다고 해서 자만하는 것도 신앙에 있어 큰 문제이다. 세상은 우리의 가치를 출신 학교에 따라 판단하지만 하나님은 결코 그렇지 않다. 물론 좋은 학교를 나오면 사회에 선한 영향을 줄 수 있는 유리한 위치에 서게 된다. 이런 이유로 하나님이 주신 재능을 최대한 발휘하여 좋은 학교에 입학할 수 있도록 노력할 수도 있다.

하지만 명확한 목표도 없이 자만심에 빠진다면 하나님 보시기에 아름다운 모습이 아니다. 예레미야 선지자의 말씀에 귀 기울여 보자.

"여호와께서 이와 같이 말씀하시되 지혜로운 자는 그의 지혜를 자랑하지 말라. 용사는 그의 용맹을 자랑하지 말라. 부자는 그의 부함을 자랑하지 말라. 자랑하는 자는 이것으로 자랑할지니 곧 명철하여 나를 아는 것과 나 여호와는 사랑과 정의와 공의를 땅에 행하는 자인 줄 깨닫는 것이라. 나는 이 일을 기뻐하노라"(렘 9:23-24).

하나님이 쓰신 인물 중 명문학교에 다닌 예가 있다. 모세가 어려서부터 이집트의 선진 학문을 배웠는데, 이스라엘 백성들을 인도하는 데 도움이 되었다. 사도 바울은 가말리엘의 문하에서 배운 엘리트였다. 복음 전파 과정에서 유대인들과 갈등이 있을 때 훌륭한 스승에게 배운 전력이 조금은 도움이 되었다. 그들이 세상에서 뛰어난 공부를 했지만 하나님이 사용하신 결정적인 이유는 아니었다. 사도 바울이 고린도 교회에 편지한 내용이 새삼스럽게 다가온다.

"형제들아 너희를 부르심을 보라. 육체를 따라 지혜로운 자가 많지 아니하며 능한 자가 많지 아니하며 문벌 좋은 자가 많지 아니하도다. 그러나 하나님께서 세상의 미련한 것들을 택하사 지혜 있는 자들을 부끄럽게 하려 하시고 세상의 약한 것들을 택하사 강한 것들을 부끄럽게 하려 하시며 하나님께서 세상의 천한 것들과 멸시 받는 것들과 없는 것들을 택하사 있는 것들을 폐하려 하시나니 이는 아무 육체도 하나님 앞에서 자랑하지 못하게 하려 하심이라"(고전 1:26-29).

과도한 사교육을 경계한다

사교육 자체를 부정할 수는 없다. 사교육은 어느 사회나 필요하다. 공교육이 완전할 수 없고, 개개인의 필요에 따라 사교육이 존재해야 한다. 우리의 문제는 사교육 자체가 아니라 '과도한' 사교육이다. 이것이 가정에 짐이 되고 사회를 혼란시킨다. 신앙의 관점에서 보면 불신앙의 요소이다.

우리나라 사교육비는 세계 어느 나라와 비교해도 월등히 많다. 가정 경제에서 차지하는 비중도 만만치 않다. 최근 통계를 보면 2008년 1/4분기 사교육비 지출이 전년에 비해 16퍼센트 증가했는데, 사상 최대 상승률이다. 소득 기준 하위 20퍼센트의 가구당 월평균 소득은 7퍼센트 늘어났지만 사교육비 지출은 16.4퍼센트나 늘었다. 학원비 인상률은 물가상승률을 크게 웃돈다. 주변에서 보는 현실은 통계수치보다 훨씬 심각하다. 과도한 사교육비 지출은 꼭 지출해야 할 다른 영역을 줄이면서 가정 경제 전반에 부정적인 영향을 미친다. 사교육비에 밀려 노후 준비 등을 소홀히 하면 가정의 미래 자체가 어두워질 수밖에 없다.

과거 논밭을 팔아 자식들을 대학에 보낸 부모의 열성은 우리나라의 인적 자원 조성에 중요한 역할을 했다. 그러나 지금 문제가 되는 것은 사교육비가 공교육비를 능가하는 막대한 액수이면서도 투자효과는 그리 크지 않다는 점이다. 입시 학원 컨설턴트에 따르면 학원에 다니는 아이들 중 약 10퍼센트만이 학원비를 뽑아낸다. 나머지 90퍼센트는 부모를 안심시키는 비용이라는 것이다. 영어나 피아노, 논술 학원 교사들도 학원 교육으로 유익을 얻는 아이들은 소수에 불과하고, 대부분의 아이들은 별 유익 없이 학원비만 매달 내는 것이라고 말한다. 많은 부모들이 별 유익도 없는 사교육에 꽤 많은 금액을 허비하는 셈이다.

지나친 사교육은 세속적인 불안과 염려에서 나온다. 그 결과는 하나님에 대한 불신을 낳는다(마 6:31-33). 예수님은 염려하지 말라고 말씀하셨다. 염려하는 사람들을 믿음이 적은 자라고 책망하시며, 염려하는 것은 이방인들이나 하는 것이라고 지적하셨다. 사교육은 부모의 염려 때문에 확산된다. 사교육비는 진정한 의미의 교육비가 아니라 '부모 안심 비용'이라고 말하는 사람도 있다. 하나님을 믿는 부모들도 이 불안을 이기지 못한다.

신앙이 있는 부모들 대부분은 자녀들의 성적과 입시를 위해서 기도한다. 하지만 학원과 과외 시간이 예배를 비롯한 교회활동과 겹치면 당연히 예배나 교회활동을 포기하라고 다그치는 사람들이 있다. 그들은 하나님보다 사교육을 더 의지하는 것이 분명하다. 과도한 사교육은 결국 하나님에 대한 불신에서 나온 것이다.

또한 지나친 사교육은 인간적인 욕심에서 나온 것이다. 자녀에 대한 우리나라 부모들의 욕심은 대단하다. 그런데 성경에도 비슷한 사례가 없는 것은 아니다(마 20:20-23). 예수님의 제자인 야고보와 요한의 어머니는 두 아들이 하나님 나라에서 좌우편 보좌에 앉기 원했다. 예나 지금이나 자식의 출세를 원하는 어머니의 마음은 비슷하다. 내 자식만은 좋은 학교에 진학하기 원하고, 세상에서 성공하기 원한다. 이런 바람이 속절없이 커지면서 지금 우리가 목도하는 과도한 사교육이 일어난 것이다. 물론 부모들은 자녀들을 위해 그렇게 한다고 주장한다. 그러나 많은 자녀들이 부모 욕심 때문에 희생되고 있다.

무엇보다 지나친 사교육은 주변의 압력 때문에 발생한다(롬 12:2). 사교육의 동기는 대부분 주변에서 그렇게 하기 때문이다. 자녀들의 실제적인 필요보다 옆집의 압력에 더 많은 영향을 받는다. 입시 준비는 말할 것도 없고 여러 가지 재능 교육도 아이들의 능력이나 재능에 맞추기보다 옆집 엄마들이 어떻게 하느냐에 따라 달라진다. 살아가는 동안 주변 사람들의 영향을 피하기는 어렵다. 그러나 주변의 영향이 하나님보다 더 크게 보다면 우상이다.

과거 이스라엘 백성들이 주변 나라 영향으로 우상을 섬긴 것처럼, 많은 그리스도인들이 입시와 사교육이라는 우상을 섬기고 있다. 이 세대를 본받지 않고 하나님 뜻에 따라 살기 원한다면 주변 사람들의 영향 때문에 사교육에 매달려서는 안 된다.

성경이 말하는 교육은 3D로 표현할 수 있다. 하나님이 자녀들에게 주신 재능과 능력을 발견(discover)하고, 그것을 개발(develop)하며, 이에 걸맞는 학교와 일을 설계(design)하는 것이다. 자녀의 필요에 따라 시작하고 개발하는 과정이 아니라 부모의 요구에 따라 진행하는 교육으로는 진정한 목표를 달성할 수 없다. 혹 단기 목표는 이룬다 해도 자녀들을 의존적으로 만들 뿐이다.

사교육 문제는 입시로 대표되는 우리나라 교육의 구조적인 모순 때문에 발생한다. 결국 사교육 문제를 해결하기 위해서는 구조적인 노력이 필요하다. 그러나 아무리 구조적인 변화가 있어도 개개인의 의식 변화가 없으면 해결할 수 없다. 재정과 교육 문제에 대한 신앙적인 안목을 가져야 한다. 무엇보다 과도한 사교육에 빠지는 이유를 영적인 관점으로 볼 수 있을 때 문제를 해결할 수 있다. 문제를 푸는 열쇠는 우리의 믿음이다.

"무릇 하나님께로부터 난 자마다 세상을 이기느니라 세상을 이기는 승리는 이것이니 우리의 믿음이니라"(요일 5:4).

3

청소년 문제와 신앙

christian

공부는 잘하고 못하고의 문제가 아니라
책임감과 성실성의 문제이다.
노예들에게 "무슨 일을 하든지 마음을 다하여
주께 하듯 하고 사람에게 하듯 하지 말라"(골 3:23)고 말한
사도 바울은 오늘날 공부 때문에 힘들어 하는 학생들에게도
비슷한 충고를 하지 않을까? 노예에게 맡겨진 일은 힘들다. 공부도 힘들다.
당장은 무의미하게 느껴지지만 주께 하듯 하면 새로운 의미를 발견할 수 있다.

공부, 목적 있는 의무

막내가 초등학교에 다닐 때 "지금 제일 하기 싫은 게 무엇이냐?"고 물었더니 망설임도 없이 "공부!"라고 대답했다. 어처구니가 없어 웃다가 문득 내 어릴 때가 생각났다. 나 역시 공부 없는 세상에서 살고 싶었다. 그런데 재미있는 것은 공부에 대한 탄식이 성경에도 나온다는 사실이다. "내 아들아 또 이것들로부터 경계를 받으라. 많은 책들을 짓는 것은 끝이 없고 많이 공부하는 것은 몸을 피곤하게 하느니라"(전 12:12).

동서고금을 막론하고 사람들은 왜 공부하는 것을 피곤하게 느끼는 걸까? 적어도 하나님이 세상을 창조했을 때는 그렇지 않았다. 하나님이 아담과 하와에게 만물을 다스리라는 명령을 주셨는데, 그 명령은 공부하라는 명령인 셈이다. 그 명령은 결코 고통스러운 짐이 아니었다. 하나님의 축복이요 아담에게 주어진 특권이었다. 이런 현상은 공부 못한 것이 한이 된 요즘 사람들에게서도 발견할 수 있다. 그들에게 "왜 공부해야 하느냐?"는 질문은 도무지 어울리지 않는다. 오히려 "왜 공부를 안 하려고 하느냐?"고 반문할 게 뻔하다. 이것이 공부에 대한 하나님의 원래 의도였다.

사람들이 공부를 고통스럽게 느끼게 된 것은 아담의 죄 때문이다. 아담의 죄로 인해 축복이자 특권인 것들이 고통의 원인으로 변질되었다. 그러나 그리스도 안에서 새로운 피조물이 된 사람들은 매사를 다르게 보아야 한다. 공부도 그 중 하나이다. 왜 공부를 해야 하는가에 대한 답을 성경에서 찾아보자.

첫째, 모든 일을 주께 하듯 해야 한다(골 3:23). 당시 노예들에게 주신 이 말씀을 지금은 공부하는 학생들에게 그대로 적용할 수 있다. 학생에게 맡겨진 일은 공부이기 때문에 그것을 주께 하듯 하는 것이 당연하다. 물론 공부의 결과는 학생들마다 얼마든지 다를 수 있다. 받은 달란트에 따라 최선을 다하면 "착하고 충성된 종"(마 25:21)이라는 칭찬을 듣는다. 모두 1등을 하거나 100점을 맞을 수는 없다. 그러나 모두 주께 하듯 하여 최선의 결과를 얻으면 그것으로 족하다.

둘째, 공부의 결과를 통해 이웃을 섬길 수 있다(마 22:39). 흔히 "공부해서 남 주냐?"고 말한다. 공부 결과는 결국 자신을 위한 것임을 암시하는 말이다. 그러나 높은뜻숭의교회 김동호 목사님은 "공부해서 남 주자"는 멋진 말을 자주 하신다. 세상 사람들은 자기 이익을 위해서 공부하지만 그리스도인들은 공부의 결과를 통해 이웃에게 유익을 주자는 말이다. 그리스도인들에게는 공부하는 것 자체가 영적인 사명이 될 수 있다.

셋째, 공부하는 과정과 결과를 통해 하나님께 영광을 돌릴 수 있다(고전 10:31). 다니엘은 공부를 잘하던 청년으로 바벨론 왕에게 인정받아 이방나라에서 여호와 하나님을 마음껏 드러냈다. 요즘 도무지 청소년들은 공부를 즐기지 않는다. 그러나 마음의 동기를 새롭게 하면 공부 자체가 영적인 일이며 즐거울 수 있다. 무의미한 공부, 이기적인 공부를 떨쳐버리고 주님의 영광을 위해서, 이웃을 섬기기 위해서 공부하는 청소년들이 그립다.

고등학교 때 1등만 하는 친구에게 공부 잘하는 비결을 물어본 적이 있다. 그때 친구는 "왜 공부해야 하는지 이유를 생각하지 말고 그냥 공부해"라고 대답했다. 어렴풋이 이해할 수 있지만 공감하지는 못했다. 공부하기 싫은데 어떻게 이유도 묻지 않고 무작정 할 수 있는가? 누구나 한 번쯤 "왜 공부해야 하지?"라고 자신에게 질문을 던져야 하고, 나름대로 그것에 대한 확신을 세우고 공부하는 것이 좋다.

공부가 절대적인 것은 아니다. 공부 외에 다른 대안이 있다면 공부를 강요할 필요는 없다. 공부 외에 특별한 달란트나 재능, 기술이 있다면 굳이 공부에 매달릴 필요도 없다. 하나님이 주신 은사를 따라 일하면 된다. 학벌을 중시하는 현실 때문에 무조건 공부를 해야 한다고 하지만 그것은 세상풍조일 뿐 하나님이 원하시는 것은 아니다. 요리에 관심이 많은 아이에게 대학입시 준비 대신 요리를 배우라고 제안한 적도 있다.

다른 대안이 없다면 학생의 본분인 공부를 열심히 해야 한다. 공부에서 의미를 발견하면 좋지만 발견하지 못할 수도 있다. 그렇다 해도 학생에게 맡겨진 책임인 공부를 열심히 하는 자세가 필요하다. 공부는 잘하고 못하고의 문제가 아니라 책임감과 성실성의 문제이기 때문이다. 노예들에게 "무슨 일을 하든지 마음을 다하여 주께 하듯 하고 사람에게 하듯 하지 말라"(골 3:23)고 한 사도 바울은 오늘날 공부 때문에 힘들어 하는 학생들에게 아마도 비슷한 충고를 하지 않을까 싶다. 노예에게 맡겨진 일은 힘들다. 공부도 힘들다. 당장은 무의미하게 느껴지지만 주께 하듯 하면 새로운 의미를 발견할 수 있다.

아무리 주께 하듯 해도 힘든 것을 피할 수는 없다. 이때 고통 후에 있을 영광을 기대하면 어떨까. 예수님이 십자가 고난을 당하신 것은 많은 사람의 죄를 대속함과 함께 후에 있을 영광을 기대하셨기 때문이다(롬 8:17-18). 공부하면서 겪는 고난을 십자가 고난에 비할 수는 없지만 힘든 시기를 지나는 청소년들이 마음먹기에 따라서는 그렇게 생각할 수도 있다.

性,
독이 되지 않기 위하여

어릴 때 우연히 자위행위를 알게 되었다. 그 사실을 알게 된 우리 부모님은 종종 내 생활을 점검하시면서 그 문제를 물어보곤 하셨다. 그때마다 나는 부끄러운 부분이 노출이 되었고, 그것 때문에 책망을 받곤 했다. 사실 자위행위는 내 생활에서 죄로 이끄는 유혹 중 가장 현실적인 것이었다. 보통 청소년 시절에 여러 가지 유혹에 미혹된다. 나는 다른 것에서는 유혹을 이겨냈지만 자위행위만은 이기기 어려웠다. 그 유혹은 점점 더 심해졌다. 어릴 때부터 교회생활은 착실하게 했고, 그리 말썽을 부리는 아이도 아니었지만 자위 문제는 항상 내 속에서 죄책감을 만들어 내곤 했다.

중학교 3학년 수련회 때 설교하시던 분이 "예수님이 너의 죄를 위해 돌아가셨다"고 말했을 때, 사실 나는 별로 죄가 없다고 생각했다. 아이들이 하기 쉬운 거짓말이나 작은 도둑질을 한 적도 없다. 그래서 나와 무관하게 느껴졌다. 그러나 기도하면서 '나도 죄가 없지는 않을 텐데 무슨 죄를 지었나'라고 생각하다가 자위행위가 떠올랐다. 그제서야 나도 역시 죄인이라는 고백을 했다. 그때 내 속에 숨어있던 어두운 그림자가 의식의 수면으로 떠오르면서 막연한 죄책감이 나를 죄인으로 인정하게 했던 것이다. 청소년 시절에 성적인 유혹의 문제는 피할 수 없는 현실이다.

자위행위는 청소년 시절에 나타나는 자연스러운 현상일 수도 있다. 그러나 여자를 보고 음욕을 품은 자마다 간음했다고 말씀하신 예수님의 말씀을 생각하면 단순히 생리적인 현상으로 돌릴 수는 없을 것 같다. 자위행위를 할 때 아무래도 성적인 상상을 하기 때문이다. 혹자는 자연스러운 현상을 죄악으로 정죄해서는 안 된다고 말하기도 한다. 물론 지나친 죄책감으로 자기를 학대하지는 않도록 조심해야 한다. 그렇지만 하나님의 말씀에 비추어볼 때 죄악의 범주에서 벗어나지 않는다는 사실은 인정해야 한다. 그리고 그렇게 가르쳐야 한다.

성적인 유혹은 예나 지금이나 별 차이가 없다. 다만 지금은 예전보다 성적인 자극을 받는 통로들이 과감하게 열려 있어서 훨씬 위험하다. 우선 가정에서 그런 환경을 만들지 않도록 주의해야 한다. 어른들이 즐기는 케이블 방송이나 음란 비디오 때문에 청소년들이 유혹을 받는다면 그것은 소자를 실족케 하는 큰 죄를 짓는 것이다. 그런 사람은 연자 맷돌을 매어서 물에 빠져 죽게 하는 것이 나을 것이다(마 18:6).

그런 유혹에 빠지지 않도록 하기 위해서는 청소년들의 에너지를 발산할 수 있는 일들을 계속해서 만들어 주어야 한다. "또한 너는 청년의 정욕을 피하고 주를 깨끗한 마음으로 부르는 자들과 함께 의와 믿음과 사랑과 화평을 따르라"(딤후 2:22).

성적인 죄악에 대해 지나친 죄책감을 갖게 하는 것도 조심해야 한다. 청소년들이 성적으로 실수하지 않도록 주의를 기울이는 한편 실수했다고 자학하지 않도록 마음을 써야 한다. 물론 성적으로 짓는 죄악은 분명한 죄악이지만 용서받을 수 없는 죄악은 아니기 때문이다. 여자를 보고 음욕을 품은 자마다 간음을 했다고 엄격한 기준을 말씀하셨지만, 간음하다 잡힌 여자를 용서해주셨던 것이 바로 예수님의 진정한 마음이다. 그래서 이런 유혹이나 실수를 통해서 예수님의 용서와 자비를 깨달을 수 있어야 한다.

컴퓨터 게임,
취미의 균형 맞추기

큰아들이 중학생 때였다. 큰아들과 친구를 자동차 뒷자리에 태웠는데, 둘이서 무슨 이야기인지 제법 심각하게 나누고 있었다. 학교 친구들과 관련된 심각한 이야기인 줄 알았는데 나중에 알고 보니 컴퓨터 게임에 등장하는 인물들에 대한 이야기였다. 실제 이야기처럼 실감나게 대화하는 것을 들으면서, 아이들에게 컴퓨터 게임은 하나의 놀이가 아니라 삶의 중요한 사건처럼 느껴졌다.

그 아들이 이제는 어른이 되었고 아들까지 둔 아버지가 되었지만 여전히 컴퓨터 게임을 즐긴다. 언젠가 일본에 가서 컴퓨터 게임장에 어른들이 잔뜩 있는 것을 보고 의아하게 생각한 적이 있는데, 이제 보니 우리 아들이 바로 그 어른인 것이다.

막내가 친구들이나 조카들과 함께 모여서 노는 것을 보면 큰아들과 별다를 게 없다. 두세 명이 컴퓨터 주위에 모여 게임을 하는 것이 전부다. 모였으면 유익한 이야기라도 나누면 좋으련만 도무지 이해할 수가 없다.

십대 아이를 둔 부모들의 가장 큰 골칫거리가 컴퓨터 게임이라고 한다. 부부는 맞벌이를 하고 외아들은 집에 혼자 있을 수밖에 없는데, 이 아이가 컴퓨터 게임에 빠지는 것은 시간 문제일 뿐이다. 어떤 부모들은 아이를 집에 혼자 두면 컴퓨터 게임에 빠질까 염려가 되어서 학원으로 뺑뺑이를 돌린다고 한다.

컴퓨터 게임은 요즘 아이들에게는 그야말로 우상이다. 그런 모습을 보는 부모들의 마음은 애가 탄다. 그것 때문에 자식들과의 관계도 어려워지고, 아이들은 점점 중독에 빠져 버린다.

요즘 부모들의 어린 시절은 어땠을까. 물론 그 당시에는 컴퓨터 게임은 말할 것도 없고 컴퓨터 자체가 없었다. 내 경우에는 어린 시절에는 만화가게에 가서 만화보는 것이 낙이었다. 마치 지금의 연속극처럼 만화가 연속해서 발간이 되기 때문에 새로운 편이 나오면 어떻게든 돈을 마련해서 만화가게로 달려갔던 기억이 난다. 지금 생각해보면 나도 꽤 열심 있는 만화 팬이었다.

동네 아이들과 함께 놀 때는 자치기, 술래잡기, 비석치기, 땅따먹기 등으로 해가 지는 줄 몰랐다. 어머니는 아버지와 함께 장사를 하느라 집에서 우리를 돌보지 못했다. 그래서 동네 아이들 때문에 내가 공부를 하지 않을까봐 걱정하셨던 것 같다. 사실 공부 좀 하려고 하면 아이들이 불러내는 통에 공부하기가 쉽지는 않았다. 그러나 지금 생각해 보면 그때 동네 아이들과 놀았던 것이 내게는 좋은 추억으로 남아 있다.

이렇게 비교해 보면 어릴 때 노는 데 빠지는 것은 마찬가지이다. 친구들과 어울려서 시간을 보내는 것 자체를 염려할 필요는 없다. 지금 아이들은 그것이 컴퓨터 게임이라는 차이가 있을 뿐이지 우리가 어린 시절에 부모들의 걱정을 끼쳤던 것과 다를 것이 없는 것 같다.

그러므로 문화적인 차이를 인정해 주어야 한다. 지금 아이들의 문화가 부모들이 자라온 문화와 다르다는 것을 인정해 주어야 한다. 사도 바울의 선교 전략이 시사점을 준다. "약한 자들에게 내가 약한 자와 같이 된 것은 약한 자들을 얻고자 함이요 내가 여러 사람에게 여러 모습이 된 것은 아무쪼록 몇 사람이라도 구원하고자 함이니"(고전 9:22).

결국 지금 아이들을 이해하기 위해서는 부모의 문화적 잣대로만 평가하지 말고 그들의 문화를 이해해야 한다. 우선 아이들의 놀이문화를 인정할 필요가 있다. 마치 어른들이 텔레비전 드라마나 스포츠에 열광하는 것과 다를 것이 없다. 예전에 알고 지내던 사람 가운데 프로 레슬링을 좋아하던 친구가 있었다. 경건생활을 잘하는 친구인데 프로 레슬링만 나오면 어쩔 줄을 모르는 것을 보면서 어떻게 경건한 사람이 프로 레슬링을 좋아할 수 있느냐고 정죄했던 기억이 있다. 도무지 이해가 안 되었기 때문이다. 그러나 그의 취향을 정죄한 것은 결코 옳은 태도가 아니었다.

그러나 그렇다고 지금의 컴퓨터 게임이나 게임 문화를 그대로 수용할 수만은 없다. 컴퓨터 게임이 가지는 특성은 옛날의 만화책이나 놀이와는 다르다. 그리고 게임의 내용도 도덕적으로나 영적으로 받아들이기 어려운 내용들이 많다. 그런 것들에 대해서 분별할 필요가 있고, 전문가들의 도움을 받아야 한다.

더 중요한 것은 컴퓨터 게임을 즐기는 수준을 넘어 삶에서 차지하는 비중이 지나치게 커진다면 우상이 된다는 사실을 자각하는 것이다. 그 문제를 정확하게 지적해야 한다. 그럴 때도 지혜가 필요하다. 사도 바울이 우상을 섬기는 아덴 사람들의 종교성을 인정하면서 그들의 우상숭배를 지적한 것처럼, 부모들은 자녀들이 컴퓨터 게임에 빠진 것을 보고 일단 그들의 재능이나 능력을 인정해주는 여유가 필요하다. 그러고 나서 그것이 우상인 것을 지적해줄 수 있어야 한다.

동시에 부모들에게도 아이들의 컴퓨터 게임에 해당하는 것들이 있다. 어른들의 생활에서 텔레비전이 그런 역할을 한다. 취미활동이라면서 하는 골프나 스포츠가 우상화될 수 있다. 부모들이 우상화하는 것이 있다면 그것들을 솔직하게 인정하고 아이들과 함께 기도하면서 그 문제를 풀어가야 할 것이다.

외모, 달란트로 바라보자

젊은이들은 배우자를 택할 때 외모를 중시한다. 남자들은 거의 예외 없이 그렇다. 여자들도 요즘은 꽃미남을 찾는다. "성격 나쁜 것은 참아도 못 생긴 것은 못 참는다"라는 말이 돌기도 한다. 사람들의 일반적인 정서를 대변하는 말이다. 최근에는 얼굴뿐 아니라 몸매까지 강조한다. S라인이 강조되는 걸 보면 몸매가 더 중요한 시대인지도 모르겠다. 그래서 다이어트한다고 난리다. 건강을 잃으면서까지 날씬해지려고 애쓴다.

세상이 이렇다 보니 그리스도인들도 어쩔 수 없이 영향을 받는다. 나도 출근하기 전에 머리 빗고 스프레이를 뿌리기도 한다. 거리를 지나다가 쇼윈도에 비친 내 모습을 힐끗 쳐다보기도 한다. 모르는 사이에 외모에 관심을 쓰는 것이다. 길거리에서 예쁘고 날씬한 여자들을 보면 돌아보게 된다. 나이가 들면 이런 걱정을 덜 할까 생각했는데, 나이가 들어도 변함이 없다. 세상 풍조는 나이 든 사람에게도 영향을 미친다. 늙어 뵈지 않으려고 애쓴다. 염색은 기본이고 주름살도 편다고 난리다. 그리스도 안에서 새로운 피조물이 된 사람들도 외모에 대해 민감하게 반응한다.

세상에서 살면서 세상에 속하지 않아야 하는 그리스도인들은 외모에 대해 어떤 생각을 가져야 할까? 이런 세태를 그냥 따라가면 되는 것일까, 아니면 몸은 육적인 것이라고 생각하고 무시해버려도 될까? 여기에 성경적인 균형이 필요하다.

아름다움은 하나님의 선물이다. 하나님은 세상을 창조하실 때 미적 감각을 사용하셨다. 그래서 사람을 창조하시고 "보시기에 심히 좋았더라"(창 1:31)고 말씀하셨다. 하나님이 보신 것은 하나님의 형상으로 창조된 인간 내면을 말하는 것이지만 몸과 외모 자체가 제외된 것은 아니다. 사람들이 아름다움을 유지하려는 것은 어쩌면 하나님의 본성을 닮은 자연스러운 행동일 수도 있다.

성경은 족장들의 아내들을 소개할 때 그들의 경건함보다 외모의 아름다움을 강조한다(창 12:11; 26:7; 29:17). 믿음의 조상들의 아내들이 하나같이 예뻤다는 사실은 여성의 아름다움이 믿음에 배치되지 않음을 보여준다. 여성뿐 아니라 남성을 표현하면서도 외모가 준수하다거나(창 39:6, 요셉) 눈이 빼어나고 얼굴이 아름답다(삼상 16:12, 다윗)고 표현한 것을 보면 몸의 아름다움 자체를 부정할 필요는 없는 듯하다. 외모의 아름다움이나 아름다움을 느끼는 것도 따지고 보면 하나님이 주셨다.

에스더의 아름다움은 이스라엘 백성을 구원하는 도구가 되었다. 그녀가 왕 앞에 나갈 때 아름답게 꾸민 것은 당연한 일이다. 외모가 아름다운 것이나 가꾸려는 것 자체는 문제가 되지 않는다. 우리 모두는 하나님이 창조하신 몸의 청지기로서 몸을 잘 관리할 책임이 있다. 외모를 가꾸는 것도 청지기의 책임 중 하나인 셈이다

그러나 인간의 죄악이 하나님이 창조하신 아름다움을 왜곡시켰다. 죄악이 편만한 세상에서 사람들은 내면보다 외모를 먼저 본다. 하나님도 이 사실을 인정하셨다. "사람은 외모를 보거니와 나 여호와는 중심을 보느니라"(삼상 16:7). 안타깝지만 그것이 죄악된 세상의 현실이다. 어차피 사람은 외모만 보고 여러 가지 평가를 내릴 수밖에 없다. 그러나 지나친 나머지 몸과 외모가 모든 삶을 주관하면 문제가 된다. 서서히 우상화된다. 다른 영역에서도 마찬가지다. "돈이 일만 악의 뿌리"(딤전 6:10)가 되고, "술이 방탕한 것"(엡 5:18)이 된다.

하나님은 사람마다 다르게 창조하셨다. 그래서 외모가 뛰어난 사람들

도 있고 그렇지 못한 사람들도 있다. 창조 원리에 따르면, 이 차이는 단순히 차이일 뿐이다. 그러나 죄악된 세상은 '잘' 생기고 '못' 생기고를 가지고 차별한다. 외모가 남다르게 뛰어난 것은 하나님이 주신 달란트 중 하나이다. 외모가 아름다운 사람들은 외모의 달란트를 받은 사람일 뿐이다. 그리스도인들은 감사하게 받을 뿐 교만하면 안 된다. 종종 얼굴 예쁜 사람들이 '얼굴값'을 한다는 말을 하는데, 그리스도인들은 그럴수록 겸손으로 허리를 동여야 한다.

외모가 뛰어나지 않은 사람이라도 나름의 매력을 발견하면 된다. 외모에 관한 한 다섯 달란트가 아니라 두 달란트 받았다고 인정하고, 그것으로 하나님의 일을 하면 된다. 굳이 다섯 달란트를 흉내 내지 말고 달란트에 맞게 노력하면 된다. 그러면 다섯 달란트 받은 사람들과 같은 칭찬을 받는다.

외모에 심각한 콤플렉스를 가진 사람들도 있다. 아마도 외모에 있어서는 한 달란트 받은 사람으로 생각할지 모른다. 그래서 주인을 원망한 나머지, 아무 일도 하지 않고 달란트 하나를 땅에 묻었던 종처럼 실수하기 쉽다. 부족한 외모를 솔직하게 받아들이고 다른 은사를 발견하면 얼마든지 부족한 점을 보완할 수 있다. '옥동자'라는 별칭으로 유명한 한 개그맨은 못생긴 외모를 땅에 묻지 않고, 오히려 그것을 개발해 잘 나가는 개그맨이 되었다.

요즘은 성형수술이 보편화되었다. 예전에는 쌍꺼풀 수술 정도가 고작이었는데, 이제는 전신 성형수술을 한다. 얼마 전까지만 해도 젊은 여성이 성형에 많은 관심을 가졌지만 이제는 남성이나 나이 든 사람들도 지대한 관심을 보인다. 어떤 이유가 있든 자신의 외모에 대한 불만은 이제 성형수술로 해결한다.

　좀 더 보기 좋은 모습을 위해 성형하는 것은 잘못된 일은 아니다. 수술을 통해 외모에 대해 만족할 수 있다면 고려해 볼 수도 있다. 다만 하나님이 주신 개인의 독특함을 무시하고 '김태희'나 '전지현' 같은 특정한 사람처럼 되고자 성형한다면 바람직한 일은 아니다. 나도 젊어 보이려고 염색도 하고 검버섯도 없애 볼까 고민도 한다. 아름다운 외모를 위해 성형수술과 같은 인공적인 방법에 의존하기보다 좀 더 자연스러운 방법을 찾아보는 것이 좋다. 가장 추천할 만한 것은 표정 관리이다. 아무리 예쁜 얼굴도 표정이 안 좋으면 좋은 인상을 주지 못한다. 좀 못생겼어도 표정이 밝으면 얼마든지 좋은 인상을 준다. "눈이 밝은 것은 마음을 기쁘게 하고 좋은 기별은 뼈를 윤택하게 하느니라"(잠 15:30). 몸매도 성형수술이나 과격한 다이어트로 해결하는 것보다 적절한 운동과 음식을 조절하면 얼마든지 성과를 얻을 수 있다.

　지나친 화장이나 성형 집착은 영적 문제를 야기한다. 사람들이 자신의 외모를 어떻게 보는가를 완전히 무시할 수는 없지만 거기에 몰입한다면 참된 제자의 모습이 아니다. "보이는 것은 잠깐이요 보이지 않는 것은 영원"(고후 4:18)하기 때문이다. 이 말씀을 믿는다면 보이지 않는 영혼이 거룩함으로 채워지는 데 더 큰 관심을 기울여야 한다. 외모에 대한 지나친 집착은 현대적 의미의 우상이다. 화장이나 성형수술은 몰개성화를 낳는다. 유행처럼 번지는 똑같은 스타일의 화장이나 성형수술은 하나님이 각자에게 주신 개성을 제거해 버리는 일이다. 모두 비슷비슷한 모습을 한 인간들을 보시고 아마도 하나님은 이렇게 탄식하실 것이다. "내가 처음에 만들 때는 이렇게 지루하지 않았는데…."

패션,
반문화와 세속화를 넘어

1967년 윤복희 씨가 처음 미니스커트를 입고 나타나자 장안의 화제가 되었다. 얼마 후 미니스커트가 유행했고 아예 보편화되었다. 평범한 여대생들도 미니스커트를 입고 캠퍼스를 누볐고, 어른들이 눈살을 찌푸렸지만 교회에서도 버젓이 미니스커트를 입고 활보했다. 배꼽티가 처음 등장했을 때도 뉴스거리였다. 나 역시 거부감이 들었지만, 머지않아 미니스커트처럼 유행하리라 예감했다. 합리적인 이유 없이 막연히 거부하는 것은 바람직하지 않다. 자주 보면 거부감이 없어지고 자연스럽게 수용하게 된다. 결국 보편화된다.

미니스커트와 배꼽티는 자기가 좋아서 입기도 하지만 대개 남들이 입으니까 입는다. 자기에게 맞는지 안 맞는지 생각하지 않고 그냥 유행을 따른다. 반면 이런 차림새에 부정적인 반응을 보이는 사람들은 자기 기준에 맞지 않는다는 이유로 막연히 거부하고 비난한다.

모두 합리성이 결여된 반응이다. 전자는 '생각 없는 사람들'이란 비판을 받고, 후자는 '시대에 뒤떨어진 사람들'이라는 소리를 듣는다. 패션을 수용하든 비판하든 합리적인 이유가 있어야 건전한 문화 발전이 이뤄진다. 그러나 우리 형편은 그렇지 못하다. 그리스도인이라고 해서 세상 사람들과 크게 다를 바 없다. 조금 다른 것이 있다면 기준이 세상보다 약간 더 보수적이라는 것뿐이다. 그러나 그 정도로는 세속문화를 변화시킬 수가 없다.

패션이란 기능적인 옷을 현대예술로 변화 또는 승화시킨 것이다. 현대 사회에서 옷은 단순히 몸을 보호하는 역할 그 이상의 기능을 가지고 있다. 의상은 사회적인 현상이다. 그런 점에서 의상의 변화는 바로 사회 변화이다. 나아가 정치적·사회적 변화가 의상에 반영된다. 동시에 사람들은 의상을 통해 완전해진다는 의견도 있다. 완전하지 않은 피부를 노출하는 것을 막아주는 것이 의상이다. 이런 주장들은 설득력이 있지만 의상의 근원을 설명하기에는 불충분하다. 반면 성경은 영적인 관점에서 의상의 근원을 가르쳐 준다.

죄를 지은 아담과 하와는 부끄러움을 알게 되자 스스로 나뭇잎으로 옷을 만들어 부끄러운 곳을 가리려고 했다(창 3:7). 이것이 최초의 옷이다. 하나님은 사람이 만든 옷 대신 가죽옷을 지어 입히셨다(창 3:21). 이후로 옷은 사람들의 부끄러운 부분을 가리는 도구가 되었다. 옷의 가장 기본적인 기능은 죄를 범한 인간의 부끄러움을 가려주는 것이다.

죄악된 세상에서 하나님이 만들어 주신 옷을 입고 부끄러움을 가리는 것은 하나님의 뜻을 따르는 일이다. 부끄러움을 가리지 않는 노출은 에덴으로 돌아가는 것이 아니라 가죽옷을 입히신 하나님의 뜻을 거역하는 일이다.

사람들이 옷을 입기 시작하면서 옷은 사람과 분리될 수 없는 밀접한 요소가 되었다. 음식, 집과 함께 삶의 가장 기본적인 요소가 된 것이다. 동시에 옷은 사람의 정체성을 표현하는 수단이 되었다. 출애굽기 28장에는 제사장이 입을 옷에 대한 세밀한 디자인이 기록되어 있다. 제사장 신분과 역할에 맞는 내면적인 자세만 강조해도 충분할 텐데 굳이 옷에 대해 자세히 기록한 것은, 옷이 그 사람을 표현하는 상징임을 가르치기 위해서다. 에스겔 선지자도 이스라엘을 하나님의 신부로 비유하면서 신부를 위한 장식을 아주 자세하게 언급한다. "수놓은 옷을 입히고 물돼지 가죽신을 신기고 가는 베로 두르고 모시로 덧입히고 패물을 채우고 팔고리를 손목에 끼우고 목걸이를 목에 걸고 코고리를 코에 달고 귀고리를 귀에 달고 화려한 왕관을 머리에 씌웠나니"(겔 16:10-12).

여기서 우리는 사랑하는 사람을 향한 사랑의 표현과 아름다움을 극대화하기 위한 노력인 치장이 하나님 뜻에 어긋나지 않는다는 사실을 알 수 있다. 거룩한 사람을 거룩하게 하고 아름답고 사랑스러운 사람을 더욱 아름답게 하는 것이 바로 옷의 역할이다.

그러나 여기서 기억해야 할 것은 "한 사람으로 말미암아 죄가 세상에 들어오고"(롬 5:12) 세상의 모든 것들이 오염되었다는 점이다. 사람의 마음부터 자연만물에 이르기까지 죄의 오염으로부터 면제된 것은 하나도 없다. 하나님은 죄로 인한 인간의 부끄러움을 가리기 위해 옷을 만들어 주셨지만, 옷도 죄로 인해 오염되었고 하나님 뜻과 달리 사용되었다. 세속화가 진전됨에 따라 문제는 점점 심각해졌다. 오늘날 패션은 부끄러움을 감추기보다 부끄러움을 드러내고, 거룩함을 드러내기보다 퇴폐적으로 흘러간다. 자유 · 개성 · 창조성을 핑계로 진정한 아름다움은 왜곡시켜 버리고 있다.

패션은 이미 오래 전부터 세속화되었다. 하나님은 사람들의 장식 자체를 죄악시하지 않으시지만 죄악된 세상에서 그것들이 가지는 한계는 분명히 지적하신다. 이사야 선지자는 옷차림이나 장식 자체를 부정하지는 않지만 주님을 떠난 사람의 옷과 장식이 무가치한 것임을 암시하고 있다. "주께서 그날에 그들이 장식한 발목 고리와 머리의 망사와 반달 장식과 귀고리와 팔목 고리와 얼굴 가리개와 화관과 발목 사슬과 띠와 향합과 호신부와 반지와 코고리와 예복과 겉옷과 목도리와 손 주머니와 손 거울과 세마포 옷과 머리 수건과 너울을 제하시리니"(사 3:18-23).

신약성경은 이 문제를 좀 더 부정적으로 다룬다. 사도 바울은 성도들을 향해 "여자들도 단정하게 옷을 입으며 소박함과 정절로써 자기를 단장하고 땋은 머리와 금이나 진주나 값진 옷으로 하지 말고 오직 선행으로 하기를 원한다"(딤전 2:9-10)고 말했다. 사도 베드로도 바울과 크게 다르지 않다. "너희의 단장은 머리를 꾸미고 금을 차고 아름다운 옷을 입는 외모로 하지 말고 오직 마음에 숨은 사람을 온유하고 안정한 심령의 썩지 아니할 것으로 하라"(벧전 3:3-4). 주변 상황에 끌려가지 말고 내적인 아름다움을 갖추도록 권면하는 말이다.

위에서 본 패션의 성경적인 원리를 정리하면 다음과 같다. 첫째, 바른 패션은 사람들의 본능적인 부끄러움을 가리는 것이다. 둘째, 바른 패션은 사람의 신분과 역할 그리고 그가 처한 상황에 맞아야 한다. 셋째, 바른 패션은 사람의 내면을 가리거나 감추는 것이 아니다. 넷째, 바른 패션은 다른 사람을 죄의 유혹에 빠지지 않도록 하는 것이다.

패션에도 '성경적'이라는 말을 붙일 수 있을까? 물론 가능하다. 그러나 적극적인 의미에서 성경적인 패션을 말하기는 어렵다. 십자가 무늬를 잔뜩 집어넣는 것이 성경적인 패션은 아니다. 잘못 오해하면 성경적인 패션을 종교적인 의상으로 생각할 수 있다. '성경적'이라는 말은 일반은총을 통해 만들어진 온갖 패션들에 울타리를 쳐주는 것과 같다. 그리스도인들이 옷을 만들거나 팔 때, 또 사서 입을 때 앞서 말한 기준을 고려한다면 그것이 바로 '성경적인' 패션이다. 별 생각 없이 옷을 사 입는 사람에게 패션을 성경적으로 이해하라는 것은 쓸데없이 부담만 주는 일일 수도 있다. 그런 사람들은 외모나 옷차림 때문에 하나님의 영광이 가려지지 않도록 신경 쓰면 그만이다. 그러나 쇼윈도를 지날 때마다 아름다움에 대한 욕망과 싸우거나 광고가 보여주는 아름다움의 기준에 끌려가는 사람들은, 패션에 대한 하나님의 뜻을 이해하고 실천하기 위해 세속의 흐름을 거부하려는 의지적인 노력이 필요하다.

"고운 것도 거짓되고 아름다운 것도 헛되나 오직 여호와를 경외하는 여자는 칭찬을 받을 것이라"(잠 31:30).

노출,
연자 맷돌을 매달지 말라

남들이 거룩하다고 생각하는 목사이며 나이가 오십대 중반이 넘은 지금도, 아슬아슬한 옷을 입은 젊은 여성들을 보면 다시 한 번 눈길이 간다. 의지적으로 안 보려고 노력하지만 자연스럽게 눈이 따라간다. 겨울에는 큰 문제가 없지만 날씨가 슬슬 더워지면 고민스럽다. 어떤 남자들은 솔직하게 눈요깃거리가 생겨서 신난다고 말한다. 그래도 좀 더 거룩하게 살아보려는 나로서는 결코 신나는 일만은 아니다.

나는 어려서부터 "음욕을 품고 여자를 보는 자마다 마음에 이미 간음하였느니라"(마 5:28)는 말씀이 달갑지 않았다. 나름대로 거룩하게 살려고 했지만 이 문제에서 여지없이 무너졌기 때문이다. 음욕을 품고 남자를 보는 여자에 대한 언급이 없어서 서운했는지도 모른다.

그러나 성경은 남자와 여자를 불공평하게 대하지 않는다. "누구든지 나를 믿는 이 작은 자 중 하나를 실족하게 하면 차라리 연자 맷돌이 그 목에 달려서 깊은 바다에 빠뜨려지는 것이 나으니라"(마 18:6)는 말씀은 노출하는 여성들을 향해 주시는 말씀이라는 생각이 들기도 한다. 남자들의 노출로 실족하는 여자들은 별로 없지만 여자들의 노출은 남자를 실족하게 한다.

여성의 노출은 원래 죄악이 아니었다. 아니 하나님이 만드신 피조물의 아름다움의 상징이었다. 하나님은 사람을 만드시고 보시기에 매우 좋았다고 말씀하셨다. 그 표현 속에는 여성 몸의 아름다움도 중요한 요소로 들어 있다. 잠에서 깨어 처음 여자를 본 아담이 "내 뼈 중의 뼈요 살 중의 살"(창 2:23)이라고 노래한 것을 보면 알 수 있다. 적어도 에덴 동산에서는 노출은 문젯거리가 아닌 축복이었다.

그러나 아담의 범죄 이후 노출은 부끄러운 일이 되었다. "하나님의 낯을 피하여 동산 나무 사이에 숨은"(창 3:8) 순간부터 사람들은 자신의 몸을 다른 사람에게 숨겼다. 연합한 부부 외에는 자신을 노출하지 않는 것이 현실이다. 이를 무시하고 인간 의지로 에덴 동산의 노출로 돌아간다면 오히려 죄악이 더 심해질 뿐이다. 하나님 나라의 소망 중에는 창조의 완전한 모습을 부끄러움 없이 보고 누리는 것이 포함된다. 그러나 온전하지 않은 세상에서 육신을 입고 사는 동안은 노출로 인해 죄를 범하지 않도록 절제해야 한다.

여름에 노출이 더 심해지는 이유는 아름다움을 드러내기 위해서다. 자신을 표현하는 수단으로 몸매를 마음껏 드러내는 것이다. 노래 잘하는 사람이 노래를 뽐내는 것과 같다. 자신을 표현하려는 본능은 충분히 이해한다. 몸도 하나님이 주신 선물이기에 하나님께 감사하며 영광 돌릴 수도 있다. 그러나 성경은 여자들에게 이렇게 강조한다. "오직 마음에 숨은 사람을 온유하고 안정한 심령의 썩지 아니할 것으로 하라"(벧전 3:4). 자신을 자랑할 만한 아름다움이 몸뿐이라면 그것처럼 비참한 것도 없으리라.

노출에 관해 여성들이 알아야 할 중요한 사실은, 여성에게는 단순한 아름다움의 표현일지 몰라도 많은 남성에게는 죄의 유혹으로 다가올 수 있다는 것이다. 많은 광고가 여성의 노출을 무기로 남성의 안목의 정욕을 자극한다. 많은 여성들이 표현한 아름다움에 실족한 작은 자(남성)들이 들고 일어난다면 연자 맷돌 수십 개를 목에 걸어야 될지도 모른다. "내가 내 눈과 약속하였나니 어찌 처녀에게 주목하랴"(욥 31:1). 유혹을 이기려고 노력하는 남성도 많다는 것을 여성들도 알아주었으면 좋겠다.

노출은 개인 취향이나 의지에 그치지 않고 사회 전반을 흐르는 문화를 반영한다. 과거와 비교해서 여성의 노출은 훨씬 대담해졌다. 수십 년 전만 해도 특정한 사람들이나 입었던 옷차림이 보편화되었다. 요즘 여성들의 평범한 옷차림을 수십 년 전 사람들이 보았다면 엄청난 충격을 받을 게 분명하다. 반대로 지금 도저히 용납할 수 없는 옷차림이라도 수십 년 후에는 크게 문제되지 않을 수도 있다. 그러므로 절대적 기준을 가지고 특정한 옷차림을 정죄할 수 없다. 결국 문화적인 차원에서 이해해야 하지만 현재의 과감한 노출을 무조건 받아들여서도 안 된다. 노출은 문화적 표현인 동시에 윤리적인 수준을 반영하기 때문이다. 노출에 관한 논쟁이 벌어져도 결국 해결의 열쇠는 여성에게 있다. 여성 그리스도인의 결단이 필요하다는 말이다.

청소년의 미덕, 우정

아무리 뛰어난 사람이라도 진정한 우정을 나눌 친구가 없다면 불행한 사람이다. 친구와의 우정을 요즘 말하는 인맥과 혼동하면 안 된다. 하나님의 아들 예수 그리스도는 이 땅에 사람으로 오시면서 사람들의 친구가 되기 원하셨다. 그래서 제자들을 친구라고 부르셨다(요 15:14-15). 하나님의 아들도 친구가 필요했다면 제자인 우리는 더욱 친구가 필요하다. 한 정신과 의사는 정신적인 유대감이 결핍된 사람들에게 "친구가 없는 한 사람보다 뇌손상을 입은 여러 사람을 평생 동료로 선택하는 것이 낫다"고 조언한다.

현실적으로도 우정은 필요하다. 어릴 때는 함께 어울릴 친구가 필요하다. 이사를 가거나 전학하면서 가장 힘든 것은 친구와 헤어지는 일이다. 그만큼 어린 시절 친구는 중요하다. 그런데 나이가 들면서 친구와의 우정이 현실적인 필요를 충족하는 관계로 변질된다. 나이가 들면서 이런 관계도 분명히 필요하다. 그러나 우정은 어떤 관계로도 대체될 수 없고 그래서도 안 된다. 그리스도인의 삶에서 우정이 필요한 이유를 전도서 4 장(9-12절)에서 찾아보자.

우선 우정은 넘어질 때 붙들어 준다. 한 사람이 넘어질 때 그를 붙들어 주는 사람이 필요하다(10절). 미국에서 가정 사역을 크게 했던 한 목회자 가 성적 스캔들로 넘어졌을 때, 한 교계 원로 목사는 "목회자 자신의 책 임이기도 하지만 그에게 책임을 느끼게 하는(accountable) 사람이 없었 던 것이 더 큰 문제"라고 말했다. 주변에 경건한 성도들이 많았지만 삶 을 견제해주는 사람은 없었던 것이다. 좋은 친구가 있었다면 위기를 미 리 막을 수 있었을 것이다.

목회자뿐 아니다. 현대 교회는 지나치게 대형화되어서 개인의 실수 를 돌아보거나 권면하는 공동체성을 잃었다. 그리스도 안에서 참된 우 정은 위기 시 빛을 발한다. 나이가 들면서 내게 문제가 있다고 지적하는 사람은 점점 줄어든다. 내게 문제가 있는 것을 느끼는 사람들이 많지만 그것을 지적하기는 어렵다. 진정한 우정을 나누는 친구만이 할 수 있는 일이다.

또한 우정으로 정서적 교감을 나눌 수 있다. 두 사람이 함께 누워야 따 뜻함을 느낄 수 있다(11절). 사람들은 정서적 교감을 통해 스트레스를 해 소하고 위로와 격려를 받는다. 어릴 때는 말할 것도 없고 나이가 들어서 도 실감하는 이야기다. 같은 신앙을 가진 사람들과의 교제는 생각을 공 유하고 토론하는 데 유익하다. 하지만 그런 교제가 우정을 대신하지는 못한다. 우정은 생각뿐 아니라 정서적인 교감을 나누기 때문이다. 세상 의 모든 관계는 체면을 어느 정도 생각해야 하지만 친구들과는 형식을 벗어버리고 정서적 따뜻함을 나눌 수 있다. 사도 바울이 디모데에게 편지해 "너는 어서 속히 내게로 오라"(딤후 4:9)고 한 것이나 "네가 올 때에 마가를 데리고 오라"(딤후 4:11)고 한 것은 신앙 스승의 정뿐 아니라 깊은 우정을 나누는 사이임을 암시한다.

비전을 위해서도 동역이 필요하다. 두 사람이 함께 일하면 한 사람이 못하는 일을 할 수 있다(12절). 사실 예수님은 혼자서도 얼마든지 사역을 감당하실 수 있었다. 그러나 제자들을 친구로 삼아 함께 사역하셨다. 그리스도의 제자인 우리들도 주님이 주신 비전을 이루기 위해 친구와 동역해야 한다. 젊은이들은 비전에 대한 관심이 지대하지만 대부분 '나의 비전'만 이야기한다. 그러나 하나님이 주신 비전은 '우리의 비전'이다. 예수님이 제자들을 보내실 때도 항상 두 명씩 보내셨다. 주 안에서 한 마음을 갖는 친구들이 동역한다면 더 많은 열매를 맺을 수 있다.

우정의 필수요소는 친밀감이다. 함께 자란 친구들은 나이 들어서도 정을 유지하는데 바로 친밀감 때문이다. 그러나 친밀감이 우정을 보장해 주는 것은 아니다. 아무리 친한 친구도 세월이 가면서 우정이 식게 마련이다. 반면 나이 들어서 알게 된 관계는 친밀감은 깊지 않아도 건강한 우정을 나눌 수 있다. 친밀감 외에도 우정에 필요한 요소는 세 가지가 있다.

첫째, 비전을 함께 나눠야 한다. 어릴 때부터 정을 나눈 친구들은 나이가 들면서 비전과 가치관을 공유해야 한다. 비전은 구체적인 사역이 아니라 지향하는 삶의 방향이나 인생의 큰 그림이다. 인생의 비전을 함께 나누지 못하는 불신자 친구와는 주님이 기대하는 깊은 우정을 나누기 어렵다. 나름의 생각과 가치관이 형성된 이후에 만난 친구와도 비전을 나누기 어렵다. 추구하는 삶의 방향이 다르면 믿는 친구와도 비전을 나누기 어렵다. 나는 대학시절 만난 친구와 비전을 함께 나누었다. 같은 리더에게 가르침을 받았고, 비전을 공유했다. 각자 하는 일은 달라도 그 비전을 이루는 일에는 늘 하나가 된다.

둘째, 공통되는 생활양식이 있어야 한다. 같은 비전과 가치관을 공유한다 해도 기질과 취향이 다르면 실제생활에서 용납하지 못할 때가 많다. 생활양식, 즉 사회적·경제적 삶의 양식이 심각하게 차이 나면 우정을 나누기 쉽지 않다. 그리스도 안에서 부자와 가난한 사람의 차별은 있을 수 없다. 그러나 이 땅에 사는 동안 경제적인 능력이 사람 사이에 간격을 낸다. 일 년에 한두 번 만나는 사이라면 별 문제 없지만 비전을 함께 나누며 살아야 하는 친구들에게 이것은 아주 중요한 문제이다. 어느 기준을 따르도록 강요하면 안 되지만 자연스럽게 우정을 지속하는 중요한 요인이다.

셋째, 배우자들끼리의 관계도 중요하다. 우정은 구체적인 삶에서 나타난다. 결국 경제생활을 포함해서 가정생활도 서로 통해야 한다. 가장 중요한 것은 배우자들의 관계이다. 친구들끼리만 하나 되고 아내들은 따로 놀면 그 우정은 더 이상 깊어질 수 없다. 한 원로 목사님과 팀 목회에 대해 이야기를 나눈 적이 있다. 두 명의 목사가 동역하며 한 해씩 당회장을 맡았다. 몇 해 동안 순조롭게 진행되던 것이 어느 해인가 깨지고 말았다. 두 사람의 문제가 아니라 아내들 때문이었다. 아내들이 하나 되지 못했기 때문에 더 이상 동역할 수 없었다. 부부는 한 몸이므로 배우자들이 함께 우정을 나누지 못하면 진정한 우정을 나누기 어렵다.

4 — 결혼과 신앙

요즘 젊은이들은 물건을 살까 말까 망설이듯,
결혼도 망설인다. 결혼은 두 사람의 연합과 헌신을
바탕으로 하는 일인데, 결혼을 통해 얻을 것과 잃을 것을
계산하느라 결정을 미루는 것이다.

헌신이 빠진 결혼은 아무리 그럴듯한 말로 포장을 해도 결혼이 아니다.

헌신이 빠진 신앙고백은 아무리 종교적인 미사여구를 사용해도

진정한 신앙고백이 아닌 것과 마찬가지이다.

부부,
거룩의 선물

대부분 사람들은 특별한 예외가 없는 한 결혼한다. 결혼은 보편적인 인간사이다. 결혼에 있어 신자와 비신자는 차이가 없다. 과거 독신을 좀 더 거룩하게 사는 것으로 생각한 적이 있지만, 결혼과 독신은 삶의 차이일 뿐 거룩의 차이와는 무관하다. 그러나 그리스도인의 결혼 동기와 결혼생활에는 신앙이 나타나야 한다. 결혼생활에서 성경적인 가치관이 나타나야 한다.

부부의 연합은 성도가 하나님과 연합하는 것의 세상적인 모델이다. 연합에 관한 한 부부 이상 좋은 모델은 없다. 결국 결혼생활을 통해 하나님과 우리의 관계를 점검할 수 있다. 요한복음 15장 5절에서 예수님은 포도나무를 비유로 들어 주님과 성도의 관계를 설명하셨다. 이것은 아가서에서 사랑하는 두 사람의 관계를 표현한 것과 동일하다. "나는 내 사랑하는 자에게 속하였고 내 사랑하는 자는 내게 속하였으며"(아 6:3).

그리스도인 부부에게 결혼은 주님과 세례로 연합하는 것과 같다. 아내는 남편을 "그리스도께서 교회의 머리 됨과 같이"(엡 5:23) 대해야 하며 남편은 아내를 "그리스도께서 교회를 사랑하시고 그 교회를 위하여 자신을 주심 같이"(엡 5:25) 사랑해야 한다. 이런 결혼은 세속의 어떤 미사여구로도 설명할 수 없다. 물론 대부분의 그리스도인들이 이 말씀을 알고 있다. 그러나 지식으로만 알기 때문에 신앙적인 가치관으로 정립하지 못하고 있다. 관계의 위기가 발생할 때 믿지 않는 사람들과 비슷한 반응을 보이는 건 이 때문이다.

같은 집에 살면서도 대화 없는 부부가 많다. 말로만 부부일 뿐 같은 공간에 사는 것이 맞는지 의심스러운 사람들도 있다. 이때 하나님과의 관계를 점검해야 한다. 하나님을 믿지만 관계의 기쁨이 없는 신앙생활을 할 수 있다. 습관적인 예배에서는 내적인 기쁨을 찾을 수 없다. 하나님과의 관계든 부부관계든 지속적인 교제가 있어야 관계에 문제가 생기지 않는다. 하나님과의 교제를 위해서 말씀을 읽고 기도해야 하듯, 대화를 통해 부부가 교제해야 한다. 대화하기 위해서는 시간을 들여야 한다.

신앙이 좋다고 소문난 부부들 중에도 부부관계가 좋지 않은 경우가 종종 있다. 그러나 이들을 보고 신앙이 좋다고 말하는 것은 모순이다. 신앙과 부부관계는 분리할 수 없다. 신앙이 좋으면 부부관계도 좋아야 한다. 물론 신앙이 있는 부부라고 해서 모두 부부관계가 완벽할 수는 없다. 그러나 신앙은 부부관계를 통해 표현된다는 사실은 결코 양보할 수 없는 성경의 가르침이다. 경건생활을 아무리 잘해도 부부가 사랑을 제대로 표현하지 못하면 그 경건은 헛된 것이다.

"누구든지 하나님을 사랑하노라 하고 그 형제를 미워하면 이는 거짓말하는 자니 보는 바 그 형제를 사랑하지 아니하는 자는 보지 못하는 바 하나님을 사랑할 수 없느니라"(요일 4:20).

보이는 아내와 남편을 사랑하지 않는 사람은 보이지 않으시는 하나님을 사랑할 수 없다. 물론 남편이 아내를, 아내가 남편을 핍박하면 하나님을 사랑하듯 남편(아내)을 사랑하기 쉽지 않다. 그러나 하나님 사랑과 남편(아내) 사랑을 배타적으로 생각하는 것은 위험하다. 원수까지도 사랑하고 위해서 기도하라고 말씀하신 것처럼 영적으로 핍박하는 남편(아내)을 사랑해야 한다.

결혼은 두 사람이 하나가 되는 과정이며 하나님이 신앙 성장을 위해 주신 훈련 과정이기도 하다. 서로 다른 배경을 가진 두 사람이 사랑하기 때문에 하나의 가정을 이룬다. 그러나 결혼으로 하나 된다는 원리만 이야기할 뿐 결혼생활 내내 하나 되지 못해 고통 받는다. 때로는 이혼을 생각한다. 그러나 바로 이 시기가 성도들을 거룩한 삶으로 이끄는 하나님의 훈련기간이다.

부부가 하나 되기 위해서 가장 필요한 것은 사랑이지만 실제로는 오래참음과 절제가 더 중요하다. 배우자를 참을 수 있는 사람은 성숙한 신앙인이다. 배우자에게 존경받는 사람은 거룩한 사람이다. 충분히 살아보지않고 이혼 운운하는 것은 결혼이 신앙의 훈련장이며 성화의 통로임을 모르기 때문이다. 서로 다른 두 사람이 부부가 되어 성품을 다듬고 관계를발전시키는 것은 다른 어떤 행위보다 거룩하다.

보통 결혼 앞에 '행복한'이라는 형용사를 붙인다. 결혼하는 모든 사람들이 행복한 결혼을 기대한다. 그런데 행복한 결혼은 사람이 추구한다고얻을 수 있는 것이 아니다. 많은 부부가 파경을 맞는 이유는 결혼을 통해자신의 행복을 얻으려고 하기 때문이다. 게리 토마스는 결혼의 행복은결혼생활을 통해서 거룩함을 이루어가는 부부에게 하나님이 주신 일종의 보너스라고 말했다. 행복한 결혼은 결혼을 통해서 거룩해진 사람들에게 하나님이 주시는 선물이다.

결혼, 믿음과의 상관관계

결혼 연령이 점점 늦어진다고 한다. 자연스럽게 출산이 늦어지고 줄어들어 사회문제로 확대되었다. 사람들은 이 문제를 개인의 선택, 피할 수 없는 사회변화로 받아들인다. 레이 프리처드는 《믿음의 여정》에서 "믿음 있는 사람은 일찍 결혼해야 한다"고 주장한다. 철들기 전에 결혼하면 나중에 이혼할 가능성이 많다는데, 무슨 말이냐고 반박할 수도 있다. 물론 그가 이혼율이 높은 십대 결혼을 옹호하는 것은 아니다. 그는 결혼을 늦추는 사람들 마음에 숨어 있는 세속적이며 불신앙적인 요소를 지적한 것이다.

대부분의 사람들이 사회적, 경제적으로 안정된 다음 결혼하려고 한다. 우리 삶을 믿음의 기초 위에 두지 않고 세속적인 안정에 두기 때문이다. 아브라함이 고향을 떠날 때 미래를 보장해 주는 것은 아무것도 없었다. 하나님이 떠나라고 하니까 말씀만 믿고 떠난 것이다. 아무 대책 없이 무책임하게 결혼해도 된다는 말은 아니다. 그러나 안정된 다음에 결혼하겠다는 말은 하나님의 말씀보다 세상에서 이룬 안정적인 기반을 더 신뢰하는 불신앙의 모습이다.

안정된 기반을 생각하다 보면 배우자를 선택하면서도 다양한 조건만을 중시한다. 학력은 말할 것도 없고 경제적 여건까지 계산한다. 요즘 젊은이들은 외모와 함께 안정된 직업과 경제력을 고려한다. 성경이 말하는 결혼은 사랑하는 두 사람이 하나가 되는 언약이다. 그러나 믿는 사람들도 학력과 경제력을 중시한다. 결혼의 거룩함은 사라지고 있다.

일찍 결혼하면 조건 때문에 흔들리지 않을 수 있다. 계산하지 않고 사랑하는 사람과 결혼해서 가정을 이룰 수 있다. 이런 것이 바로 믿음의 결혼이다. 얼마 전까지만 해도 부모들이 자녀 배우자에 욕심을 내면서 갈등이 많았는데, 요즘은 결혼 당사자들도 욕심이 많다. 그러나 성도들조차 계산기를 두드린다면 결국 교회에서도 언약이 아닌 계약 결혼만 횡행할 것이다. 기준과 조건에 맞는 배우자와 결혼한다면 결혼생활에서 믿음의 설자리는 없다.

결혼이 늦어지는 만큼 혼자서 지내는 기간도 길어진다. 이 기간 동안 유혹도 많다. 특히 남성은 성적으로 가장 견디기 어려운 시간이어서 길면 길수록 위험하다. 여성들도 감성적으로 실수할 가능성이 얼마든지 있다. 사도 바울이 "음행을 피하기 위하여 남자마다 자기 아내를 두고 여자마다 자기 남편을 두라"(고전 7:2)고 말한 이유는 젊은이들의 상황을 잘 알았기 때문이다. 세속적인 안정과 조건을 충족하는 배우자를 찾다가 자신도 모르는 사이에 유혹을 받고 죄를 범하게 된다. 요즘 교회에서도 혼전성관계로 고민하는 사람들이 늘어나는 이유가 여기서 비롯된다고 볼 수도 있다. 결혼한 사람도 오랫동안 떨어져 있으면 유혹을 받는다. 하물며 결혼하지 않은 젊은이들이 받는 유혹은 얼마나 크겠는가.

믿는 사람들은 유혹의 가능성이 있는 기간을 가능하면 줄여야 한다. 아무 대책 없이 정욕을 따라서 결혼하라는 것이 아니다. 결혼이 늦어질 경우에 경험할지도 모르는 유혹을 줄이려는 믿음의 결단이 필요하다는 말이다. 철도 들지 않은 청소년기에 결혼시키자는 흘러간 노래를 반복하는 것이 아니다. 성적 매력에 끌려 무책임한 결혼을 하자는 것은 더더욱 아니다. 결혼을 계산이 아닌 믿음의 눈으로 보자는 것이다.

결혼식,
예의와 형식 사이에서

봄 · 가을 주말이면 결혼식으로 난리법석이다. 가정마다 경조사비 지출이 가계에 심각한 부담을 준다. 혼주 입장에서는 많은 하객이 오기를 기대한다. 하객의 숫자가 집안의 위세를 보여준다고 생각하기 때문이다. 하객들의 부조에 대한 기대도 크다. 가능한 한 많은 사람들에게 연락해 결혼식 참석을 당부한다. 초청 받은 사람들의 입장에서는 체면치레 때문에 가지 않을 수 없다. 그러니 예식 참석은 생각지도 않고 봉투 내고 밥만 먹고 가는 사람들이 부지기수다. 일생 한 번 있는 거룩한 결혼식이 시장 터 같다. 거룩한 결혼식을 원한다면 진정으로 축하받고 싶은 사람들을 예식에 초대하고, 그 사람들이 예식에 참석해서 끝까지 축하해주는 것이 바람직하다. 그러나 현실적으로 쉽지 않다.

가톨릭은 결혼식을 성례로 드리기 때문에 순서가 복잡하고 시간도 오래 걸린다. 이에 비해 기독교 결혼식은 짧고 형식적이다. 예배 형식으로 결혼식을 진행하기 때문에 엄숙해야 한다고 생각한다. 그러나 결혼식은 잔치 분위기로 진행되어야 한다. 가나의 혼인잔치와 예수님의 비유에 나온 혼인잔치도 잔치 분위기였다. 어린양의 혼인잔치도 그렇다. 그런데 지금 그리스도인의 결혼식 분위기는 거룩하지도 않고 그렇다고 즐거운 잔치도 아니다. 소란스럽고 정신이 없다.

결혼식은 빨리 해치워 버리는 예식이 아니라 결혼의 의미를 담은 잔치가 되어야 한다. 결혼식을 통해 성경적인 가치관이 드러나야 한다. 모든 사람들의 축복을 받고 함께 즐거워하는 잔치가 되기 위해서는 많은 준비가 필요하다. 화려하거나 사치스러울 필요는 없다.

나는 아들 결혼식에 친구들을 초청하는 대신 따로 자리를 마련해 신랑과 신부를 축복하고 조언하는 시간을 가졌다. 결혼식장에서는 덕담을 나눌 여유가 없다. 단순히 결혼식을 축하(wedding celebration)하는 것이 아니라 결혼을 축복(marriage blessing)하는 자리를 마련하는 것도 의미 있는 일이다.

불신결혼, 합력하여 이룬 선

어느 교회나 결혼하지 않은 여성들이 결혼하지 않은 남성들보다 많다. 여성들이야 교회 안에서 결혼하고 싶지만 믿는 남자들은 부족하다. 그래서 믿지 않는 사람과 결혼하는 경우가 많다. 물론 반대의 경우도 있다. 교회는 전통적으로 믿지 않는 사람과 결혼을 반대한다. 그러나 현실은 그렇지 않다. 오늘 우리가 풀어야 할 신학적인 문제가 바로 이것이다.

비신자와 결혼하면서 나중에 믿으면 되지 않느냐고 반박하는 여성(남성)들이 많다. 경건하고 헌신된 성도들도 이렇게 결혼하는 경우가 많다. 구약성경은 유대인들에게 이방인들과 결혼하지 말라고 분명히 말씀하지만(신 7:1-4), 신약성경에는 불신자와의 결혼을 금하는 구체적인 말씀은 없다. 물론 "믿지 않는 자와 멍에를 함께 메지 말라"(고후 6:14)는 말씀을 그렇게 이해하기도 한다. 그러나 결혼 대상을 찾지 못한 여성 입장에서는 이 정도 말씀(?)으로 사랑하는 사람을 포기하기 쉽지 않다.

결혼은 두 사람이 연합하는 것이다. 두 사람이 성관계로 한 몸 될 뿐 아니라 영혼도 하나가 되는 것이다. 그런데 그리스도의 영이 내주하는 영혼과 그렇지 않은 영혼이 어떻게 온전히 연합할 수 있겠는가. 이 말씀을 절대적으로 순종한다면 많은 여성(남성)들이 독신을 피할 수 없다. 그렇다면 독신으로 살아야 하나님의 뜻을 온전히 좇는 것일까?

하나님은 "사람이 혼자 사는 것이 좋지 않다"(창 2:18)하고 보셨다. 그런 점에서 혼자 사는 것은 하나님의 창조원리에 위배된다고 볼 수도 있다. 하지만 특별한 사람들에게 독신의 은사를 주시기도 한다(마 19:11-12). 남녀를 막론하고 독신에 대한 확신이 없으면 결혼해야 한다. 확신도 없이 결혼하지 않고 혼자 지내는 것은 사탄에게 시험거리만 줄 뿐이다.

결국 비신자와 결혼 문제에 봉착한다.

하나님은 이스라엘 백성이 이방인과 결혼하는 것을 금했지만 모압 여자인 룻은 나오미의 아들과 결혼했고, 나중에 보아스와 결혼해 메시아의 조상이 되었다. 이 사례를 들어 믿지 않는 사람과 결혼을 주장할 수도 있다. 하나님은 모압 여자와의 결혼을 허용하시지 않았다. 단지 룻이라는 여인이 예외적으로 사용된 것뿐이다. '거룩한 예외'인 셈이다.

신자들과 결혼한 비신자들이 배우자의 기도와 삶의 모범을 통해 신앙을 갖게 되는 경우가 종종 있다(고전 7:14). 하나님이 거룩한 예외에 부어주신 축복이다. 그러나 이런 이유로 믿지 않는 사람과의 결혼을 하나님의 뜻으로 정당화해서는 안 된다. 예외를 가지고 원칙을 무시하는 태도는 바람직하지 않다.

반대의 경우도 얼마든지 있다. 신자가 믿지 않은 배우자에게 이끌려 신앙을 잃는 경우가 더 많을지도 모른다. 솔로몬이 그렇다(왕상 11:3-4). 신앙을 잃지 않는다 해도 결혼생활 중에 끊임없는 갈등을 겪는다. 비신자인 배우자가 신앙을 갖더라도 그 과정에서 많은 어려움을 겪는다. 하나님에게 불순종한 대가나 피할 수 없는 징계로 생각할 수도 있다. 하나님은 인간의 약함과 실수를 통해 비신자를 하나님의 자녀로 삼으실 수 있다. "합력하여 선을 이루는"(롬 8:28) 것이다.

독신, 결혼의 대안

결혼은 하나님의 섭리이므로 이기적인 동기 때문에 독신을 추구해서는 안 된다. 상대방의 비위나 맞추고 사느니 그냥 혼자 사는 것이 낫다고 생각할 수도 있다. 그러나 독신의 은사는 하나님 나라를 위해 살 때만 가능한 일이다(마 19:11-12; 고전 7:33-34). 비신자와의 결혼보다 독신을 택하는 것이 하나님의 섭리일 수 있다.

결혼에 관한 하나님의 원칙은 분명하다. 그러나 예외를 부정할 수 없으며 예외를 통한 역사도 인정해야 한다. 예외가 있다고 원칙을 무시해서도 안 된다. 이런 미묘한 갈등이 아직 하나님 나라가 완성되지 않은 이 땅에서 겪는 딜레마이다.

요즘 독신생활을 선호하는 사람들이 많다. 성경도 독신의 은사를 가르친다. 하나님 나라를 위해서 혼자 사는 것을 선택한 사람들도 있다. 독신을 선택할 때 중요한 것은 하나님께 은사로 받아야 한다는 사실이다. 성적인 면에서 다른 남성과 달리 얼마든지 절제할 수 있기 때문에 독신으로 살면서 가정에서 사용할 힘을 사역에 헌신하는 사역자가 있다. 여성 중에는 독신으로 살면서 어려운 사람들을 돌보거나 선교에 헌신한 분들이 많다.

그러나 성경은 독신이라는 생활양식을 허용하지 않는다. 결혼은 하나님이 모든 사람에게 주신 명령이다. 사람들은 그 명령에 순종해야 한다. 하나님을 믿는 사람들은 더 말할 것도 없다. 하나님이 결혼에 대한 다른 대안을 명령하지 않았다면 말씀대로 순종해야 한다.

그런데 두 사람이 같이 사는 것보다 혼자 사는 것이 편하다는 이유로 독신을 선택하는 사람들이 많이 있다. 하나님을 모르는 사람들이 그렇게 선택하는 것은 충분히 이해가 간다. 그러나 사람이 혼자 사는 것이 좋지 않아서 아내를 창조하시고, 가정을 이루어 생육하고 번성하라고 하신 창조주 하나님을 믿는 사람이 혼자 사는 것은 바람직하지 않다. 더욱이 편하다는 이유로 결혼을 거부하는 것은 하나님의 명령은 물론 하나님을 무시하는 것이다.

결혼을 원하지만 아직 배우자를 만나지 못해서 혼자 살거나 특별한 상황 때문에 독신생활을 하는 사람들을 정죄해서는 안 된다. 오히려 그런 분들이 빨리 결혼할 수 있도록 중보기도해야 한다. 믿는 배우자를 만나기 위해서 모든 유혹을 뿌리치다가 아직 결혼하지 못한 사람들을 위해 하나님이 예비하신 복이 분명히 있다. 그러나 자신의 편의를 위한 생활 양식으로 독신을 선택하는 것은 하나님을 믿는 사람으로서 결코 용납해서는 안 된다.

결혼과 관련해서 이런 현상이 나타나는 것은 성경적인 결혼관이 세속 문화의 강한 파도에 무너지고 있기 때문이다. 사람들은 세상이 이끌어가는 대로 살면 더 행복할 것이라고 생각할지 모른다. 그러나 결과는 우리 모두가 보고 있듯이 더 불행해지는 것이다. 성경이 말하는 결혼은 세상이 말하는 결혼과 분명히 다르다.

결혼은 상호 유익을 얻기 위해서 맺는 계약이 아니다. 결혼은 배우자에게 헌신을 약속하는 언약이다. 이 언약을 지킬 때 하나님이 서로에게 유익이 되도록 복을 주시는 것이다. 결혼은 개인 행복을 추구하는 방편이 아니다. 결혼은 하나님이 두 사람을 거룩하게 만들기 위해서 주신 도구이다. 행복은 거룩한 결혼을 이루어가는 사람에게 주시는 하나님의 보너스이다.

세상에서는 이런 이야기가 설득력이 없을지 모른다. 시대가 변하는 것을 모르는 고리타분한 이야기라고 할지 모른다. 그러나 믿음과 소망과 사랑으로 살아야 하는 그리스도인들은 충분히 이해할 수 있는 말이다.

이대로 실천한다면 그리스도인의 결혼은 다른 모습을 갖게 된다. 그렇게 하는 것이 세상 속에서 빛이 되고 소금이 되는 길이다. 세상은 그리스도인이 가진 믿음을 종교적으로 표현하는 것에는 별로 감동하지 않는다. 그러나 결혼에 대한 완전히 다른 자세를 가진 것과 또 그렇게 헌신하고 거룩하게 사는 모습은 많은 사람들에게 영향을 미칠 수 있다. 독신생활도 결혼생활과 마찬가지로 거룩한 영향력을 줄 수 있다.

맞벌이,
영적 단도리가 필요하다

맞벌이 부부가 늘고 있다. 대부분 경제적인 이유 때문이지만 여자들의 입장에서는 자기 능력을 직업 현장에서 발휘하고 싶은 욕구가 높기 때문이기도 하다.

그런데 맞벌이의 가장 절실한 문제는 자녀 양육에 소홀해지지 않겠느냐는 것이다. 그래서 보수적인 사람들은 여자들은 자녀들이 충분히 자랄 때까지 집에서 자녀 양육에 헌신해야 한다고 주장한다. 일에 대한 욕구가 있는 여성들은 받아들이기 어려운 주문이다. 그래서 아예 자녀를 낳지 않으려고 하거나 하나만 낳는 것으로 만족하기도 한다. 맞벌이는 자연스럽게 저출산의 원인이 되기도 한다. 맞벌이 부부는 분명히 현대사회에서 일어나는 현상이지만 얼마든지 성경을 통해 조명할 수 있는 문제이기도 하다.

하나님이 사람에게 주신 창조 명령, 즉 생육 · 번성하고 만물을 정복하고 다스리라는 명령은 남녀 모두에게 주신 것이다. 그런데 이를 여자는 자녀를 낳아 기르고 남자는 밖에서 일하라는 명령으로 생각하기 쉽다.

여자가 가정 밖에서 일한다고 창조원리에 어긋나지 않는다. 잠언 31장에 등장하는 현숙한 여인은 현대의 어떤 직장 여성보다 더 활기차게 일한 여성이다. 열심히 일하면서도 남편을 존경했고 자녀들에게도 인정받았다. 물론 모든 그리스도인 여성들이 이 여인처럼 되어야 하는 것은 아니지만, 이 여인은 여자들이 가정 밖에서 일하는 것을 수용하게 해주는 좋은 사례이다.

그러나 경제적인 욕심 때문에 맞벌이하는 것은 돌아볼 필요가 있다. 맞벌이하면 아무래도 수입이 많아지고 가정의 경제적인 규모도 커진다. 그래서 나중에 자녀 문제나 다른 이유로 직장을 그만 두려 해도 경제적인 이유 때문에 그만 둘 수가 없다. 가정 재정에 위기를 초래하기 때문이다. 론 사이더는 맞벌이를 하더라도 지출은 가능하면 한 사람의 수입으로 제한하도록 제안한다. 경제적으로 좀 더 풍요하게 살기 위해서 맞벌이를 지속해야 한다면 가정생활에 바람직하지 않기 때문이다.

맞벌이를 하는 것 자체를 부정적으로 말할 필요는 없다. 반대로 일하는 여성들이 가정에 머물러 있는 주부들을 무시해서도 안 된다. 가정에서 주부로 일하는 것도 아주 중요한 하나님의 일이기 때문이다. 하나님이 자기를 부르신 부름대로 할 뿐이다. 다만 경제적인 욕구 때문에 선택의 여지가 없게 되지 않도록 조심해야 한다. 자녀들이 엄마의 손을 필요로 한다면 놓기 싫은 직장을 포기하는 것도 신앙적인 결단이다.

고부 갈등,
신앙으로 풀어야 할 문제

고부간의 갈등은 한국사회에서 가장 보편적인 현상이다. 외국에서는 장모와 사위 사이의 갈등이 많은데, 우리나라도 점차 이런 갈등이 나타나고 있다. 고부간의 갈등은 경건한 성도들에게도 예외는 아니다. 믿음이 있어도 이 갈등은 극복하지 못한다. 그래서 한국사회의 피할 수 없는 현상이라고 말하지만, 결국 믿음이 성숙하지 못해서 일어나는 현상이다. 고부간의 갈등이 일어나는 원인은 피차가 성경적인 원리를 제대로 지키지 않기 때문이다. 시어머니든 며느리든 성경이 가르치는 원리를 제대로 알고, 그것을 믿음으로 결단하면 얼마든지 해결의 실마리를 발견할 수 있다.

가장 중요한 것은 부모가 자식을 내려놓는 것이다. 결혼하면 남자는 부모를 떠나 여자와 연합해서 한 몸을 이루어야 한다(창 2:24). 그런데 많은 부모들이 이 원리를 지키지 못한다. 자식이 결혼한다고 부모와 자식의 관계가 끊어지는 것은 아니다. 그러나 자식이 결혼하면 부모와 자식과의 관계가 변한다. 자식이 새로운 가정을 이루면 부모는 한 발자국 뒤로 물러나야 한다. "내가 어떻게 키운 자식인데"라는 말은 결혼한 부부 사이를 훼방하는 말로밖에 들리지 않는다. 시어머니의 믿음의 결단이 필요하다. 아들은 여전히 내 자식이지만 며느리와 이룬 새로운 가정의 가장임을 인정해야 한다. 그 순간 참견이나 간섭하지 않겠다는 결단도 함께 해야 한다.

둘째로 자녀들이 부모를 공경하면 된다. 딸을 시집보내는 부모는 다른 집에 보낸다는 생각을 하지만 아들을 장가 보내는 부모는 그렇게 생각하지 않는다. 그렇기 때문에 시어머니는 아들이 내 품에 있기를 원한다. 결국 아들이 며느리와 하나 되는 것을 보는 순간 어머니는 며느리에게 아들을 뺏긴 심정이 될 수밖에 없다. 시어머니는 빨리 아들을 내려놓아야 한다. 며느리 입장에서 그것을 이해하고 받아들이는 것도 중요하다. 그래서 부모를, 특히 시어머니를 잘 공경하면 고부간의 갈등은 방지할 수 있다.

셋째로 서로를 향한 사랑이 구체적으로 열매 맺으면 된다. 언젠가 어머니를 모시고 사는 집에 가서 감동을 받은 적이 있다. 시어머니 되시는 분이 며느리가 바깥 일로 고생을 한다면서 눈시울을 적시는 모습이었다. 딸에게도 보여주기 힘든 모습을 보면서 그것은 그분 속에 있는 풍성한 사랑 때문이라고 생각했다. 며느리 역시 어머니가 자기 때문에 집안일 하느라 수고하신다고 고마워했다. 두 사람의 모습을 보면서 서로 사랑한다면 문제될 것이 없겠다는 생각이 들었다. "무엇보다도 뜨겁게 서로 사랑할지니 사랑은 허다한 죄를 덮느니라"(벧전 4:8). 사실 시어머니와 며느리가 갈등을 빚는 것은 서로의 눈에 거슬리는 것들을 인정하지 못해서 일어난다. 그런데 정말 서로를 열심히 사랑한다면 눈에 거슬리던 것들이 다 사라질 것이다.

한국 교회 성도들의 신앙 성숙은 성경을 얼마나 많이 아느냐, 기도를 얼마나 많이 하느냐, 교회 봉사를 얼마나 많이 하느냐로 평가되기 쉽다. 그런데 나는 여성도들의 경우에는 고부관계가 어떤가를 가지고 측정하면 더 정확하다고 생각한다. 아무리 경건한 것처럼 보여도 고부갈등에서 헤어 나지 못하는 사람이라면 영적으로 미성숙한 사람이다. 성령이 충만해서 고부관계가 풀어지면 주변에 있는 믿지 않는 사람들에게 가장 강력한 메시지가 될 것이다.

결혼의 조건은 헌신의 결단

결혼하지 않은 사람들이 계속 많아지고 있다. 개중에는 결혼하지 않으려는 사람도 많다. 결혼 대신 동거를 선택하는 사람도 많다. 결혼했다가도 서로 맞지 않으면 쉽게 이혼을 결정한다. 결혼의 신성함이 점점 사라지는 것이다. 어떤 이들은 결혼을 사라져야 할 이데올로기로 몰아붙이기도 한다. 이제 결혼은 비즈니스 아이템으로 각광받을 뿐, 인생에서 가장 고귀한 삶의 양식으로 대접받지 못한다.

물론 그리스도인들은 결혼에 대해 다르게 생각한다. 우연히 만나 함께 사는 것이 아니라 하나님 앞에서 남자와 여자가 연합하는 것임을 믿는다. 하지만 그리스도인들도 변질된 결혼관에 미혹되고 있다. 최근에는 하나님을 믿는 것이 결혼을 대하는 자세에 별로 영향을 미치지 못하고 있다. 결혼에 대한 믿음을 회복하고 자세를 다르게 하는 것은 세상 사람들에게 그리스도인이 보여줄 수 있는 강력한 믿음의 증거이다.

결혼이 늦어지는 데 몇 가지 원인이 있다. 가장 일반적인 이유는 배우자의 기준이 지나치게 높아서 늦어지는 경우이다. 최근에는 직장과 커리어가 결혼보다 중요해서 미루는 경우도 많다. 부모로부터 독립이 늦어져서 결혼이 늦어지는 경우도 종종 있다. 결혼하면 자신에게 손해가 되지 않을까 생각해서 결단을 미루는 경우도 있다. 물론 그리스도인들은 믿는 배우자를 만나지 못해 결혼이 늦어지는 경우가 가장 많다. 그러나 표면적인 이유 이면에는 앞서 말한 이유들이 자리 잡고 있음을 부인할 수 없다.

그리스도인들이 믿는 배우자를 만나기 위해서 기다리다가 결혼이 늦어지는 것은 피할 수 없는 현실이다. 그러나 배우자의 신앙과 인격을 우선 생각하고, 세속적인 가치를 포기하면 어느 정도의 기회는 주어진다. 세속적인 가치 기준을 붙잡고 있으면 이 문제는 풀기 어렵다. 다시 말해 눈높이를 낮추는 길밖에 없다. 외적인 조건을 무시할 수는 없지만 그리스도인들은 믿음으로 이런 기준들을 초월할 수 있어야 한다. 마음에 들지 않는 사람과 의무적으로 살 수는 없다. 그러나 지나치게 외적인 조건만을 내세우는 것은 세상과 구별된 삶을 사는 성도의 자세가 아니다.

그리스도인 중에 배우자를 위해 구체적인 제목을 가지고 기도하는 사람도 있다. 성격이나 구체적인 조건, 심지어 키를 정해 놓고 하나님께 기도한다. 하나님께 구체적으로 간구하는 것은 좋지만 기도 제목 자체가 세속적인 기준을 따르고 있어 씁쓸하다.

자신의 일이나 커리어를 결혼보다 중요하게 생각해서 결혼이 늦어지는 경우에는 결혼에 대한 성경의 가르침을 분명히 할 필요가 있다. 하나님은 사람을 창조하시고 혼자 있는 것이 좋지 않다고 생각하셔서 여자를 창조하여 남자와 여자가 연합하도록 하셨다. 그리고 복 주시면서 결혼과 가정의 명령, 일과 문화의 명령을 주셨다(창 1:28). 두 가지 명령은 하나님이 사람에게 주신 절대적인 것으로 그리스도인이라면 누구나 순종해야 한다. 과거에는 결혼을 위해 커리어를 포기했지만 요즘은 정반대이다. 성경은 이 둘 사이의 균형을 원한다. 나이와 상황을 고려하면서 두 명령을 적절하게 지킬 수 있는 길을 찾아야 한다.

결혼과 관련한 비정상적인 현상이 계속해서 일어나는 이유는 간단하다. 결혼 후의 미래가 어떻게 될지 몰라 불안하기 때문이다. 또한 결혼을 통해서 얻으려고 기대한 것을 얻지 못할까 염려하기 때문이다. 그런데 이런 세속적인 생각은 하나님을 믿는 사람들에게도 영향을 미친다. 하나님을 믿으면서도 결혼에 대한 생각은 세상풍조와 다를 바 없다는 말이다.

성경이 가르치는 결혼은 한 남자와 한 여자가 서로에게 헌신하기로 약속하는 것이며, 두 사람이 함께 나누게 될 미래의 삶을 온전히 하나님께 의뢰하는 것이다. 물론 성경적인 관점을 가지고 결혼한다고 해서 사람들이 기대하는 행복이 보장되는 것은 아니다. 그렇지만 이러한 믿음과 자세로 결혼한 사람들은 결혼생활을 통해서 점점 거룩해질 수밖에 없다.

결혼의 행복이란 결혼생활을 통해서 거룩해진 사람들에게 하나님이 주시는 보너스이다. 그리스도인들이 세상 사람들에게 이런 결혼생활을 보여준다면 그것이 바로 세상의 "빛과 소금"이 될 것이다.

따라서 진정한 신자라면 사랑하는 남자 혹은 여자와 하나 되기 위해 자신의 삶을 헌신할 수 있어야 한다. 헌신이 빠진 신앙고백이 아무리 종교적인 미사여구를 사용해도 진정한 신앙고백이 아닌 것처럼.

5
-
이혼과
신앙

christian

사랑하기 힘든 가족과 친척들에게 사랑을
베풀어야 한다. 그렇지 않으면 불신자보다
더 악한 자가 된다. 신자가 불신자보다 악하다고
평가받는 것은 수치이다. 가족과 친척들에게 마땅히
사랑을 베풀어야 한다. 지나치게 사랑하는 것은
주님 보시기에 좋은 모습이 아니겠지만, 진정으로 주님을
믿는다면 그 사랑은 반드시 드러나기 마련이다.

바람, 유행이 된 죄악

요즘은 남녀를 막론하고 바람피우는 것이 새삼스러운 일도 아니다. 사실 외도는 인간 역사에서 한 번도 없었던 적이 없다. 그만큼 외도는 죄악된 세상의 속성 중 하나이다. 그런데 요즘 우리 사회에서 문제가 되는 것은 결혼생활은 그대로 유지하면서 결혼이 주지 못하는 재미를 외도를 통해 누린다는 것이다. 부부를 바꾸는 스와핑도 결국 같은 맥락이다. 결혼에 대한 도덕적인 교훈은 이제 영향력이 없다.

성경은 이 문제에 대한 분명한 기준과 해답을 가지고 있다. 그러나 믿는 사람들도 실수하는 것을 보면 그만큼 유혹을 극복하기 어렵다는 말이다. 성경이 가르치는 원론적인 교훈을 우리 현실에 맞게 각색해 보았다. 외도를 부추기는 세상에서 죄에 빠지지 않고 경건하게 살기 위한 몇 가지 단계를 소개한다.

이혼을 결정한 사람들에게 이 조언은 그다지 도움이 되지 않는다. 그러나 무미건조한 결혼생활을 탈피하고 새로운 삶의 활력을 얻기 원하는 부부라면 꼭 필요한 조언이 될 것이다. 연애할 때는 손만 닿아도 전기가 오르는 것 같지만 결혼하고 오랫동안 살다보면 감각이 점점 무뎌진다. 친밀감이 익숙함을 낳고 익숙함이 무감각으로 나아가다 보면, 처음 감각을 회복하기 위해 새로운 상대를 찾는 것이다. 새로운 상대는 분명 감각을 회복시켜 줄 수 있다. 여기 대안이 있다. 자신의 배우자를 새로운 상대로 만들어 바람을 피우는 것이다.

낡은 집을 부수고 새로 짓는 사람들이 있다. 그러나 새로 짓는 대신 내부 리모델링을 하면 비용도 절약되고 새 집까지 얻을 수 있다. 이 원리를 배우자에게 적용하면 된다. 사람은 그대로 놓아두고 리모델링하는 것이다. 부부가 함께 시작하는 것이 좋지만 여의치 않으면 필요를 느낀 사람이 먼저 시작해도 좋다.

새 옷이 도움을 주기도 하고, 분위기 좋은 장소가 도움을 줄 수도 있다. 바람을 피우기 위해서 할 수 있는 노력을 배우자에게 기울여 보는 것이다. 처음 만났을 때의 분위기로 되돌아가보는 것도 좋은 방법이다. 바람을 피우려는 정성과 노력을 배우자와의 관계에 기울이면 부부 사이에서도 낭만적인 사랑이 생긴다.

무감각한 아내(남편)와 달리, 다른 이성은 객관적인 평가와 관계없이 더 매력적으로 다가온다. 문제는 이런 현실을 바꿀 수 없다고 확신하는 것이다. 이 문제를 해결하기 위해서는 어느 정도 상상력의 도움이 필요하다. 의도적으로 배우자의 매력을 상상하는 것이다. 이성이 주는 객관적인 매력은 한계가 있다. 사람들이 바람피우는 것은 주관적인 상상력의 소산이며, 그 상상력이 낭만을 일으킨다. 바로 그 상상력을 배우자를 향해 발동하면 아내(남편)와 바람을 피울 수가 있다. 아내와 남편의 매력을 한껏 상상해 보는 것도 즐거운 일이리라.

바람을 피우는 사람들은 아무도 모르는 은밀한 곳, 분위기가 좋은 곳에서 만난다. 아이들 때문에, 돈이 많이 들어서 못하겠다고 말하는 사람은 바람피우는 것이 무엇인지 모르는 사람이다. 바람피우는 사람 눈에는 아이들이 안 보인다. 바람피우는 사람은 돈이 얼마 들어도 상관하지 않는다. 바로 이렇게 부부가 바람을 피운다면 얼마든지 부부간의 즐거움을 회복할 수 있다.

"네 샘으로 복되게 하라. 네가 젊어서 취한 아내를 즐거워하라. 그는 사랑스러운 암사슴 같고 아름다운 암노루 같으니 너는 그의 품을 항상 족하게 여기며 그의 사랑을 항상 연모하라"(잠 5:18-19).

여전히 배우자에게 덤덤하고, 다른 이성에게 눈길이 가는 자신을 발견한다면 외부의 도움이 필요하다. 이 문제를 풀어줄 가장 큰 외부의 도움은 하나님께 기도하는 것이다. 하나님께 기도하는 내용을 종교적이거나 거창한 주제로 제한할 필요는 없다. 현재 생활에서 가장 절실한 문제가 바로 기도제목이다. 아내(남편)에게 낭만을 느끼도록, 그 관계를 통해 성적 욕구가 해소되게 해달라고 기도해보라. 그리고 아내(남편)이 아닌 이성에 대해서는 무감각하게 해달라고 기도하는 것이다. 물론 기도한다고 곧바로 변하는 것은 아니다. 그러나 기도하는 사이 조금씩 응답이 올 것이다. 어느 사이엔가 아내와 남편이 새롭게 인식될 것이다. 사람들은 행복을 찾기 위해서 너무 쉽게 거룩을 포기한다. 그렇다고 거룩을 위해 행복을 포기하는 것도 힘든 결정이다. 하지만 거룩을 잃지 않으면서 주님을 의지하면 그분이 예비하신 행복이 찾아온다.

결혼 조건,
본말이 전도되다

2007년 봄, 아들이 결혼하면서 며느리를 얻었고, 시아버지라는 새로운 호칭을 갖게 되었다. 그리고 사돈이라는 새로운 가족 관계를 갖게 되었다. 아들이 결혼해서 새 가정을 이루는 과정을 보면서 결혼문화를 다시금 생각해 보았다. 그리스도인의 결혼도 목사님을 주례로 모시는 것 외에는 세속적인 결혼과 다르지 않다. 결혼이나 결혼식에 그리스도인의 신앙적 가치관이 스며들 자리가 별로 없다는 것이다.

아들이 교회에서 사귄 여자친구와 결혼하겠다며 처음 소개했을 때, 내

아들처럼 좋아하지는 않았다. 남의 집 귀한 딸이지만 내 자식을 더 귀하게 여겼기 때문이다. 사돈 부모님도 마찬가지였을 것이다. 모든 부모들이 알아야 할 것이 있다. 내 며느리(사위)이기 전에 아들(딸)의 아내(남편)가 될 사람이라는 것이다. 내가 택한 며느리를 아들이 아내로 삼는 것이 아니라 아들의 아내를 내가 며느리로 맞이해야 한다. 아들의 아내는 아들이 선택해야 하며 부모는 아들의 선택을 존중해야 한다. 이것이 부모에게 필요한 자세이다.

결혼과 관련한 부모와 자식 간의 갈등은 이 부분에서 하나님의 뜻을 무엇인지 이해하지 못해서 일어난다. 아무리 신앙이 좋아도 자식 결혼에는 세속적인 가치관과 부모 욕심이 앞선다. 신앙적인 결정을 하기 위해서는 하나님의 말씀을 기억해야 한다. "이러므로 남자가 부모를 떠나 그의 아내와 합하여 둘이 한 몸을 이룰지로다"(창 2:24). 결혼은 부모가 며느리나 사위를 얻는 것이 아니라 아들이 아내를, 딸이 남편을 맞이하는 것이다. 결국 그들의 결정이 우선이다. 그것이 하나님의 뜻을 따르는 일이다. 물론 결정 과정에서 부모로서 조언할 수 있다. 특히 자녀들이 세속적인 가치관을 따라 배우자를 정하려고 한다면 부모로서 따끔하게 혼을 내야 한다. 그러나 결혼 결정은 당사자의 몫이라는 사실을 잊어서는 안 된다. 성인이 된 자녀들도 배우자를 정하는 데 있어 하나님의 뜻을 확신해야 한다. 세속적인 가치관을 강요하는 부모에게 지혜롭게 대처하는 자세를 배워야 한다.

기본적으로 신자는 비신자와 결혼하지 말아야 한다. 그러나 믿는 여성들의 숫자에 비해 믿는 남성의 숫자가 부족하기 때문에 통계상으로 믿지 않는 사람과의 결혼이 불가피하다. 그렇다고 성경의 원칙을 완전히 무시해서는 안 된다.

자녀들이 믿지 않는 배우자와 결혼하려고 하면 부모는 선뜻 받아들이기 쉽지 않다. 결혼을 막는 것이 하나님의 뜻이라고 생각할 수도 있다. 그러나 이런 결정을 하기 전에 먼저 하나님 앞에서 책임을 느껴야 한다. 자녀가 믿는 배우자와 결혼하도록 애초부터 가르치고 권면했어야 한다. 그렇게 하지 못했다면 결과에 대해 책임을 져야 한다. 신앙적인 가치관으로 자녀를 권면할 수 있지만 부모의 권위로 결혼을 금하는 것은 바람직하지 않다. 신앙적인 원칙은 주장하면서도 상대방에 대한 배려를 잃어서는 안 된다.

한편 결혼을 준비하면서 양가가 겪는 가장 큰 문제는 혼수와 예단이다. 양가가 결혼을 축하하는 마음으로 선물을 주고받을 수 있다. 신랑집에서 신부집으로 함을 보내고, 신부집에서 신랑집으로 선물할 수 있다. 그러나 그것을 지나치게 강요하거나 양가가 갈등을 겪는다면 결혼의 본질을 잊어버린 한심한 작태이다. 혼수나 예단 문제로 결혼이 깨지는 경우도 있다. 그리스도인들도 이런 오류에 빠지곤 한다.

그 이유는 이런 관행을 우리나라의 풍습 정도로 생각할 뿐 신앙과 무관하게 생각하기 때문이다. 그러나 엄밀하게 따지면 우리나라의 풍습이라기보다 물질주의 풍조가 가정과 결혼에 스며든 것이다. 우리 주변 풍조가 어떻든 예단을 주고받는 일이 하나님의 뜻인지 깊이 생각해 볼 필요가 있다. "이 세상이나 세상에 있는 것들을 사랑하지 말라. 누구든지 세상을 사랑하면 아버지의 사랑이 그 안에 있지 아니하니 이는 세상에 있는 모든 것이 육신의 정욕과 안목의 정욕과 이생의 자랑이니 다 아버지께로부터 온 것이 아니요 세상으로부터 온 것이라"(요일 2:15-16).

결혼하면서 필요 이상의 예물을 주고받는 일은 아무리 생각해도 세상에서 나온 것이다. "남들 하는 만큼은 해야지"라고 말하는 걸 보면 더더욱 그렇다. 이런 풍습 자체가 하나님의 뜻에 맞지 않는다면 굳이 서로 주고받을 이유가 없다. 하나님이 원하시는 거룩한 결혼을 이루기 위해서 이기적인 욕심이나 집안의 자존심 정도는 내려놓아야 한다.

부부의 성, 쉼 없는 간구의 제목

성에 대한 이야기는 성경에 자주 등장하는 주제이며, 현실적으로도 꼭 필요한 이슈다. 보통 목사들은 성에 대해 말하기 힘들어 한다. 그런데 큰아버지이신 방지일 목사님(영등포교회 원로 목사)이 나와 동생 부부를 모아 놓고 성에 대해 적나라한 이야기를 해주신 적이 있다. 성관계를 잘하면 다른 운동이 필요 없다는 큰아버지의 말씀을 들으면서 아내와 제수씨는 쑥스러워했다. 그러나 나는 큰아버지와 나눈 어떤 대화와 비교해도 나무랄 데 없는 영적인 대화를 나누었다고 생각한다. 성에 대한 이야기가 얼마든지 영적일 수 있다. 성 자체가 영적인 문제이기 때문이다.

성은 하나님의 창조하신 가장 신비한 것 중 하나이다. 사람이 혼자 있는 것이 좋지 않다고 생각하신 하나님이 여자를 만들면서 성이 창조되었다. 성은 일차적으로는 남자와 여자의 연합을 이루고, 그 결과 생육하고 번성한다. 그 과정에서 다른 어떤 육체적인 활동과 비교할 수 없는 즐거움과 보람을 준다. 하나님이 주신 성을 사용하고 누리는 것은 특권인 동시에 의무이다.

아가서는 부부가 누리는 성적인 관계가 얼마나 아름다운지 잘 묘사하고 있다. 독신으로 산 사도 바울도 성의 거룩함을 강조했다. "하나님께서 지으신 모든 것이 선하매 감사함으로 받으면 버릴 것이 없나니 하나님의 말씀과 기도로 거룩하여짐이라"(딤전 4:4-5). 성관계를 갖기 전에 기도를 하는 것도 하나님 보시기에 아름다운 일이다. 나를 포함해서 대부분의 사람들이 기도와 성관계를 연결시키지 못한다. 하나님이 주신 선물에 대해 감사하면서 아내와 하나 된 것처럼 하나님과 좀 더 친밀한 연합을 체험하게 해달라고 기도드릴 수 있다. 부부 사이에 비밀스러운 행위는 하나님 안에서 아름다운 것이다.

왜 성에 대한 이야기라고 하면 음담패설을 생각하게 될까. 성적인 행위는 음란하게만 느껴지는 이유가 무엇일까. 이유는 아주 간단하다. 부부 사이에서 이루어질 때는 아름답고 거룩한 행위지만 그 관계를 떠나서 이루어지는 모든 성적 행위는 죄악이기 때문이다.

어떤 영화에서 부부가 아닌 남녀의 성적 행위는 아름답게 묘사하고 막 결혼한 부부의 성적 행위는 우스꽝스럽게 묘사했다. 이것이 현대사회의 전형적인 성의 왜곡이다. 그러나 성경은 정반대로 가르친다. 부부 사이에 일어나는 성적 행위는 세상 어떤 것보다 아름답고 거룩하다. 그러나 부부가 아닌 관계에서 이루어진 행위는 죄악이다.

오래 전 프랑스에 출장 가서 생전 처음 포르노 영화를 보았다. 호기심 때문이었지만 당황스러웠다. 영화관에는 의외로 나이 든 사람들이 많았다. 젊은이들은 더 강한 자극을 주는 곳을 찾는다고 누군가 알려주었다. 사람들은 "무엇이든 금지하면 호기심이 더 생긴다. 풀어주면 자연스럽게 문제가 해결된다"고 말하지만 그럴듯한 말장난일 뿐이다. 사람들은 더 큰 자극을 찾아서 더욱 음란한 것을 만든다.

그리스도인의 부부생활은 하나님이 주신 축복을 누리는 동시에 하나님이 주신 의무를 다하는 것이다. 성도 마찬가지다. 그러나 요즘 부부들 중에 충분한 성생활을 누리지 못하는 사람들이 많다. 부부가 성에 대한 관심을 잃는 것은 심각한 영적 문제이다. 서로에게 흥미를 잃었다면 더더욱 문제이다. 성은 부부를 하나 되게 하기 위해서 하나님이 주신 선물이다. 이것에 무관심한 것은 단순히 배우자에 대한 무책임이 아니라 하나님에 대해서도 무책임한 것이다.

그리스도인들은 부부의 성생활을 위해서 하나님께 간구해야 한다. 아내 혹은 남편과 성생활을 원활히 누릴 수 있도록, 배우자에게 성적인 만족을 누리도록, 성적인 면에서 절대로 한눈팔지 않도록 기도해야 한다. "어찌하여 네 샘물을 집 밖으로 넘치게 하며 네 도랑물을 거리로 흘러가게 하겠느냐. 그 물이 네게만 있게 하고 타인과 더불어 그것을 나누지 말라"(잠 5:16-17). 아내의 손은 잡으면 덤덤한데 다른 여자는 옷깃만 스쳐도 자극이 온다면, 바로 이때 기도해야 한다. 내 몸의 감정이나 이성으로 통제할 수 없기 때문에 하나님의 도우심을 구해야 한다.

성은 아주 묘한 선물이다. 부부의 삶을 천국으로 만들어주기도 하지만 죄악의 나락으로 떨어뜨리기도 한다. 무절제한 성은 죄악이다. 반대로 건전하지 않은 금욕이나 상황적인 금욕 역시 죄악이다. 기러기 아빠가 좋은 예다. 성의 힘에 너무 쉽게 굴복해도 문제지만 성의 힘을 너무 우습게 여겨도 안 된다.

이혼,
그 어떤 경우에도

이혼율이 급격히 증가했지만 해결책이 없어 보인다. 우리 사회가 겉으로는 발전하고 있지만 안에서부터 허물어지고 있다. 그 중심에 가정의 와해가 자리 잡고 있다. 이혼율이 늘어나는 원인을 여성 의식과 역할 변화에서 찾는 어처구니없는 사람들이 있다. 단언하건대 여성 의식이나 지위는 계속 신장되어야 한다. 그것이 하나님의 뜻과 부합하기 때문이다(갈 3:28). 이혼이 증가하는 현실에서 정작 관심 가져야 할 것은 여권 신장이 아니라 결혼에 대한 이해가 잘못되었다는 점이다.

요즘 사람들은 결혼을 좋은 학교나 직장을 선택하는 것과 비슷하게 생각한다. 자신이 생각한 것과 맞지 않으면 얼마든지 끝낼 수 있다고 여긴다. 이혼 문제는 원인 분석만으로 해결할 수 없는 시대가 되었다. 결혼의 궁극적인 목적이 무엇인지를 재확인하고 원래 모습을 회복하는 길밖에는 방법이 없다. 결혼은 계약이 아니다. 결혼은 두 사람이 하나 되는 언약의 관계이다. 이것이 성경이 가르치는 것이요 정상적인 의식을 가진 사람들의 기본적인 생각이다. 언약의 관계는 사랑에 기초하며, 상대방에 대한 헌신으로 유지된다.

언젠가 바람피우는 남편 때문에 고민하다가 이혼을 결심한 자매로부터 색다른 편지를 받았다. 이제 이혼에 대해 아예 생각하지 않기로 결심했다는 내용이었다. 현실적으로 자매가 이혼한다면 충분히 이해할 수 있는 상황이었고, 심지어 성경적으로도 허용되는 경우였다(마 19:8-9). 성경이 가르치는 결혼관에 기초한 결단이었다. 이혼 문제를 상담하러 온 사람들에게 경우에 따라 이혼을 권하기도 했던 나는 부끄러웠다.

늘어나기 시작한 이혼율을 막을 수 있는 특별한 비법은 없어 보인다.

유일한 대안은 결혼에 대해 제대로 알고, 아는 그대로 살도록 하는 것뿐이다. 사랑에서 시작한 결혼을 유지하는 길은 서로를 향해 지속적으로 헌신하는 것이다. 사랑이 결혼의 부드러운 속살이라면 헌신은 결혼의 단단한 껍질인 셈이다.

한번은 절친한 자매가 이혼서류에 도장을 찍었다는 충격적인 소식을 들었다. 순간 이혼주례를 해야겠다고 마음먹었다. 이혼하도록 이끄는 주례가 아니라 이혼을 막는 주례였다. 말씀을 준비하고 성도들에게 자매 집으로 모이라고 부탁했다. 이날 모인 교인들은 이혼으로 겪을 자녀들의 고통을 이야기하며 이혼을 강하게 만류했다. 양가에서는 이혼을 어느 정도 원하고 있었지만 그리스도의 몸 된 교회 식구들은 절대로 말렸다. 그러나 사람이 말린다고 쉽게 풀릴 문제가 아니었다. 나는 준비한 이혼주례사를 읽었다.

사람은 남자와 여자가 하나 되도록 창조되었습니다. 그것이 온전한 인간의 모습입니다. 이혼은 하나님의 창조원리가 아닙니다. 죄악으로 인해 생긴 현상입니다. 이혼은 배우자의 간음죄에 대한 징계를 위해서 생긴 규정으로, 하나님이 명령한 규정이 아니라 허용하신 규정입니다.

두 사람이 이혼서류에 도장을 찍었습니다. 결혼해서 하나가 된 것을 취소한 것입니다. 그 동안 갈등을 볼 때 이혼하는 것을 인간적으로 이해할 수는 있습니다. 그러나 이혼의 사유가 하나님이 허용하신 사유가 아니라는 것은 분명히 해야 합니다.

그럼에도 불구하고 두 사람이 이혼을 결정한 것은 두 사람의 성격 차이 때문입니다. 현대사회의 이혼하는 풍조를 따르고 있는 겁니다. 성경은 이 세대를 본받지 말고 마음을 새롭게 함으로 변화를 받아 하나님의 선하시고 기뻐하시고 온전하신 뜻이 무엇인지 분별하라고 했습니다.

지금 두 사람은 이 이야기를 듣고 싶은 않을 겁니다. 그러나 모든 죄악은 하나님의 뜻과 사람의 생각의 차이에서 시작됩니다. 그 차이를 분명히 말해 주는 것이 교회의 책임입니다. 그래서 우리는 두 분에게 하나님의 뜻에 맞추도록 권면할 책임이 있습니다. 또한 우리는 두 사람을 위해 기도할 책임이 있습니다.

지금 두 사람이 하나님의 뜻에 맞지 않는 결정을 하고 있음을 아뢰고 마음을 변화시켜 달라고 기도합시다. 그리고 결과는 하나님의 뜻에 맡길 수밖에 없습니다.

이렇게 이혼주례(?)를 마치고 두 사람에게 2박 3일 동안 금식기도를 하도록 조언했다. 금식기도의 목적은 둘 사이의 문제나 자녀 문제보다 하나님과의 관계를 돌아보는 것이었다. 하나님 앞에서 결혼생활을 돌아보고 자신의 죄를 찾고 회개하는 것이다. 남편은 강남금식기도원으로, 아내는 오산리기도원으로 떠났다. 성도들도 함께 금식하며 기도했다.

기도원에서 내려온 두 사람과 성도들이 다시 한 번 만났다. 두 사람의 이야기를 들으면서 하나님의 역사를 실감했다. 하나님은 아내에게 이혼 후 일어날 일을 꿈으로 보여주셨고, 잘못을 깨닫도록 이끄셨다. 잘못을 인정하는 것이 쉬운 일처럼 보이지만 사실은 제일 어려운 일이다. 남편은 기도를 마치고 돌아오는 버스 안에서 자신의 잘못을 깨달았다. 사람의 말이나 힘으로는 할 수 없는 일이 일어난 것이다. 하나님은 작은 가정교회를 통해 위대한 일을 하셨다.

그러나 사탄이 쉽게 물러서지 않는다. 호시탐탐 틈을 노린다. 가정을 위해서 계속 기도해야 한다. 지금 우리 사회에는 이혼 위기에 처한 가정들이 많다. 교회에도 많다. 상담도 필요하지만 무엇보다 그리스도의 사랑으로 감싸고 기도하는 공동체가 필요하다.

"하나님을 사랑하는 자 곧 그의 뜻대로 부르심을 입은 자들에게는 모든 것이 합력하여 선을 이루느니라"(롬 8:28).

가족관계와 믿음

모태신앙인인 나는 가정이 신앙의 모판이라고 항상 생각했다. 그런데 청년 시절 새로운 신앙의 도전을 받으면서 예수 그리스도를 따르기 위해서는 가족들을 미워해야 한다는 말씀을 받았다. 예수를 따르기 위해서는 "부모와 처자와 형제와 자매"(눅 14:26)까지 미워해야 한다는 예수님의 말씀은 도전이 되기는 했지만 당황스러웠다. 그 즈음 "자기 가족을 돌보지 아니하면 믿음을 배반한 자요 불신자보다 더 악한 자라"(딤전 5:8)는 말씀도 배우게 되었다. 공감이 되는 말씀이기는 하지만 누가복음 말씀과는 완전히 반대되는 말씀이어서 다시 한 번 당황했다.

모순처럼 보이는 두 말씀은 가정의 문제와 가족과의 관계가 신앙에 있어 근본적인 문제라는 사실을 인식하게 해준다. 하나님을 믿는 사람이라면 온전히 헌신해야 하는데 가장 가까운 가족들을 포기할 수 있어야 한다. 가족을 포기하는 것이 헌신의 가장 강력한 표현인 셈이다. 이것은 거의 본능적이며 동시에 약간은 배타적인 가족 사랑을 지적하는 말이다.

핵가족화되면서 가족 이기주의가 팽배하다. 특히 내 자식 때문에 하나님이 눈에 보이지 않거나 하나님조차 도구로 만들어 버리는 사람들에게 이 말씀은 꼭 필요한 도전이다.

한편 가족에 대한 배려는 믿음의 가장 구체적인 표현이다. 아무리 하나님을 사랑한다고 해도 내게 맡겨진 가족을 사랑으로 돌아보지 않으면 그것은 하나님을 진정으로 사랑하는 것이 아니다. 요즘 우리 사회에서 양극화가 문제이다. 주로 빈부의 양극화를 말하지만, 가만히 생각해 보면 사랑의 양극화가 가장 심각한 문제이다. 자기 자식을 사랑한다는 사람들이 의외로 다른 가족들을 제대로 돌보지 않는다. 사랑을 필요로 하는 가족을 사랑하는 것은 믿는 사람의 중요한 책임이다. 이런 사랑을 실천하면 가족의 폭이 넓어지고 주변 사람들을 가족처럼 사랑할 수 있다. 예수님은 어머니와 동생들이 찾아왔다고 알려준 사람에게 "누구든지 하나님의 뜻대로 하는 자가 내 형제요 자매요 어머니"(막 3:31-34)라고 말씀하셨다. 자기를 따르기 위해서는 가족을 미워해야 한다고 말씀하신 예수님이 가족의 범위를 넓히면서 그들을 배려하도록 가르치신 것은 가족에 대한 우리의 생각을 새롭게 하기에 충분하다.

경건한 부모의 자녀들 중에 신앙생활을 제대로 하지 않는 사람들이 있다. 심지어 목회자 자녀들 중에도 그런 경우가 있다. 반면 자녀들에게 부모의 신앙을 강요하지 않는 부모들도 있다. 얼핏 들으면 멋진 부모인 것 같지만 하나님의 진정한 뜻이 무엇인지 모르는 사람들이다. 영생을 확신하는 부모라면 자녀들에게 신앙을 계승해야 한다. 가장 사랑하는 자녀들에게 영생을 선물하는 것만큼 값진 일이 또 있겠는가.

자녀들에게 신앙을 강요해서는 안 된다고 생각하는 부모는 진짜 신앙이 무엇인지 모르는 사람일 가능성이 많다. 그리스도인이 자녀에게 신앙을 계승하는 것은 당연한 일이며 중요한 책임이다. 문제는 신앙을 계승하는 과정에서 신앙의 본을 보이지 않고 종교적인 습관만을 강요할 때 생긴다. 독립된 인격체인 자녀들에게 부모의 신앙을 가르치는 일은 중요하지만 종교적 습관을 강요해서는 안 된다.

가정 문제에서 이혼이 차지하는 비중이 점점 커지고 있다. 하나님이 하나 되게 하신 것을 사람이 끊을 수 없기 때문에 그리스도인들은 이혼하면 안 된다. "음행한 연고 외에는"(마 19:9)이라는 예외 규정이 있지만 아마도 예수님은 "음행한 경우라 할지라도" 이혼하지 않기를 원하실 것이다. 그러나 교회에서도 이제는 이혼한 사람들을 꽤 많이 볼 수 있다.

이혼하려는 사람들은 이혼 이야기를 쉽게 꺼내지만, 이미 이혼한 사람들은 이혼 사실을 드러내기 원치 않는다. 이런 모습은 교회에서 더 자주 목격할 수 있다. 이혼이 보편화되었지만 정작 이혼하면 남들에게 드러낼 만한 일이 아니라고 생각한다. 하나님을 믿는 사람들은 말씀을 따라 이혼을 선택사항으로 생각하지 않았으면 하는 바람을 가져본다. 틈이 너무 크게 벌어져 부부가 함께 사는 것이 힘들더라도 하나님을 믿는 믿음의 인내로 살아보자는 것이다. 믿음의 인내는 점차 거룩으로 향하게 될 것이며, 거룩한 삶을 살게 되면 이혼의 길을 택하지 않은 부부에게 하나님이 행복을 보너스로 주실 것이다.

한편 이미 이혼한 사람들은 정죄나 가십의 대상이 되어서는 안 된다. 어떤 이유에서든 이혼은 인생에 있어 상처일 수밖에 없다. 사람은 누구나 사랑으로 감싸주어야 할 우리의 형제요 자매이다.

Work,
사람은 무엇으로 사는가

2

사람은 세속의 문화 속에서 살아간다. 삶에 필요한 것들이지만 그 속성이 거룩하지는 않다. 그래서 그리스도인은 세상에 모범을 보이도록 요구된다. 영적으로 나태하지 않으면서도 하나님이 주신 선물을 제대로 누리고 즐길 수 있다면, 세상살이도 하나님을 섬기는 길이 된다. 따라서 모든 삶은 하나님이 주시는 은혜의 통로가 된다.

6

일과
신앙

christian

하나님은 일꾼을 부르신다.
그러나 마땅히 할 일을 찾지 못해 교회나 선교단체
주변을 맴도는 사람은 사절이다. 더구나 적절한 일을
찾지 못하는 것을 하나님이 전임사역으로 부르시는 것이 아닌가
착각해서는 안 된다. 예수님이 제자들을 부르실 때 그들은 어부나
세리로서 열심히 일하고 있었다. 남들이 보기에 자존심이 상하는 일일 수도 있다.
가진 재능과 능력에 비해 수준이 낮은 일도 있을 수 있다.
경제적 보상이 충분하지 않을 수도 있다. 그러나 아무 일도 하지 않는 것보다
작은 일이라도 시작하는 것이 성경적으로 옳은 결정이다.

직업,
귀천 없는 선택

독일 프랑크푸르트에서 치기공 분야 마이스터를 만났다. 한국의 전문대학에서 치기공을 공부하고 독일로 건너가 한국인 최초로 치기공 분야 마이스터가 된 분이다. 우리는 치기공사를 치과의사의 보조적인 역할로 생각한다. 그러나 그분은 각고의 노력 끝에 장인으로 인정받았고, 독일 치과의사들이 가장 선호하는 치기공사가 되었다. 치과의사들이 그에게 일을 맡기기보다, 그에게 일을 맡아 달라고 부탁하는 상황이다. "자기 일에 능숙한 사람을 보았느냐 이러한 사람은 왕 앞에 설 것이요 천한 자 앞에 서지 아니하리라"(잠 22:29). 직업에 귀천은 없지만 우리 사회에는 어쩔 수 없는 위계가 있다. 일반적으로 직업이 그것을 결정한다. 하지만 이것은 노력 여하에 따라 얼마든지 뒤집어질 수 있다.

그분의 작은아버지는 서울에서 정육점을 하신다. 초등학교만 나왔지만 신실하고 정직했다. 항상 고객 중심으로 장사했기 때문에 명절 등 대목에는 고객이 장사진을 이뤘다. 잔머리가 아니라 신용으로 고객들의 마음을 사로잡은 것이다. 그런데 그분이 교인 투표를 거쳐 교회 장로로 피택되었는데 기존 장로들이 반대했다. 학력 때문이다. 어처구니없는 일이라고 생각하겠지만 이것이 한국 교회의 현실이다. 결국 담임목사님의 강력한 지원을 힘입어 장로가 되었다. 초졸 학력과 직업을 비관하면서 남들처럼 장사했다면 세상과 교회에서 인정받지 못했을 것이다. 그러나 세상 잣대와는 상관없이 성실하게 일해 자기 영역에서 인정을 받았으며, 하나님이 기뻐하시는 일꾼으로 살았다.

세계적으로 유명한 한국의 교육열을 생각해 보았다. 한국의 교육열은 좋은 학교에 가기 위한, 또 남들 보기에 그럴듯한 직업이나 직장에 가기 위한 욕심이다. 좋은 학교나 알아주는 직장이 사람의 가치나 삶의 의미를 보장하지 않는다. 진정한 교육은 현재 하고 있는 일에 정직하고 최선을 다하도록 가르치는 것이다. 다니엘이 이방 나라에서 하나님의 사람으로 인정받은 이유는 종교성이나 선교 사역 때문이 아니라 맡겨진 일에 탁월했고 정직했기 때문이다.

"다니엘은 마음이 민첩하여 총리들과 고관들 위에 뛰어나므로 왕이 그를 세워 전국을 다스리게 하고자 한지라. 이에 총리들과 고관들이 국사에 대하여 다니엘을 고발할 근거를 찾고자 하였으나 아무 근거 아무 허물도 찾지 못하였으니 이는 그가 충성되어 아무 그릇됨도 없고 아무 허물도 없음이었더라"(단 6:3-4).

이제 우리의 교육열은 성적 올리는 것보다 성실성을 가르치는, 좋은 학교에 가는 것보다 정직하게 살도록 가르치는, 알아주는 직업이나 좋은 직장보다 자신이 하는 일에서 탁월함을 드러내는 방향으로 나아가야 한다.

소명, 야망의 경계를 넘어

나는 공대를 졸업하고 국방과학연구소에서 6년 동안 일했다. 그러나 엔지니어 일이 적성에 맞지 않았고, 성경을 가르치는 일이 하고 싶어 신학교에 입학했다. 목회자가 되기 위해서가 아니라 하고 싶은 공부와 일을 하기 위해 신학교 행을 결정한 것이다. 하지만 주변 사람들은 나의 결정을 주님의 일을 위해 세상 일을 포기하는 것으로 생각했다. 연구소의 월급이 꽤 많았기 때문에 경제적인 희생도 신학교 행을 미화하는 데 한몫했다. 교회 어른들은 소명을 받았느냐고 질문했다. 신학교를 가고 목회자가 되기 위해서는 하나님의 소명을 받아야 한다는 의미였다.

그런데 그런 결정을 한 나는 정작 심각하지도, 영적이지도 않았다. 신학교 졸업하고 목사가 되는 것만이 주님의 일이라고 생각지 않았기 때문이다. 직장 일을 통해서도 얼마든지 주님의 일을 할 수 있었기 때문에 주님의 일을 위해 세상 일을 포기한다고도 생각하지 않았다. 신학교에 가라는 하나님의 특별한 소명을 받은 기억도 없다. 연구소 일을 열심히 했지만 평생 엔지니어로 일하고 싶지 않았고, 오히려 성경을 공부해서 사람들을 가르치고 싶었을 뿐이다. 돌이켜 보면 그것이 바로 하나님의 소명이었다.

만일 엔지니어 일을 계속 즐겁게 할 수 있었다면 아마도 그것이 내게 주신 소명일 것이다. 소명을 종교적인 직업에만 국한하는 경향이 있다. 그러나 성경이 가르치는 소명과 부르심은 훨씬 광범위하다. 예수 그리스도를 믿고 성도가 되는 것도 소명의 결과이며(고전 1:2), 하나님의 사람으로 거룩하게 사는 것도 소명의 결과이다(엡 4:1). 하나님의 사람이 하는 일이면 어떤 일이라도 하나님의 소명의 결과이다. 세속적인 직업이라도 그 일을 하나님이 맡겨주신 일로 생각하고 성실하게 일하면 얼마든지 주의 일이 될 수 있다. 반대로 종교적인 일, 즉 목회를 하면서도 야망에 사로잡혀 있다면 그것은 세상 일이다. 주의 일과 세상 일을 구분하는 잣대는 일의 종류가 아니라 일하는 사람의 자세이다.

나는 유학생활을 하면서 경제적인 문제를 해결하기 위해 여러 가지 노동을 했다. 특히 건물 청소를 오래 했다. 매일 밤 큰 건물을 청소하는 일은 몸도 힘들었고, 공부하는 시간도 빼앗겼기 때문에 마음도 힘들었다.

어느 날 청소하다 말고 하나님께 하소연했다. 돈 없어서 몸도 고생하고 시간 낭비하고 있다는 투정이었다. 그때 "무슨 일을 하든지 마음을 다하여 주께 하듯 하고 사람에게 하듯 하지 말라"(골 3:23)는 말씀을 주셨다.

순간 청소하는 일이 내게 새로운 일이 되었다. 돈 벌기 위해 하던 일에서 하나님이 내게 맡기신 일로 변한 것이다. 청소가 갑자기 신나는 일이 된 것은 아니다. 다만 "주께 하듯" 해야 할 주님의 일이 된 것이다. 청소하는 일이 아니라 내가 변화한 것이다. 청소라는 일을 주께 하듯 하도록 변화된 것이다. 여전히 청소는 힘들었지만 내게 맡겨진 이상 하나님의 일이었다. 결국 오래지 않아 그만두었지만 청소를 통해 중요한 교훈을 배웠다. 세상에서 어떤 일을 맡든지 주께 하듯 해야 한다는 것이다.

신앙이 깊다는 사람들 중에 종교적인 활동만을 주님의 일로 생각하고 열심히 하는 것을 본다. 그들은 사회에서 하는 일은 아무리 의미있는 일이라 해도 믿음과는 무관하다고 치부한다. 주님은 그렇게 생각하지 않으신다. 세상 어떤 일이라도 하나님이 이 땅을 통치하시는 데 기여하는 일이라면 주님의 일이다. 그 일을 주께 하듯 하기를 기대하신다.

공부를 주께 하듯 하면 공부가 바로 주님의 일이다. 직장 업무를 주께 하듯 하면 그 일이 바로 주님의 일이다. 가정주부가 집안일을 주께 하듯 한다면 그 일도 주님의 일이다. 그리스도인들이 믿음으로 성실하게 일하면 그곳이 거룩한 곳이다.

경쟁, 즐거운 달음박질

우리는 어릴 때부터 본의 아니게 경쟁한다. 나는 중학교, 고등학교, 대학교 입시에서 우여곡절은 겪었지만 모두 합격했다. 불합격한 학생들과의 경쟁에서 이긴 것이다. 직장에 입사하면서도 경쟁했다. 성인이 되어서도 경쟁은 있다. 조금 다른 경험이지만 돈을 많이 번 사람들과 경쟁하고 있는 것이다. 나는 돈을 많이 벌지 못하지만 열등감을 가지고 있지는 않다. 그런데 은근히 경쟁에 진 것 같은 느낌을 받는다.

요즘 아이들은 좀 더 빨리 경쟁에 뛰어든다. 부모들이 경쟁으로 내몰았다고 하는 것이 더 정확한 표현이다. 기업의 경쟁도 예전보다 더 치열하다. 심지어 교회도 경쟁에 휩쓸리고 있다. 어느 교회가 더 빨리 성장하는지, 어느 교회가 더 큰 건물을 짓는지에 관심이 쏠린다. 지하실 작은 교회에서 목회하는 사람들은 당연히 경쟁에서 졌다는 느낌을 갖는다. 경쟁은 우리 삶에서 피할 수 없는 현실이 되었다.

경쟁에 대한 생각은 제각각 다르다. 그리스도인들도 경쟁에 대해 서로 다른 생각을 갖고 있다. 경쟁을 긍정적으로 보는 사람들은 고린도전서 9장 24-25절 말씀을 인용한다. "운동장에서 달음질하는 자들이 다 달릴지라도 오직 상을 받는 사람은 한 사람인 줄을 너희가 알지 못하느냐. 너희도 상을 받도록 이와 같이 달음질하라. 이기기를 다투는 자마다 모든 일에 절제하나니 그들은 썩을 승리자의 관을 얻고자 하되 우리는 썩지 아니할 것을 얻고자 하노라." 경쟁이 있어야 자기 발전을 이룬다는 말이다. 경쟁이 없으면 게을러져서 자기 능력을 제대로 발전시키지 못한다. 이렇게 보면 경쟁은 아주 긍정적인 가치가 있다.

그러나 오늘 우리 사회의 경쟁은 지나치다. 자기 발전을 위한 경쟁이 아니라 상대방을 넘어뜨려야 하는 경쟁이 난무한다. 원수를 사랑하라고 명하신 예수님의 명령에 반하며, 다른 사람을 나보다 낮게 여기라는 사도 바울의 권면과도 맞지 않는다.

논쟁도 한창이다. 진보 혹은 보수 성향에 따라 경쟁을 보는 관점이 다르다. 그리스도인 중에도 하나님의 말씀보다 성향에 따라 자기 주장을 펴는 사람이 많다. 사람은 하나님의 형상으로 창조되었지만 각자 개성을 가지고 있다. 재능과 능력도 차이가 있다. 창조 당시에는 차이에도 불구하고 서로 사랑했지만, 타락 후에는 욕심 때문에 그들의 차이가 경쟁의 원인이 되었다. 이제 경쟁을 피할 수 없다. 경쟁을 완화시키기 위해 제도를 바꾸지만 결국에는 다른 형태의 경쟁이 생겨난다.

그렇다면 경쟁은 그리스도인의 믿음과 어떤 관계가 있을까. 경쟁을 긍정적으로 생각하는 사람들은 믿음마저 경쟁에서 이기기 위한 도구로 사용하기 쉽다. 입시를 위한 기도회가 좋은 예다. 경쟁을 반대하는 사람들은 경쟁을 없애거나 피해야 한다고 생각한다. 그러나 비현실적인 생각일 뿐이며 하나님의 뜻도 아니다.

경쟁 사회에서 우리의 믿음은 어떤 모습으로 나타나야 할까. 먼저 믿는 사람이 상대를 넘어뜨리기 위한 무한경쟁에 빠져서는 안 된다. 또한 능력이 출중해서 경쟁에 이기더라도 교만하지 말아야 하며, 때론 그것을 내려놓을 수 있어야 한다. 능력이 부족해서 경쟁에서 질 수도 있다. 믿는 사람은 지더라도 '받아들임'으로써 믿음을 표현해야 한다. 한 달란트 받은 종은 경쟁 상황에 놓인 자기의 처지를 받아들이지 못했기 때문에 실패했다.

그리스도인들은 믿음을 경쟁의 수단으로 사용하지 않도록 조심해야 한다. 반대로 믿음을 경쟁 상황을 부정하는 정당화의 도구로 사용해서도 안 된다. 경쟁의 결과에 대해 '내려놓음'과 '받아들임'을 수용하는 것은 하나님이 기뻐하실 믿음의 표현이다.

성공, 고난과 실패의 총화

돌이켜 보면 나는 그리 힘든 삶을 살지는 않았다. 부유하지는 않았지만 부모님의 사랑을 받으면서 별 어려움 없이 자랐다. 그러나 평탄하기만 했던 내 인생에도 실패와 그에 따른 고난이 있었다.

첫 번째 경험한 고난은 실연으로 인한 고난이었다. 같은 교회에 다니던 자매를 우연히 만났고, 한눈에 반해버렸다. 자주 데이트를 했지만 내가 마음 쓰는 만큼 자매는 내게 관심을 기울이지 않았다. 아니나 다를까 몇 달 후 결별 통보를 받았다. 그때 술 취한 사람들이 이해되었고, 심지어 자살하는 사람들의 심정까지 이해되었다. 그때 고난을 극복한 위로의 말씀은 "우리가 알거니와 하나님을 사랑하는 자 곧 그 뜻대로 부르심을 입은 자들에게는 모든 것이 합력하여 선을 이루느니라"(롬 8:28)였다. 나중에 그 자매와 다시 만났고, 결국 결혼해서 30년 동안 같이 살고 있다.

두 번째 고난은 학교와 관련한 실패에서 나왔다. 나는 대학에 가기까지 세 번의 시험을 무사히 합격했기 때문에 실패의 경험이 없었다. 그런데 미국에 가서 신학교를 마치고 박사 과정 공부를 위해 몇 개의 학교에 입학원서를 냈는데, 모든 학교에서 거절당했다. 한국에 있는 모교회에서는 장학금을 보내겠다는 연락이 이미 온 상태였다. 낙심도 되었지만 누가 알까봐 부끄럽기도 했다. 결국 내가 다닌 신학교 은사가 알지도 못하는 학교를 소개해 주었다. 그런데 소개받은 학교는 내가 입학원서를 낸 학교들보다 훨씬 명문학교였다. 당황했지만 다른 대안이 없어 입학원서를 냈고, 결국 합격통지서를 받았다.

세 번째 고난은 직장 실직의 고난이다. 유학을 마치고 한국에 돌아와 내가 하고 싶은 일을 마음껏 했다. 직장일은 정말 즐거웠다. 그런데 직장 내부의 갈등에 휩싸이면서 직장을 떠날 수밖에 없었다. 정확히 말하면 갑작스럽게 해고된 것이다. 그때의 고통은 내 생애에서 가장 큰 고통이었다. 처음으로 열흘 금식기도를 했다. 기도했지만 아무런 응답이 없었다. 그 후 이랜드에 입사하여 직장인들을 위한 사역을 시작하게 되었다. 관심은 있었으나 시도하지 못했던 사역인데, 직장을 그만두면서 새로운 길이 열린 것이다. 직장사역은 국제적으로 확장되고 있는 새로운 영역이었다. 나는 직장을 그만두면서 직장 사역을 발견했다. 하나님이 놀랍게도 역사하신 것이다.

네 번째 고난은 질병의 고난으로, 지금도 겪고 있다. 나이 오십이 되도록 특별한 병에 걸려본 적이 없었는데 조금씩 이상을 보이기 시작했다. 급기야 2006년 심장의 관상동맥 이식수술을 했다. 그리고 류마티스와 척추협착증으로 고통을 받고 있다. 의사의 도움을 받고 약도 먹지만 쉽게 치료되지 않는다.

네 가지는 분명히 실패의 경험이며 엄청난 고통도 느꼈다. 믿음이 실패를 면하게 해주지 않았고, 고통을 없애주지도 못했다. 믿음이 아무리 좋아도 삶에서 경험하는 실패와 고통, 고난을 면제해주지 않는다. 그러나 실패와 고난 중에도 믿음은 엄청난 힘을 발휘한다. 내게 닥친 실패와 고난을 하나님의 섭리로 받아들이게 해준다. 고난을 통해 이루실 하나님의 선을 기대하는 것이다. 모든 일을 믿음의 눈으로 보면 결국 하나님이 나를 성숙시키는 훈련 과정이었음을 깨닫는다. 욥은 이렇게 고백했다. "내가 가는 길을 그가 아시나니 그가 나를 단련하신 후에는 내가 순금같이 되어 나오리라"(욥 23:10).

앞으로 사는 동안에 어떤 실패를 하게 될지 모른다. 그것 때문에 얼마나 고난당할지도 모른다. 내 믿음이 실패나 고난으로부터 나를 지켜주기를 기대하지 않는다. 오히려 그것을 믿음의 눈으로 보면서 내 삶을 향한 하나님의 새로운 계획을 받아들일 것이다. 그것을 통해 더 성숙하게 될 것이다.

성공의 개념을 사회에서 성실하고 책임 있는 삶을 사는 것으로 정의한다면, 그리스도인들은 당연히 성공해야 한다. 하나님 나라를 이 땅에 이루어가기 위해서 꼭 필요하기 때문이다. 그러나 돈 많이 벌고 유명해지는 것으로 정의한다면, 대답은 양면성을 갖는다. 성공을 할 수는 있다. 그러나 성공을 위해 살아서는 안 된다. 하나님은 우리가 거룩하게 살기 원하신다. "내가 거룩하니 너희도 거룩할지어다"(레 11:45).

하나님은 우리가 세상에서 하나님 나라와 의를 구하며 살기 원하신다. 또한 우리의 모든 일을 통해 하나님의 영광이 드러나기 원하신다. 성경 어디에도 하나님이 우리가 세상에서 성공하기를 원하신다는 기록은 없다. 그러나 거룩하게 살려고 노력하는 사람들, 하나님 나라와 의를 구하는 사람들, 하나님의 영광을 위해 수고하는 사람들에게 성공이라는 결과가 따라올 수는 있다. 성공은 하나님의 뜻대로 살려고 노력하는 사람들에게 주시는 일종의 보너스이다.

자녀들을 좋은 학교에 보내려고 과도한 사교육을 시킨다. 자녀들이 세상에서 성공하기를 바라기 때문이다. 여기에 심각한 문제가 도사리고 있다. 첫째, 과도하게 사교육을 시킨다고 자녀들이 좋은 학교에 가고 세상에서 성공한다는 보장이 없다. 우리는 좋은 학교를 나왔으면서도 책임 있는 행동은커녕 사회적으로 물의를 일으키는 사람들을 많이 보았다. 아이들의 장래는 하나님께 맡기는 것이 현실적으로도 더 좋다. "너는 마음을 다하여 여호와를 신뢰하고 네 명철을 의지하지 말라. 너는 범사에 그를 인정하라 그리하면 네 길을 지도하시리라"(잠 3:5-6).

둘째, 세상에서 성공한다고 하나님을 기쁘시게 한다는 보장이 없다. 열심히 공부해서 좋은 학교를 나와 세상에서 성공한 사람들이 있다. 그러나 성공 자체가 하나님을 기쁘시게 하는 것은 아니다. 성공했다 해서 마음에 교만이 생긴다면 하나님의 기분도 유쾌하지만은 않으실 것이다. 예수님을 찾아왔던 부자 청년은 세상에서 성공한 사람이다. 그러나 그의 성공은 예수님을 따르는 데 방해가 될 뿐이었다.

셋째, 성공을 통해 하나님께 영광을 돌리고자 한다면 성공 자체를 목표로 살면 안 된다. 세상에서 성공하면 영향력이 커지고, 이것을 통해 하나님의 영광을 드러낼 수 있다. 요셉과 다니엘은 사회적으로 성공했고 영적인 영향력을 미칠 수 있었다. 결과적으로 하나님께 영광을 돌렸다. 그러나 그들의 삶은 세상에서 성공하기 위해 매진한 삶이 아니었다. 매 순간마다 하나님의 뜻대로 살려고 애를 쓴 것뿐이다. 신앙을 지키기 위해 모든 것을 잃어버릴 수도 있었다. 이들에게 성공은 하나님의 도구일 뿐이었다.

주부, 현숙한 여인의 지혜

가정주부들은 가정에서 열심히 일하면서도 돈을 벌지 못한다는 이유로 자부심을 느끼지 못한다. 한때 가사노동의 가치를 강조하면서 가사노동을 돈으로 환산한 적도 있다. 가사노동의 가치를 인정하고 높이 평가하려는 의도는 좋지만 가사노동을 돈으로만 환산한 것은 아쉬운 대목이다. 돈으로 평가될 수 없는 가사노동 고유의 가치를 제거해버렸기 때문이다. 가사노동을 돈 버는 일과 비교하여 가치를 부여했기 때문에 결과적으로 가사노동의 고유한 가치를 부정한 셈이다.

노동은 생활을 위해 돈을 버는 수단이기 전에 하나님이 사람들에게 주신 축복이자 특권이며 사명이다. 하나님은 사람을 창조하시고 생육하고 번성하는 것 외에 "땅을 정복하라…모든 생물을 다스리라"(창 1:28)는 일의 명령을 주셨다. 이 때문에 사람은 사람답게 살기 위해 누구나 일해야 한다. 경제적 책임이 있는 사람도 일해야 하지만 그렇지 않은 사람들도 여전히 일할 책임과 사명이 있다. 학생들은 공부해야 하며, 은퇴한 노인들도 돈은 벌지 못해도 자신이 할 수 있는 일이 있어야 한다. 가정주부는 가사노동을 한다. 모두 하나님이 이 땅을 다스리기 위해서는 필수적인 일이다. 모든 일에 사명감을 느끼는 것은 그리스도인으로서 마땅한 일이다.

그러나 우리 사회는 가사노동을 직장 일보다 낮게 본다. 돈이 만물의 척도이기 때문이다. 마치 소득 차이로 직업의 귀천을 만드는 것과 비슷하다. 그러나 세상에는 돈으로 측정할 수 없는 가치 있는 일이 얼마든지 있다. 가정주부의 일이 그것이다. 아기 출생 후 9개월 이내에 엄마가 직장에 나갔느냐에 따라 아기의 지적 능력에 큰 차이가 생긴다는 조사 결과가 있다. 미국 국립아동건강연구소가 900명의 아동들을 대상으로 색, 문자, 숫자, 형체 등을 구분하는 능력을 검사했는데, 전업주부 엄마 밑에서 자란 3세 아이들은 평균 50퍼센트의 구분 능력을 나타냈다. 그러나 일하는 엄마 밑에서 자란 아이들은 44퍼센트의 구분 능력만 보였다. 이 연구결과를 바탕으로 컬럼비아 대학교 제인 왈드포겔 교수는 아기가 한 살이 될 때까지는 엄마가 집에 있는 것이 좋다는 결론을 내렸다. 이 연구 결과에서 우리는 가정에서 엄마의 역할은 돈으로 환산할 수 없는 가치가 있음을 알 수 있다.

엄마가 직장에서 일하는 것이 무조건 잘못된 일은 아니다. 가정의 경제적인 책임 때문에 직장에 나갈 수도 있고, 특별한 재능이 있는 여성들은 사회에 적절하게 기여하는 것도 필요하다. 성경 인물 중에 드보라는 여성으로서 사사 직분을 수행했고, 루디아는 자주장사를 했다. 그들이 사회와 교회에 미친 영향은 결코 과소평가할 수 없다. 그러나 어떤 경우라도 아내와 어머니로서 역할의 중요성을 간과할 수 없다. 밖에서 이룬 성취가 가정에서의 책임을 면제할 수 없다.

잠언 31장은 현숙한 여인의 모델을 보여준다. 물론 모두 잠언에 나오는 여인처럼 살아야 하는 것은 아니다. 다만 이상형으로 묘사된 여인의 외부 활동과 비교했을 때 가정에서 여자에게 맡겨진 사명도 똑같이 중요하다는 점을 보여주는 것이다.

여성들의 사회 활동이 활발해지면서 육아나 기타 가정 일들은 다른 사람들에게 맡겨진다. 한마디로 내 가사가 다른 사람의 직업이 되는 것이다. 직업 분화를 보여주는 현대사회의 한 모습으로 피할 수 없는 현실이다. 그러나 이런 추세 때문에 가사노동을 다른 직업에 비해 열등하거나 천한 직업으로 여겨서는 안 된다. 가정에서 아이를 키우며 기저귀를 갈아주는 일은 청춘을 허송하거나 아까운 재능을 낭비하는 일이 아니다. 하나님이 여자(혹은 남자)에게 맡기신 가장 중요한 사명이다.

실업을 이기는 소망의 인내

요즘 우리 사회의 가장 큰 문제는 청년실업과 실직이다. 시간과 돈을 들여 공부하고 경제적인 책임을 질 나이가 되었는데도 일자리가 주어지지 않으면 고통스러울 수밖에 없다. 경제적으로도 문제지만 정신적으로 여간 고통스러운 일이 아니다. 일할 곳이 없는 것은 사람답게 사는 것이 허락되지 않는다는 의미에서 영적인 문제이기도 하다.

원인은 여러 가지이다. 경제적 상황이 가장 큰 요인이며, 기업을 일하기 어렵게 만드는 정치적인 상황도 요인 중 하나다. 전 세계적으로 가난한 나라는 말할 것도 없고 경제적으로 제법 산다는 나라도 실업 문제는 심각하다. 실업 문제는 사회적인 문제일 뿐 아니라 그리스도인들이 풀어야 할 영적 문제이다.

청년실업은 경제적인 측면만 부각되지만, 나는 우리나라의 교육 문제 때문에 발생한다고 생각한다. 우리나라 부모들은 어떻게든 자녀들을 대학에 보내려고 한다. 학교 교육의 목표는 대학이 되었다. 과거에는 대학만 나오면 그런대로 취직했지만 요즘은 그렇지 않다. 이런 현실을 알면서도 여전히 대부분의 학생들이 대학에 가기 위해 안간힘을 쓴다. 고생해서 졸업하지만 문 열고 기다리는 직장은 없다. 대학 진학률은 80퍼센트가 넘지만 산업구조는 그만큼의 대학 졸업생을 필요로 하지 않는다.

청년실업의 해법은 교육의 목적을 바로 세우는 데서 시작해야 한다. 대학 보낼 생각만 하지 말고 자녀들에게 맞는 교육을 시켜야 한다. 일찍부터 자신에 대해 알고 어떤 일을 할 것인지 스스로 생각하도록 돕는 것이다. 학교 성적에 지나치게 예민하게 반응할 필요도 없다. 학교생활에 성실하고 책임을 다하도록 독려하면서 결과를 있는 그대로 받아주면 된다. 이렇게 하다 보면 대학에 가야 하는지, 어떤 대학에 가야 하는지 스스로 결정할 수 있다. 공부에 대한 동기도 생길 것이며, 결과도 책임지게 된다. 굳이 대학에 갈 필요가 없다고 판단되면 대학 대신 꼭 필요한 다른 공부나 교육을 받도록 도와야 한다. 지금 같은 상황에서 쉽게 받아들여지지 않을 이야기지만, 이것이 성경적인 교육관이며 직업관이다.

그렇다고 직업만을 목표로 삼아서도 안 된다. 직업과 가치관을 조화시켜야 하는데, 결국은 한 사람의 인생관과 연결되기 때문이다. 특히 그리스도인들은 어떤 학교에 들어가느냐, 어떤 직업을 가지느냐보다 어떤 비전을 가지고 인생을 사느냐가 훨씬 중요하다. 비전이 없는 직업은 돈벌이일 뿐이다.

교회는 청소년들에게 하나님이 주신 비전을 가지고 살도록 가르쳐야 한다. 하나님이 주신 은사를 발견하고 어떤 직업을 가질 것인지 준비하도록 도와야 한다. 이런 생각이 명확히 서면 대학입시가 지금처럼 우상화되지는 않을 것이다. 청년실업 문제도 지금처럼 심각하지는 않을 것이다. 그러나 경제나 교육제도만 탓하고 있을 수는 없다. 개인이 합리적으로 생각하지 못해 발생한 문제이기 때문이다. 그리스도인이 먼저 시작해야 문제의 실마리를 풀 수 있다.

청년실업을 해결하는 실마리는 의외로 간단하다. 주어지는 일이 기대에 못 미치더라도 일단 시도해 보는 거다. 그 일을 통해 훈련받으면 새로운 일을 시작하기 위한 좋은 준비를 할 수 있다. 모든 청년에게 다섯 달란트에 해당하는 직업을 제공하면 좋겠지만, 현실은 그렇지 못하다. 누군가는 한 달란트 받은 종의 처지가 될 수밖에 없다. 해결책은 한 달란트를 가지고 열심히 일해 한 달란트를 남기는 것이다. 한 달란트만 남겨도 우리 주님은 "착하고 충성된 종"이라고 칭찬하실 것이다. 생각해 보면 청년실업 문제는 세상과 다른 가치관을 가진 기독청년들에게 새로운 사명을 실천할 수 있는 기회이다.

나도 미국에서 공부하는 동안 오랫동안 실직자로 지냈다. 장학금이나 보조금으로 겨우 연명했고 아내와 함께 막노동을 했다. 힘든 것은 경제적인 어려움만이 아니다. 내가 처한 상황에 대한 자괴감이 커서 견디기 어려웠다. 그러나 미국 유학 중에 했던 막노동이 내게 노동의 귀중함을 일깨워 주었고, 그렇게 번 돈의 귀중함을 절실하게 깨닫게 해주었다. 그때의 아픈 경험이 영적으로 유익했으며 지금 사역의 동기가 되었다.

물론 현재 우리 사회의 실직은 내가 경험한 어려움과 많이 다르다. 그러나 실직으로 인해 받는 충격 자체는 크게 다르지 않다. 내가 주고 싶은 조언은 "최악의 상태라고 느껴지더라도 일단 받아들이고 최대한 빨리 적응하라"는 것이다. 사도 바울이 "내게 능력 주시는 자 안에서 내가 모든 것을 할 수 있느니라"(빌 4:13)는 엄청난 선언을 할 수 있었던 것은 그가

"어떠한 형편에든지 (나는) 자족"(빌 4:11)하는 비결을 배웠기 때문이다.

나중에는 깨닫겠지만 당장은 그렇게 생각하기 어렵다. 그러나 10년 전 IMF 사태 때 하나님이 중요한 메시지를 주셨다. "여호와의 말씀이니라. 너희를 향한 나의 생각을 내가 아나니 평안이요 재앙이 아니니라. 너희에게 미래와 희망을 주는 것이니라"(렘 29:11). 이 말씀을 굳건히 믿는 자들에게 실직은 소망의 기회가 될 수 있다.

사도 바울은 데살로니가 교회에 편지하면서 당시 교회의 가장 심각한 문제인 일하지 않는 사람들에게 이렇게 권면했다. "또 너희에게 명한 것 같이 조용히 자기 일을 하고 너희 손으로 일하기를 힘쓰라. 이는 외인에 대하여 단정히 행하고 또한 아무 궁핍함이 없게 하려 함이라"(살전 4:11-12). 특별히 하는 일이 없이 교회에서 시간을 보내며 헌신 운운하는 젊은 이들이 사도 바울의 책망을 들어야 한다.

하나님은 일꾼을 부르신다. 그러나 마땅히 할 일을 찾지 못해 교회나 선교단체 주변을 맴도는 사람은 사절이다. 더구나 적절한 일을 찾지 못하는 것을 '하나님이 전임사역으로 부르시는 것이 아닌가' 착각해서는 안 된다. 예수님이 제자들을 부르실 때 그들은 어부나 세리로서 열심히 일하고 있었다. 남들이 보기에 자존심이 상하는 일일 수도 있다. 가진 재능과 능력에 비해 수준이 낮은 일도 있을 수 있다. 경제적 보상이 충분하지 않을 수도 있다. 그러나 아무 일도 하지 않는 것보다 작은 일이라도 시작하는 하는 것이 성경적으로 옳은 결정이다.

7 — 직장과 신앙

성경에 나오는 위대한 선배들은
자신의 직업을 하나님이 맡겨주신 일로 받았고,
그 일로 사람들에게 인정받았다. 아브라함, 요셉, 다니엘,
오바댜가 그랬고, 누구보다도 목수로 일하신 예수님이 그랬다.

전문인 선교의 아버지라고 할 수 있는 사도 바울은 직업과 선교를

자기에게 맡겨진 사역으로 이해했다. 그들에게 직업은

복음사역과 대조되는 세상 일이 아니었다. 세상에서

성도들이 감당해야 할 하나님의 일이었다.

직장 윤리,
각오가 필요한 결단

기독교 윤리를 간단하게 정의하면 "남들이 다 할지라도 나는…"이라는 말로 요약할 수 있다. 우리 사회에서 일어나는 부정과 비리는 대부분 직장생활에서 일어난다. 경제적인 이익을 얻기 위해 범죄하는 것이다. 그러나 정도의 차이만 있을 뿐 많은 사람들이 작은 이익 때문에 실수를 범한다. 대부분 사람들이 잘못된 일인 줄 알면서 부담 없이(?) 행하는 이유는 다른 사람들도 다 한다고 생각하기 때문이다. 법에 걸리면 잘못을 인정하기보다 재수가 없어서 걸렸다고 생각한다. 혹은 자기 잘못은 몸통이 아니라 깃털에 불과하다고 변명한다.

이런 분위기 속에서 그리스도인이 바르게 살기 위해 거창한 목표를 가져도 좋지만 그저 "남들이 다 할지라도 나는…"이라는 자세만 가져도 충분하다. 이것이 예수님이 말씀한 "소금과 빛"의 자세이기도 하다. 예수님처럼 밝은 빛은 아니어도 적어도 어둠과 구별되는 것에서 시작해야 한다. 세상과 조금 다르게 살려는 마음이 그리스도인의 윤리적인 삶의 시작이다.

그리스도인들이 윤리적인 삶을 살기 위해서는 경제적인 손해도 감수해야 한다. 이랜드를 퇴사하고 사업을 하다가 다시 입사한 형제가 이런 고백을 했다. "목사님, 이 사회에서 정직하게 사업을 하려면 돈이 많이 들어요." 그는 이랜드에서 근무할 때 정직하게 일했다. 회사에서는 정직하게 일해도 당장 자신에게 손해가 나지 않는다. 그러나 사업을 정직하게 하려면 반드시 돈이 더 들게 마련이고, 그것이 막대한 손실로 나타난다. 여기서 그리스도인 직장인의 윤리적 기준을 발견한다. 그저 손해 볼 각오만 하면 된다는 것이다.

매사에 정직하게 행하는 일은 쉽지 않다. 주님이 우리에게 기대하시는 거룩함이란 주일마다 교회에 와서 예배드리는 것이 아니다. 교회에서 봉사하고 헌금을 꼬박꼬박 내는 것이 전부는 아니다. 세상에서 남들과 다르게, 손해 볼 각오하고 정직하게 사는 것이 주님의 바람이다.

그렇다고 무작정 정직하고 순수하다고 되는 것은 아니다. 자칫 잘못하면 세상에 적응하지 못하고 세상을 등지게 된다. 종종 일터에서의 갈등을 버거워하는 사람들이 신학교나 선교지로 갈 생각을 한다. 그러나 현실의 갈등을 영적인 눈으로 보지 못하는 사람들은 종교적인 도피를 한다고 해도 똑같은 갈등을 경험하게 된다. 때로 교회의 세속화를 불러일으키기도 한다. 예수님은 세상에서 거룩하게 살려고 애쓰는 성도들에게 이렇게 말씀하신다. "그러므로 너희는 뱀 같이 지혜롭고 비둘기 같이 순결하라"(마 10:16).

"뱀 같이 지혜롭고"라는 말씀은 매력적으로 들리지만 이해하기 쉽지 않고 실천하기는 더더욱 어렵다. 현실과 타협하는 것으로 보일 수도 있다. 그러나 뱀 같은 지혜 없이 이 땅에서 거룩하게 살려고 하다가는 자칫 세상에서 낙오하기 쉽다. 이에 대해 전도서 기자가 아주 중요한 원리를 제공한다. "지나치게 의인이 되지도 말며 지나치게 지혜자도 되지 말라. 어찌하여 스스로 패망하게 하겠느냐. 지나치게 악인이 되지도 말며 지나치게 우매한 자도 되지 말라. 어찌하여 기한 전에 죽으려고 하느냐. 너는 이것도 잡으며 저것에서도 네 손을 놓지 아니하는 것이 좋으니 하나님을 경외하는 자는 이 모든 일에서 벗어날 것임이니라"(전 7:16-18).

이 땅에서 거룩하게 살기 위해서는 원칙 없이 살아서는 안 된다. 그렇다고 완벽하게 살 수 있는 것은 아니다. 그래서 하나님의 뜻을 실천하기 위한 원칙과 기준이 필요하다. 구체적으로 말하면 넘어서는 안 되는 울타리를 만들어 그것을 지키도록 노력하는 것이다. 그리스도인들이 이 원리를 지키기 위해서는 결국 자신의 믿음의 분량대로 지혜롭게 생각해야 한다(롬 12:3). 그리스도인들이 지켜야 할 원리는 공통적이다. 그러나 구체적인 상황에서 윤리적인 결단은 결국 믿음의 분량대로 할 수밖에 없다. 성화는 믿음의 분량이 자라나서 점점 더 높은 기준을 따라 살면서 이루는 것이다.

촌지,
문화가 된 뇌물

언젠가 성도 한 분이 교역자들에게 드리는 선물이라며 봉투를 주어서 받은 적이 있다. 당황스러워하는 내게 봉투를 건넨 교역자는 그분의 이름을 알려주면서 기도해 드리라고 했다. 그 말에 나는 마음이 복잡해졌다. 목사가 성도를 위해 기도하는 것은 당연한 일인데(물론 그것을 제대로 하고 있지는 못하지만) 봉투를 준 사람을 위해 특별히 기도한다면 그것은 우리 사회에서 통용되는 촌지와 다를 바 없다는 생각이 들었다. 만일 그 돈 때문에 그분을 특별하게 선별해 기도했다면 하나님이 별로 기뻐하지 않으실 것이다. 하나님은 사람을 외모로 보지 아니하시며 뇌물을 받지 아니하시는 분이기 때문이다(신 10:17). 그분은 교역자를 섬기는 마음으로 봉투를 돌렸는지 모르지만 우리 사회에 깊숙이 스며든 촌지문화를 자연스럽게 따른 것이다. 그렇게 생각하니까 갑자기 그 봉투가 두렵고 부담스럽게 느껴졌다.

우리 사회에서 일어나는 모든 문제는 이런 문화와 무관하지 않다. 무슨 일을 이루기 위해서는 어떤 사람과의 특별한 관계가 필요하며 그런 관계를 위해서 다양한 이름의 뇌물을 사용한다. 정치인들에게는 로비자금이나 정치헌금이 필요하며, 이를 위해 기업인들은 비자금을 준비한다. 행사 하나 치루려면 떡값이라는 것이 있고, 서류 하나를 빨리 떼려고 해도 급행료가 필요하다. 자식들 제대로 대접받도록 하려면 선생님에게 촌지를 보내야 한다. 급기야 교회까지 들어오고야 말았다. 성경은 이에 대해서 아주 분명하게 말한다. "너는 뇌물을 받지 말라. 뇌물은 밝은 자의 눈을 어둡게 하고 의로운 자의 말을 굽게 하느니라"(출 23:8). "왕은 정의로 나라를 견고하게 하나 뇌물을 억지로 내게 하는 자는 나라를 멸망시키느니라"(잠 29:4).

선의로 주고받는 선물이나 경건한 마음으로 드리는 헌금을 부정하는 것은 아니다. 다만 선물로 시작된 것이 자칫 잘못하면 뇌물로 변질이 되고, 헌금이라고 말하지만 뇌물로 바뀔 수 있음을 인식해야 한다는 말이다. 돈이라는 것은 한 번 주고받아서 익숙해지면 아주 자연스럽게 관행으로 변하게 마련이다.

뇌물은 우리 사회가 가지고 있는 사회악의 근원이며 통로일 정도로 심각한 문제이다. 그렇다고 당장 우리 사회에서 뿌리 뽑는다는 것도 결코 쉬운 일은 아니다. 국가는 뇌물과 관련한 법을 구체적으로 만들고 공정하게 시행해야 한다. 그러나 법과 규제만으로 되는 일이 아니다. 문화적인 요인이 크게 작용하기 때문에 문화를 바꾸어 나가야 한다. 그러기 위해서는 교회부터 뇌물성 돈이 오고가지 않도록 가르치고 지도자들부터 조심스럽게 행동해야 한다. 교회가 세상의 소금과 빛이 되어야 한다. 다른 사람이 주고받으면 뇌물이고, 내가 주고받으면 선물이나 헌금이라고 우긴다면 뇌물로 인한 병리현상은 변하지 않는다.

선물은 얼마든지 할 수 있고 또 해야 한다. 그러나 뇌물은 어떤 형태의 것이든 해서는 안 된다. 뇌물과 선물을 구별하는 데 경건한 지혜가 필요하다. 보통은 액수로 구별하는 것이 가장 실제적이다. 주고받는 데 부담이 되는 액수라면 뇌물일 가능성이 크다. 아주 구체적으로 구별하기 위해서는 두 가지 시험을 해보면 좋다. 첫째로 그 일 이후 잠자리에서 자꾸 생각이 난다면 그것은 뇌물일 가능성이 높다. 둘째로 그 일이 신문에 발표되었을 때 양심에 거리낌이 없다면 선물이고 그렇지 않다면 뇌물이다.

회식, 음주와의 상관성

대학교 신입생 환영회 때면 해마다 한두 명의 학생이 술을 못이겨 죽는 일이 발생한다. 언젠가 검찰 고위간부가 대낮에 폭탄주를 마시며 실언한 것 때문에 정국이 혼란스러웠다. 두 경우는 엄연히 다른 사건이지만 공통점이 있다. 바로 잘못된 음주문화이다. 대학생 정도면 지성인이라 불러도 손색이 없다. 검찰 고위간부는 우리나라에서 손에 꼽히는 엘리트에 속하는 사람이다. 그러나 그들의 음주행태는 우리 사회 음주문화의 현주소를 고스란히 보여준다.

선교 초기 한국 교회가 술을 금한 것은 이같은 음주문화 때문이다. 술 마시는 게 무슨 큰 죄냐, 술을 금기시하는 것은 보수신앙의 편협성 때문 아니냐고 말할 수도 있다. 그러나 그것은 문제의 핵심을 모르는 소리다.

한국 교회가 전통적으로 술을 금한 것은 술 자체의 죄악성 때문이라기보다 오랜 전통을 지닌 우리나라의 음주문화 때문이다. 한국에서 생활하는 외국인들은 신앙인이 아니더라도 우리나라의 음주문화를 도무지 이해하지 못한다.

우리의 음주문화는 단순히 술 마시며 교제하는 차원을 넘어 술을 통해 유대관계를 형성하는 것이 목적이다. 때문에 술을 거부하는 것을 기호나 취향으로 여기지 않고 공동체에 대한 거부로 받아들인다. 이런 점에서 그리스도인들이 술을 거절하는 것은 세상 속에서 자신의 정체성을 드러내는 좋은 기회이다. 물론 함께 어울리지 못하는 것에 대해서는 미안한 마음을 가져야 한다. 한편 술 자체에 대해서는 정죄하지 않도록 조심해야 한다.

우리나라의 술문화가 조금씩 나아져서 술잔을 놓고 대화하며 복음을 전하는 때가 왔으면 좋겠다. 그런 시절이 올 때까지는 힘들더라도 술의 유혹과 압력에서 승리해야 한다. 포도주를 만들고 제자들에게 권했던 예수님도 한국의 성도들이 술을 금하는 모습을 보고 기뻐하실 것이다.

직장 전도, 구호를 넘어선 실천

어려서부터 교회생활을 했지만 내가 본격적으로 전도에 대해 배우고 훈련받은 것은 대학 시절 선교단체를 통해서였다. 당시 주로 했던 전도는 길거리에서 만난 사람들이나 캠퍼스에서 만나는 학생들에게 훈련을 받은 대로 복음을 전하는 것이었다. 전도에 대한 의무감으로 여러 사람에게 복음을 전했지만, 사실 같은 과 친구들에게는 복음을 전하지 못했다. 지금 돌아보니 내가 주변인으로 머물러 있었기 때문이다. 친구들과 잘 어울리지 않았고, 학교 공부에 재미를 느끼지 못해 교회나 선교단체 활동에만 열심이었다. 그러다 보니 자연 친구들과의 만남이 뜸해졌고, 결국 제대로 전도하지 못했던 것이다.

졸업하고 직장에 들어가면서 양상이 달라졌다. 직장에서는 중심에서 움직였다. 맡은 일을 열심히 처리해 어느 정도 인정도 받았다. 직장에서 오랜 시간 함께 일하다 보니 개인적인 대화를 나눌 기회도 많았다. 자연스럽게 전도하게 되었고, 나중에는 전도가 생활습관처럼 되었다. 이때는 대학시절 전도와 많이 달랐다. 모르는 사람들에게 전하는 것이 아니라 자주 접촉하는 사람들에게 전했다. 물론 대학시절 받은 전도훈련이 큰 도움이 되었다.

직장 전도는 불특정 다수에게 하는 전도와 달라야 한다. 직장 전도는 삶의 현장에서 자주 접하는 사람들에게 전하는 것이기에 우선 일과 삶에서 모범이 되어야 한다. 완벽하지 않아도 사람들에게 책잡히거나 무시당하지 않을 정도의 삶은 살아야 전도할 기회가 생긴다. 동시에 어느 정도 구별된 삶을 살아야 한다. 타락한 문화, 부패한 직장윤리 속에서 아무런 구별이 되지 않는다면 전도할 열정도 생기지 않고, 혹 전도하더라도 사람들에게 긍정적인 영향을 줄 수 없다.

그러나 오늘 교회의 현실을 보면 직장에서 구체적으로 전도하는 그리스도인들이 그리 많지 않다. 전도는커녕 그리스도인이라는 사실을 드러내지 못하는 사람도 아직 많다. 교회에서는 헌신적으로 활동하는 그리스도인들도 직장에서는 전도하는 일에 소극적이다. 대부분의 그리스도인 직장인들에게 직장 전도는 사명이면서도 듣기 좋은 거룩한 구호에 그치고 만다. 직장 전도가 활성화되기 위해서는 직장인들이 전도의 사명감을 갖고 이에 필요한 훈련을 받아야 한다.

일정 규모의 직장에는 대부분 신우회가 있다. 공통점을 가진 사람들이 모이기를 좋아하는 한국인들의 독특한 문화를 반영하는 것이다. 신우회가 직장 전도의 비전을 가지고 있으며, 어느 정도 직장 전도가 이루어진 것도 부인할 수 없다. 그러나 요즘 신우회는 그리스도인을 위한 또 다른 모임에 지나지 않는다. 직장 전도가 활성화되려면 신우회가 원래의 비전을 회복해야 한다. 직장인들을 위한 전도에 신우회의 방향을 맞추어야 한다는 것이다.

신우회 활성화보다 직장을 위해 존재하는 한 알의 밀알이 되어야 한다. 이를 위해서는 먼저 직장을 위해, 직장 임직원을 위해, 그리고 불신자들을 위해 중보기도해야 한다. 그리고 그리스도인 공동체로 직장에 일정 부분 기여해야 한다. 또한 모든 관심과 에너지를 직장 동료들을 주님 앞으로 인도하는 데 쏟아야 한다. 일 년에 한 차례 정도는 직장 전체를 대상으로 전도집회를 시도하는 것도 좋다. 불신자들이 관심을 가질 만한 주제를 다루거나 강사를 초청해도 좋다. 이를 위해 신우회가 재정과 시간을 헌신할 필요도 있다.

직장 신우회와 비슷한 모임으로 동종 직업인들을 위한 그리스도인 모임들이 있다. 직업이 비슷한 사람들의 모임은 결집력이 있어서 직업을 통한 전도의 좋은 통로가 되고 있다. 기독실업인회(CBMC)가 대표적인 모임이다. 이 모임은 그리스도인 기업가나 전문인들이 함께 성경공부하고 기도하면서 영적인 교제를 나눈다. 창설 목표는 기업 현장에서 만나는 기업인이나 전문인들을 전도하는 것이다.

수많은 모임이 있지만 전도의 비전을 계속 유지하지 않으면 자칫 그리스도인들끼리 모이는 또 하나의 기독교 조직이 될 수 있다. 때문에 사역 방향이 전도와 선교에서 벗어나지 않도록 지속적으로 노력해야 한다. 처음에는 기업인 모임으로 생각하고 나오다가 복음을 받아들일 수 있다. 그러면 자연스럽게 교회 출석으로 이어진다. 이런 열매는 지속적으로 전도에 관심을 기울일 때만 가능하다.

기독실업인회 회원들 가운데 회사 직원들에게 복음을 전하는 일에 관심을 기울이는 사람들이 생기고 있다. 많은 그리스도인 기업가들이 정기적인 예배만으로도 충분하다고 생각하지만 예배 한 번으로 사람들을 전도하기란 결코 쉽지 않다. 이랜드는 정기적인 예배와 성경공부 외에도 매일 아침 큐티를 한다. 일 년에 한 번 수련회를 통해 많은 직원들이 복음을 듣고 주님을 영접하기도 한다. 직장동료들이나 사목들을 통해 복음을 듣기도 한다.

물론 기업주가 직원들에게 종교를 강요하는 형태가 되어서는 안 된다. 자칫 형식적인 그리스도인을 만들 우려가 있고 심한 경우 기독교에 반감을 갖게 될 수 있다. 기업주가 그리스도인으로서 정체성을 분명히 했다면 기업가 혹은 고용주로서 책잡히지 않도록 조심해야 한다. 기업인으로 인정받지 못하거나 고용주로서 본이 되지 못하면서 자신의 종교를 강요하는 것은 부정적인 결과만 초래할 뿐이다.

직장 전도는 결국 직업을 통한 선교로 발전한다. 전통적인 선교는 목회자들을 통한 교회 개척 사역이었지만 최근에는 직업을 통한 선교의 필요성이 커지고 있다. '자비량 선교' 혹은 '전문인 선교'라고 하는데 아직은 진정한 의미의 직업을 통한 선교는 많지 않다. 직장에서 복음의 열정을 가지고 열매 맺어 본 사람들이 선교지로 나갈 때 진정한 의미의 직업 선교를 기대할 수 있다. 직장 전도는 직업을 통한 선교사역의 준비로도 중요한 의미가 있다.

직장 전도나 직업을 통한 선교는 진정한 의미의 평신도 사역이다. 그런데 이 사역이 자리 잡기 위해서는 목회자들의 헌신이 필요하다. 지도자들의 의식의 변화가 없으면 평신도 직장인들이 직장 전도를 할 수 없고, 혹 한다고 해도 자칫 목회자들과 미묘한 갈등을 경험하게 된다. 그러므로 직장 전도의 장래는 목회자의 변화에 달려있다고 해도 과언이 아니다.

목회자들은 먼저 흩어진 교회로서의 사명을 강조해야 한다. 지금까지 교회사역은 예배당 중심이었다. 믿지 않는 사람들과 접촉하는 시간이 적고 그들을 향한 사역이 소극적일 수밖에 없다. 그 결과 전도 기회도 적고 전도 열매도 부족했다. 이제는 교회 지도자들이 성도들에게 흩어진 교회로서 세상에서 인정받고 구별된 생활을 하도록, 또 복음을 전하도록 이끌어야 한다. 모이는 교회뿐 아니라 흩어진 교회로서의 사역도 주님의 일이다.

둘째로 직장 사역을 교회의 특화된 사역으로 인정해야 한다. 교회 봉사는 사역으로 인정하면서 직장 사역은 인정하지 않는다면 직장 전도는 이루어지기 어렵다. 일차적으로 직장 사역에 헌신하도록 용기를 북돋아 주어야 한다. 직장 전도에 헌신하는 직장인들이 지역 교회에서 인정받지 못해서 힘들어 하는 경우를 종종 본다. 교회가 직장 사역을 포용한다면 직장 전도는 금세 활기를 띨 것이다. 교회에 직장 선교를 담당하는 부서를 두는 것도 하나의 방법이다.

셋째로 지역 교회가 이들을 위한 훈련장이 되어야 한다. 직장 전도가 일어나기 위해서는 전도훈련이 필수적이다. 직장 전도의 비전을 분명히 가지고 있다면 전도훈련에 헌신해야 한다. 전도훈련을 마친 사람들은 직장 선교사로 파송한다는 마음을 가져야 한다. 지역 교회에서 훈련받고 파송 받은 직장인들이 늘어난다면 직장 전도의 미래는 밝다.

지금까지는 직장 전도가 교회의 전도 영역 중 하나로 생각해왔지만 앞으로는 직장 전도가 교회 전도의 견인차가 될 것이다. 이제 지역 교회들이 직장을 품어야 한다.

삶의 터전을 복음화하는 선교

전통적으로 직업을 선교와 무관한 일로 생각한다. 이원론적인 사고방식에서 나온 생각이다. 선교는 하나님의 일이고 직업은 먹고 살기 위한 세상 일이기 때문에 직업과 선교는 아무런 관계가 없다는 것이다. 그러나 조금씩 직업과 선교의 관련성을 인식하는 사람들이 많아지고 있다. 직업을 통해 번 돈으로 선교에 후원하는 사람들에게 직업은 분명 영적인 가치가 있다. 그리고 선교하기 힘든 지역에서는 직업이 선교의 좋은 통로가 되기도 한다. 전문인 선교가 등장한 이유도 바로 이 때문이다. 그러나 아직도 선교지는 물론 현재 일터에서 직업 자체를 선교적인 사명을 가지고 임해야 한다는 사실을 인지하지 못하는 사람들이 많다.

성경은 직업을 하나님이 맡기신 일이라고 가르친다. 성경에 나오는 위대한 선배들은 자신의 직업을 하나님이 맡겨주신 일로 받았고, 그 일로 사람들에게 인정받았다. 아브라함·요셉·다니엘·오바댜가 그랬고, 누구보다도 목수로 일하신 예수님이 그랬다. 이방인에게 복음을 전했던 사도 바울은 장막을 만드는 일을 했다. 전문인 선교의 아버지라고 할 수 있는 사도 바울은 직업과 선교를 자기에게 맡겨진 사역으로 이해했다.

"형제들아 우리의 수고와 애쓴 것을 너희가 기억하리니 너희 아무에게도 폐를 끼치지 아니하려고 밤낮으로 일하면서 너희에게 하나님의 복음을 전하였노라"(살전 2:9).

그들에게 직업은 복음사역과 대조되는 세상 일이 아니다. 세상에서 성도들이 감당해야 할 하나님의 일이었다. 그러나 요즘 자비량 선교사들은 선교지에서 신분 보장을 위해 명목상의 직업을 내세울 뿐 실질적인 자비량 선교는 이루어지지 않고 있다. 진정한 전문인 선교에 비전을 가지고 있는 사람이라면 선교 준비만큼이나 직업인으로서 준비해야 한다.

직업을 통한 선교는 직업 자체가 선교적인 의미를 가지고 있고, 일하는 곳이 선교 지역 사람들과 접촉할 수 있는 중요한 현장이라는 점에서 가치가 있다. 모슬렘 지역의 한 대학에서 한국어를 가르치며 복음을 전하는 분이 있었다. 그분은 목사 신분이 아니라는 이유로 선교사로 인정받지 못했다.

선교지역 사람들과 일상생활을 함께 하며 복음을 전하는 사람이 선교사가 아니라면 어떤 사람을 선교사라고 말할 수 있을까. 선교지역에 교회를 세웠지만 정작 선교지 사람들과 도무지 접촉하지 않는 사람을 과연 선교사라고 할 수 있을지 모르겠다.

선교지에서의 문제는 우리나라에서부터 시작된다. 교회가 세상 속에 있는 비신자들과 접촉점을 찾지 못하면 교회의 선교 사명을 제대로 이룰 수 없다. 그렇기 때문에 세상 속에 흩어져 있는 성도들이 세상 사람과 접촉점을 가지면서 선교 사명을 감당해야 한다. 그들이 흩어진 교회로서 선교 사명을 다할 때 교회가 선교 사명을 이룰 수 있다.

이를 위해서는 성도들이 지금 일하고 있는 곳에서 맡겨진 일에 최선을 다해야 한다. 내게 맡겨진 일이 하나님의 일이라는 생각과 자세를 가지고 일해야 한다는 뜻이다. 동시에 직장 일과 관련해서 만나는 사람들과 좋은 유대관계를 유지해야 한다. 사람들에게 인간적으로 인정을 받는 것도 중요하다는 말이다. 믿는 사람으로서 세상과 구별된 삶을 살 뿐 아니라 주변 사람들과 평화를 이루도록 노력해야 한다. 그렇게 좋은 유대관계를 맺은 사람들에게 구령의 열정을 가지고 복음을 전할 때, 지금 일하는 곳에서 직장사역자가 되는 것이다.

선교의 비전을 품고 특정한 나라를 염두에 두고 기도하면서, 정작 현재 일하는 곳에서 복음을 전하기는커녕 인정조차 제대로 받지 못하는 사람들이 있다. 지금 있는 곳에서 하지 못하는 전도와 선교를 먼 타국 선교지에서 잘할 수 있다고 기대할 수 있을까. 혹시라도 국내에서 하는 일이 잘 풀리고 않는다고, 혹은 현재 사역지에서 사역을 제대로 할 수 없어서 선교사로 나갈 것을 생각하는 사람이 있다면, 그것은 하나님의 뜻을 철저히 오해한 잘못된 생각일 뿐이다.

국제전문인선교사협의회(Tentmaker International Exchange) 회장이며 뉴질랜드 케리 신학교 교수인 데렉 크리스텐슨은 "직장사역(Marketplace Ministry)과 전문인 선교(Tentmaking Mission)는 이란성 쌍생아"라고 말한다. 신학적으로 뿌리가 같다는 말이다. 또한 그는 "전문인 선교사는 비자와 비행기표를 가진 직장사역자이다"라고 말했다.

선교의 비전을 가진 사람들, 특히 전문인 선교의 비전을 가진 사람들은 지금 있는 곳이 일차적인 선교지가 되어야 한다. 하나님은 지금 일하는 곳에서 직장사역자로 열매 맺는 삶을 사는 사람들을 선교사로 부르신다.

그리스도인라면 누구나 땅끝까지 이르러 증인이 되겠다는 선교사의 사명을 가지고 주님이 부르는 곳으로 갈 각오가 되어 있어야 한다. 이런 각오가 지금 일하는 일터에서 증명된 사람을 하나님은 사용하신다. 직장 사역과 전문인 선교는 사역의 장소가 다를 뿐 사역의 본질은 같다.

8

재정과 신앙

christian

돈은 삶의 도구이다. 그것으로 가족이
원만하게 살며 주변 어려운 사람들에게 나누어
줄 수 있어야 한다. 적어도 '내가 번 돈 내 마음대로
쓰는데 무슨 참견이냐'는 생각만큼은 믿는 사람들에게
어울리지 않는다. 이 땅에서 살면서 가난한 사람들이
있다는 것을 끊임없이 의식해야 한다. 검소한 생활은
그리스도인들이 본을 보여야 할 영역이다.

재테크, 돈이라는 가치관

현대인의 가장 큰 관심사는 재테크이다. 안타깝게도 세상의 재테크 방법은 노동하지 않고 돈 버는 법에 치중하고 있다. 진정한 의미의 재테크는 돈이 우리에게 어떤 의미가 있는지를 먼저 아는 것이다. 또한 돈 버는 법 못지않게 관리하는 법도 알아야 한다. 성경은 직접적인 도움은 아니지만 재테크를 제대로 하기 위해 필요한 자세에 대해 많은 가르침을 준다.

기본적으로 잠언은 돈과 부의 가치를 제한적으로 인정한다. 예나 지금이나 돈은 생활에서 영향력이 있다. 재물로 자기의 생명을 속할 수 있다(13:8). 돈이 많이 있으면 친구들이 많이 따른다(14:20; 19:4). 부자의 재물은 견고한 성 같아서 성벽같이 된다(18:11). 때문에 자칫 재물을 의지하게 되기 쉽다. 그러나 재물을 의지하는 자는 결국 패망할 수밖에 없다(11:28).

재물이 귀하지만 그 가치는 제한적이다. 우리의 삶에는 돈보다 귀한 것들이 있다. 여호와를 경외하는 것이 부하고 번뇌하는 것보다 나으며(15:16), 가난하지만 서로 사랑하고 화목한 것이 돈을 많이 가지고 싸우는 것보다 더 낫다(15:17; 17:1). 또한 명예와 존경을 얻는 것이 돈보다 더 낫다(22:1). 돈은 분명히 필요하고 가치가 있지만 그것의 가치를 능가하는 덕목도 분명 있다. 돈 때문에 그 덕목을 잃어버리는 우를 범하지 말아야 한다.

잠언은 돈을 버는 기본적인 방법으로 부지런히 일할 것을 권한다. 근면한 사람은 재물을 얻으며(11:16), 사람의 부귀는 부지런한 것이며(12:27), 부지런한 자의 마음은 풍족함을 얻는다(13:4). 망령되이 얻은 재물은 줄어가지만 손으로 일해서 조금씩 모은 것은 점점 늘어난다

(13:11). 부지런한 자의 경영은 풍부함에 이르게 된다(21:5). 그러나 사람들은 정도가 아닌 방법으로 돈을 벌려고 한다.

다시 잠언의 경고를 살펴보자. 우선 허황된 것을 따르지 말아야 하며(12:11), 불의한 이를 탐해서는 안 되며(12:12), 부정하게 얻은 재물은 줄어든다고 했다(13:11). 악인의 소득은 결국 고통이 된다고 했으며(15:6), 거짓말을 하느니 가난한 것이 낫다고 했다(19:22). 속이는 말로 재물을 구하는 것은 죽음을 구하는 것이며(21:6), 가난한 자를 학대하면서 돈을 벌지 말라고 했다(22:16). 허황된 것을 좇으면 궁핍하게 되고 속히 부하려다 형벌을 받게 된다고 했다(28:19-20).

돈을 사용하는 문제에 있어서 구체적인 교훈은 없다. 다만 잠언이 강조하는 것은 이웃에게 구제하는 것과 빚보증을 서지 말라는 교훈이다. 흩어 구제해도 부해질 수 있으며 남을 윤택하게 할 때 윤택해진다(11:24-25). 빈곤한 자를 불쌍히 여기는 자가 복을 얻으며(14:21), 그런 사람이 주님을 존경하는 자이다(14:31). 의인은 아끼지 않고 다른 사람에게 나누어 준다(21:26). 양식을 가난한 자에게 주는 선한 자는 복을 받는다(22:9). 가난한 자를 구제하는 자는 궁핍하지 않다(28:17). 다른 사람에게 나누어주는 것이 돈을 버는 목적 가운데 큰 몫을 담당하고 있다. 돈을 벌면서도 남을 도울 생각을 하지 않는 사람이라면 돈 벌 가치가 없는 사람이다.

잠언은 빚보증 문제에 대해서도 분명한 가르침을 준다. 보증이 되는 자는 손해를 당하지만 보증 서지 않는 자가 평안하다(11:15). 지혜 없는 자가 남의 보증을 선다(17:18). 남의 빚에 보증을 서지 말라(22:26). 이것은 상대를 사랑하기 때문에 손해를 감수하면서 보증 서는 것을 말하는 것이 아니다. 생각 없이 보증을 서는 바람에 경제적으로 무책임하게 되는 것을 막으려는 것이다. 연락을 즐기고 술과 기름을 좋아하면 가난하게 된다(21:27)는 경고와 지혜로운 자는 귀한 보배와 기름을 저축해서 보관한다(21:20)는 권면은 진정한 의미의 재테크를 이해하는 지침이다.

3교 비용, 지출의 관리

재테크의 가장 중요한 원리는 지출을 바로잡는 것이다. 경제적인 안정을 위해서는 전통적인 덕목인 근검절약이 필수적이다. 물론 금욕주의와 혼동해서는 안 된다. 현대인들의 지출을 살펴보면 의식주처럼 기본적인 지출이 있고, 삶을 누리기 위한 지출이 있다. 한국인들의 지출에 결정적으로 영향을 미치는 요인들이 있는데, 모두 '교' 자로 시작한다. 교육비, 교통비, 교제비가 바로 그것이다. 세 가지 비용을 합리적으로 조절할 수 있다면 지출 문제를 해결할 수 있으며, 결과적으로 가정의 재정 문제가 상당수 해결될 것이다.

먼저 교육비를 보자. 우리나라의 교육열은 세계 최고다. 그만큼 교육비 지출이 많을 수밖에 없다. 자녀들의 교육에 많은 돈을 투자하는 것 자체는 나무랄 수 없다. 《다 쓰고 죽어라》는 책에서 저자 스테판 폴란은 "자녀들에게 재산 상속을 하지 말고 교육에 최대한 투자하라"고 말한다. 상속 받지 않고 잘살 수 있게 하는 것이 바람직하다는 것이다. 그런 의미에서 자녀들의 교육을 위해 아끼지 않고 투자하는 모습은 아름답기까지 하다.

그런데 사교육비 지출이 진정으로 자녀들의 교육을 위한 지출인지 따져볼 필요는 있다. 모든 아이들에게 피아노를 가르칠 수 있으나 꼭 필요한 아이가 있고 필요 없는, 심지어 해가 되는 아이도 있다. 부모 만족을 위한 지출이 더 많다는 것이다. 경제적인 면에서도 문제가 되지만 자녀 교육에도 좋지 않다. 오늘날 우리네 가정은 잘못된 재능 교육에 엄청난 돈을 낭비하고 있다.

사교육의 목적은 단 하나이다. 학교 성적을 올리고 좋은 상급학교에 진학하는 것이다. 자녀들의 열정이 아니라 부모들의 욕심 때문에 아이들은 기를 쓰고 좋은 학교에 진학하려고 한다. 마음에 조금의 여유만 찾으면 자녀들의 교육 문제를 당장 눈앞에 성적이나 학교에 매달리지 않고 길게 내다볼 수 있다. 그렇게 된다면 사교육비 지출도 지금보다 훨씬 줄어들 것이다. 지금 우리가 지출하는 막대한 사교육비는 자녀들이 바르게 성장하는데 도움이 되지 않을 뿐더러 부모들이 목표한 좋은 학교에 들어가는 데도 실제로 크게 도움되지 않는다.

하나님이 자녀들의 장래를 책임지신다는 것을 확신하는 성도라면 얼마든지 결단을 내릴 수 있다. 오늘날 사교육비의 과대한 지출은 적어도 그리스도인들에게는 교육의 문제라기보다 하나님을 향한 신앙의 문제이며 신앙인으로서 결단의 문제이다.

둘째, 교통비는 원래 의식주처럼 필수적인 지출이었다. 버스나 전철을 타고 다닐 때는 그랬지만 지금은 조금 달라졌다. 자가용을 사용하면서 과소비가 늘어났다. 자동차를 살 때도 목돈이 들지만 유지하는 비용도 만만치 않다. 우리나라 특유의 과시욕까지 합세하면 그로 인한 과소비는 훨씬 더 커진다. 도로 사정도 여의치 않고 주차시설도 충분하지 않은데 가능하면 큰 차를 타려고 하는 것은 편의를 위한 것만이 아니다.

　자동차는 냉철하게 판단해야 한다. 현재 수입으로 타당한지를 먼저 살펴보라는 것이다. 가장 중요한 것은 가능한 할부로 사지 말라는 것이다. 당장 자동차를 사는 기쁨이 크지만 매달 지출해야 할 원금과 비싼 이자는 가정경제에 치명적이다. 꼭 필요하면 돈을 모아서, 그 돈에 맞는 차를 사는 것이 좋다. 자동차에 들어가는 비용도 최소화해야 한다. 신앙인들은 고급차를 타면 안 된다고 말하는 것이 아니다. 수입에 비해 과도하게 비싼 차를 사지 말라는 것이다.

　한동안 경차 붐이 일었는데 요즘은 다시 중대형차로 돌아섰다. 자동차를 신분 과시의 수단으로 생각하기 때문이다. 자동차 문제도 경제적인 차원에서 시작하지만 결국 가치관의 문제로 귀결된다. 어떤 차를 사고, 어떻게 사용하느냐는 결국 그 사람의 가치관의 표현일 수밖에 없다. 종종 오래된 차를 고쳐서 타느니 새 차를 사는 것이 이익이라고 생각하는 경우가 있다. 그러나 대부분의 경우 오래된 차를 계속 쓰는 것이 개인적으로나 사회적으로 이익이 된다.

　셋째, 교제비이다. 사람이 살면서 교제하게 마련이고, 교제에는 자연스레 지출이 따른다. 우리나라에서 술로 소비되는 비용이 22조 원이 넘는다. 신앙인들의 경우 이 문제가 심각하지 않지만 사회적으로는 심각한 문제이다. 술 외에도 경조사 비용도 교제비에서 큰 몫을 차지한다. 교제비는 사람이 사는 데 꼭 필요한 비용이지만 여기서도 절약이 필요하다. 요즘은 예전과 달라서 식사를 하고 각자 부담하는 경우가 많아졌다. 그러나 체면 때문에 무리하게 지출하는 사람들도 아직 많다. 경조비도 가계의 지출에 큰 비중을 차지하지만 없앨 수는 없다. 경조비는 균형이 필요하다. 인색하다는 소리를 들어서도 안 되지만 무리하게 지출해서 가계가 흔들리면 더더욱 안 된다.

　발상의 전환도 필요하다. 그리스도인들은 불신자와 술자리를 함께 할 기회가 많지 않기 때문에 교제권이 작다. 술자리에 참석하지 못한다면 식사를 함께 하고 비용을 지불해도 좋다. 이 기회를 통해 교제를 나누고 복음을 전할 수도 있다. 단순한 교제비를 넘어 선교비 차원으로 생각할 수도 있다. 보다 어려운 사람들과 사랑의 교제를 나눈다면, 그것은 사랑 비용으로 처리해도 무방하지 않을까.

　세 가지 비용의 공통점은 합리적인 판단에서 나오지 않는다는 점이다. 모두 감정적인 지출이며 체면 유지를 위해 지출하는 경우가 많다. 그래서 더 줄이기가 어려운지도 모른다. 그러나 재정을 제대로 관리하기 위해서는 세 가지 영역에서 결단이 필요하다. 세상풍조를 따르지 않으려는 자세로 마음과 사고방식을 새롭게 함으로 변화를 받고, 소비하는 데 있어서도 하나님의 뜻에 따라야겠다는 결단이 필요하다.

주식, 투기와 투자의 다툼

요즘 주식시장은 잠잠하다. 하루아침에 수십 억을 벌었다는 소식이 사람들의 마음을 들뜨게 한 적도 있지만 대부분의 개미들은 엄청난 손해를 보았다. 사람들은 큰돈에 대한 욕심 때문에 너도나도 주식에 뛰어든다. 대출 받아 주식에 투자하는 사람이 있는가 하면, 직장 업무보다 주식에 더 열중해서 문제가 되기도 한다. 그래서 '스톡홀릭' 이라는 새 단어가 생기기도 했다. 주식에 투자하는 것은 비판하거나 정죄할 성질의 일은 아니다. 주식에 투자하는 사람이 있어야 산업이 돌아가는 것이 자본주의 경제의 기본전제이기 때문이다. 주식투자는 얼마든지 할 수 있지만 투기는 건전하지 않다. 문제는 투자와 투기를 어떻게 구별하느냐 하는 것이다.

고스톱을 오락으로 즐길 수 있다. 그러나 잃었을 경우 본전 생각이 나면 이미 도박의 길에 들어선 것이다. 마찬가지로 주식투자는 분명히 건전한 경제활동이지만 돈을 잃게 되었을 때 본전 생각이 나고 속상하다면 이미 투기로 접어든 것이다. 주식투자와 고스톱을 비교하는 것을 어불성설이라고 말할지 모르지만 돈에 대한 사람들의 본능적인 생각을 고려한다면 결국은 같은 이야기이다. 그리스도인들은 흑백논리에 빠져 경제활동을 무작정 부정하거나 정죄해서는 안 된다. 그러나 욕심에서 나온 지나친 행동을 미화해서도 안 된다. "악은 어떤 모양이라도 버리라"(살전 5:22).

나도 직장에 다니던 시절, 동료들과 함께 주식을 산 적이 있다. 주식투자를 통한 재테크를 시작한 것이다. 다음날 아침부터 내 생활에 변화가 일어났다. 조간신문을 펴자마자 제일 먼저 눈이 간 곳은 주식시세였다. 내가 산 회사의 주식시세가 조금 오르면 아침부터 기분이 좋았고 그렇지 않으면 괜히 기분이 좋지 않았다. 그러기를 며칠, 문득 주식시세 수치 때문에 일희일비(一喜一悲)하는 내 꼴이 한심하게 느껴졌다. 결국은 가지고 있던 주식을 다 처분했다.

주식투자는 자본주의 사회에서 필수적인 경제 행위이다. 돈을 투자하지 않고 가지고 있는 것은 예수님의 지적처럼 악하고 게으른 행동이 될 수 있다. 내 돈으로 직접 사업할 형편이 아니기 때문에 다른 사람이 하는 사업에 투자하는 것은 문제가 되지 않는다. 그런데 요즘 주식시장의 과열현상은 아무래도 문제가 있다. 한 경제주간지는 '떼돈의 경제학'이라는 제목으로 과열된 주식투자 문제를 다루기도 했다. 투자는 자본주의 필요악으로 어느 정도의 투기가 전제되어야 경제가 굴러가지만, 정도가 지나치면 개인은 물론 나라 전체가 어려움을 겪는다.

투기는 기본적으로 군중심리 때문이다. 남들이 하니까 우르르 따라 하다 보면 자기도 모르게 도를 넘어선다. 주식에 빠진 직장인들이 업무를 소홀히 하는 경우도 허다하다. 이런 분위기 속에서 그리스도인들은 혼란스럽다.

모든 관심사가 온통 주식시세에만 쏠린다면, 맡겨진 업무보다 주식시장에 더 관심이 있다면, 자신이 투자한 회사가 잘되는 것을 함께 기뻐하기보다 주식시세의 변동에 따라 이리저리 움직인다면 이미 건전한 투자가 아니라 투기이다.

"부하려 하는 자들은 시험과 올무와 여러 가지 어리석고 해로운 욕심에 떨어지나니 곧 사람으로 파멸과 멸망에 빠지게 하는 것이라. 돈을 사랑함이 일만 악의 뿌리가 되나니 이것을 탐내는 자들은 미혹을 받아 믿음에서 떠나 많은 근심으로써 자기를 찔렀도다"(딤전 6:9-10).

예나 지금이나 돈에 대한 지나친 욕심은 항상 문제다. 돈을 벌기 위해서 투자를 생각할 때마다 이것이 주님의 음성인지 군중심리인지를 지혜롭게 분별해야 한다.

신용카드, 어차피 빚이라면

신용카드 대신 현금으로 결제하면 진료비를 할인해 주는 병원이 있다. 왜 그런 요구를 하는지 뻔히 알면서도 소시민들은 갈등하지 않을 수 없다. 현금을 사용하는 것이 어쨌든 절약되기 때문이다. 한 신문에서 아시아인들의 개인파산의 주요 원인이 과도한 신용카드 사용에 있다는 기사를 내기도 했다. 두 이야기는 신용카드의 사용에 관해 엇갈린 생각을 갖게 한다. 신용카드를 쓰는 것이 좋은가, 안 쓰는 것이 좋은가. 마음은 번잡하다.

이런 경우 병원에서 현금 사용을 요구하더라도 신용카드를 사용하는 것이 옳다. 물론 절약이 되지만 이 상황에서 현금을 내면 다른 사람으로 하여금 법을 어기도록 부추기고, 결국 법질서를 망가뜨리는 일이다. 이때 신용카드를 고집하는 것은 법질서를 지키고 이 땅에 공의를 세우는 일이다. 그러나 능력이 없으면서도 갖고 싶은 물건을 신용카드로 구입하는 것은 커다란 유혹이다. 이때는 신용카드를 쓰지 않는 것이 바람직하다. 물론 신용카드로 물건을 사는 일이 엄청난 잘못은 아니다. 그러나 현재 지불할 능력이 없으면서 물건을 사는 것은 결국 빚을 지는 것이다. 이런 상황에서 신용카드를 사용하지 않는 것은 대단한 일이 아니지만, 개인의 경제생활을 위한 하나님의 뜻을 따르는 아주 지혜로운 행동이다.

신용카드가 가진 양면성은 그리스도인들에게 많은 것을 시사한다. 신용카드 자체는 선악을 내포하지 않는다. 그러나 신용카드를 사용하는 사람들의 마음이나 태도에 따라 선하게 사용되기도 하고 악하게 사용되기도 한다. 신용카드를 언제 어떻게 사용하느냐에 따라 우리의 신앙이 나타난다. 신용카드는 작은 플라스틱 카드일 뿐이다. 그러나 어떻게 사용하느냐에 따라 영적인 카드가 될 수 있다.

정부는 국민들이 신용카드를 사용하도록 독려한다. 또한 신용카드를 받지 않는 업체는 법적인 제재를 가한다. 현금으로 받으면 탈세할 수 있지만 신용카드로 받으면 자료가 남기 때문이다. 그런데 재정전문가들의 재정에 관한 조언 중 빠지지 않는 것이 신용카드 대신 현금을 사용하라는 것이다. 그리스도인 재정전문가 래리 버켓은 "성경적인 경제생활을 하려면 신용카드를 아예 없애라"고 말한다. 신용카드를 사용하면 당장 돈이 없어도 물건을 살 수 있기 때문에 쉽게 빚을 질 수 있기 때문이다. 반드시 현금으로 지불하라는 조언은 현금이 없으면 아예 돈 쓸 생각을 하지 말라는 뜻이기도 하다. 그래야 빚지지 않을 수 있다는 것이다.

신용카드를 사용함에 있어 유행이나 율법주의에 빠지지 않고 성경적인 길을 찾을 필요가 있다. 남들이 쓴다고 쓸 필요는 없다. 반면 문제점이 있다고 신용카드 자체를 부정할 필요도 없다. 성경은 "모든 자에게 줄 것을 주되 조세를 받을 자에게 조세를 바치고 관세를 받을 자에게 관세를 바치고"(롬 13:7)라고 말씀한다. 상대방이 세금을 떼먹지 못하도록 신용카드를 사용하는 것도 마땅한 일이다. 법질서를 지키는 정의로운 사회를 원한다면 내 주머니에 약간 손해가 나더라도 신용카드를 사용해야 한다. 그러나 신용카드 사용으로 빚이 늘어난다면 이야기가 달라진다. "피차 사랑의 빚 외에는 아무에게든지 아무 빚도 지지 말라"(롬 13:8)는 말씀처럼 누구에게도 빚지지 않는 것이 마땅하다. 아무리 신용카드를 사용해서 살 수 있는 것도 현금이 없다면 절제가 아니라 차라리 포기해야 한다. 신용카드에 대한 성경적인 원리는 분명하다. 우리 사회의 법질서를 세우기 위해서는 얼마든지 사용할 수 있지만 개인 능력의 한계 안에서 사용해야 한다.

부동산, 불로소득의 유혹

십여 년 전, 수도권에 처음으로 아파트를 장만했다. 그런데 강남 아파트들은 가격이 오른다는데 내 아파트는 도무지 가격이 오르지 않았다. 워낙에 값이 나가지 않는 아파트였지만 가격 변화를 계산해 보니 은행 이자도 제대로 안 나오는 것 같았다. 생각이 복잡해졌다. '이래서 사람들이 은행 빚을 내서라도 가격이 오를 것 같은 아파트를 사는구나'라는 생각이 들었다. 그곳에서 오래 살 생각은 아니었지만 아파트 하나 정도는 가지고 있어야 할 것 같아서 샀던 곳이다. 결국 그 아파트를 팔고 서울에 그보다 조금 작은 아파트를 전세를 끼고 샀다. 빚을 내서 산 것은 아니지만 전세가 결국 빚 아닌가. 이전보다 마음이 무거워졌다.

얼마 지나지 않아 신문에서 내가 판 아파트 가격이 오른다는 소식을 들었다. 마음이 더 복잡해졌다. '괜히 판 거 아니야? 나는 왜 이렇게 운이 없지?' 등의 생각이 스쳤다. 나도 결국 세상 사람들과 비슷해지고 있었다. 요즘 종합부동산세를 두고 말이 많다. 정부도 쩔쩔매는 문제이고 전문가들의 해법도 제각각 다른 문제이다. 나는 실물경제에 대해 잘 모르기 때문에 아파트 문제를 왈가왈부할 자격은 없지만 가장 심각한 사회 문제 중 하나인 부동산 투기에 대한 성경적 생각을 나눠볼 수는 있을 것 같다.

사도 바울은 일하지 않는 사람들에게 스스로 일해서 경제적인 필요를 채우라고 도전했다(살전 4:11-12). 또한 가정을 경제적으로 돌보지 않는 사람은 불신자보다 악하다는 말까지 했다(딤전 5:8). 문제는 일하지 않고 돈을 벌려고 하는 것이다. 지금 우리 사회의 부동산 열풍은 일하지 않고 돈을 벌려고 하기 때문에 문제가 된다. 성경은 "자기의 토지를 경작하는 자는 먹을 것이 많으려니와 방탕을 따르는 자는 궁핍함이 많으리라. 충성된 자는 복이 많아도 속히 부하고자 하는 자는 형벌을 면하지 못하리라"(잠 28:19-20)고 한다. 방탕, 즉 로또나 도박 등 허황된 것을 좇거나 주식이나 부동산 등 투기로 돈을 버는 것은 하나님이 원하시는 방법이 아니다.

자본주의 사회에서 보편화된 재테크를 부정할 수는 없다. 경제적인 지식이나 금융지식을 통해 돈을 버는 것은 정죄할 일이 아니다. 그러나 지나치면 죄악의 범주에 들어가고 만다. 오늘 우리 사회에 일어나는 각종 투기 열풍은 죄악의 범주에 이미 들어섰다. 정상적인 일 외의 방법으로 돈을 벌 때 그리스도인들은 '방탕' 한 일이 아닌지, '속히 부하고자' 하는 욕심은 아닌지 살펴보아야 한다.

부동산은 대부분 은행 대출을 얻어 산다. 대출은 현대 사회에서 내 집을 마련하기 위한 필연적인 과정이 되었다. 그러나 재산 증식을 위해 과도한 은행 대출을 얻어서 아파트를 사면 이자 때문에 낭패를 볼 수 있다. 은행 대출이 죄악은 아니지만 요행을 바라고 과도한 빚을 지는 것은 문제이다. "부자는 가난한 자를 주관하고 빚진 자는 채주의 종이 되느니라"(잠 22:7). 불로소득에 대한 유혹이 강하면 강할수록 실수하기 쉽다. 은행 대출이 쉽다보니 잘못된 선택도 쉽게 한다.

부동산 투기로 번 돈은 땀을 흘려서 번 돈과 다르다. 아무래도 돈을 사용하는 사람이 절제하기 쉽지 않다. 그래서 성경은 이렇게 표현한다. "네가 어찌 허무한 것에 주목하겠느냐. 정녕히 재물은 스스로 날개를 내어 하늘을 나는 독수리처럼 날아가리라"(잠 23:5). "망령되이 얻은 재물은 줄어가고 손으로 모은 것은 늘어가느니라"(잠 13:11).

복권이나 부동산으로 졸부가 된 사람들에게 종종 볼 수 있는 모습이다. 땀 흘려 번 돈을 사회에 환원하는 아름다운 모습도 우리 사회에는 얼마든지 있다. 그러나 불로소득을 얻은 사람들은 사회에 환원하는 경우가 흔치 않다.

부동산의 가격이 올라 돈을 버는 것은 크게 문제가 없다. 그러나 그 이면에 가난한 사람들이 상대적으로 더 빈곤하게 된다는 데 문제가 있다. 열심히 일해도 점점 집을 사기가 어려운 상황에서 가난한 사람들은 억울할 수밖에 없다. 사회적인 불공평이 발생하는 것이다. "의인은 가난한 자의 사정을 알아주나 악인은 알아줄 지식이 없느니라"(잠 29:7).

결국 가난한 사람들을 간접적으로 힘들게 만드는 일이 부동산 투기인 셈이다. 사회적인 안목으로 보면 나의 경제적인 이익만 생각해서 투기하는 것은 이웃에게 해를 끼치는 일이다. "사랑은 이웃에게 악을 행하지 아니하나니 그러므로 사랑은 율법의 완성이니라"(롬 13:10). 개인적으로 악을 행하지 않았지만 간접적으로 이웃에 악을 행하는 것이라면 고민과 절제가 뒤따라야 한다.

집값이 오르면서 늘어난 재산이 모두 불의한 것은 아니다. 집은 삶의 가장 기본적인 요소이다. 부동산 가격이 높지만 좁은 집에서 가격이 좀 더 싸고 넓은 집으로 이사하는 것은 자연스러운 일이다. 그러나 요즘 사람들 눈에는 이상한 행동일 수도 있다.

본의 아니게 부동산으로 인해 막대한 수익을 얻는 수도 있다. 이런 소득을 도둑질과 같은 악한 행위로 취급해서는 안 된다. 우리 사회 시스템에서 피할 수 없는 결과이기도 하다. 이때 내 필요만 충족할 것이 아니라 구제나 선교 등 건전한 방법으로 사용한다면 바람직할 것이다. 물론 불로소득을 목적으로 살지 않았지만 큰돈을 번 사람들이 자신을 위해서 쓰지 않고 이웃을 위한 구제나 선교 사역에 헌금하는 경우이다.

자본주의 사회에서 이런 행동은 순진한 이야기로 들릴지도 모르겠다. 반대로 자본주의 사회에서 구조적인 문제를 느끼는 사람들에게는 어정쩡한 타협 정도로 들릴 수도 있다. 대부분의 평범한 그리스도인들은 이런 문제에 전문적인 지식을 가지고 분별할 수는 없다. 그러나 적어도 하나님의 말씀에 대한 이 정도의 지식과 최소한의 분별은 할 수 있어야 한다. 그리스도인들의 작은 결단이 우리 사회를 비추는 빛과 소금이 될 수 있다.

검소한 삶의 미덕

내가 어린 시절에는 검소와 절약이 크게 부각되지 않았다. 누구나 어려운 시절이었기 때문에 그냥 살아도 검소했고 절약하며 살 수 있었다. 그러나 경제적으로 풍요로워지면서 검소와 절약이 조금씩 힘들어졌다. 예전처럼 절약하며 사는 것이 현대생활에 적합한지에 대한 의문도 생긴다.

특히 믿음이 있는 사람이 경제적인 면에서 어떻게 처신하는 것이 바람직한지에 대해 논란의 여지가 많다. 어떤 사람은 하나님을 잘 믿어서 경제적으로 풍요로워졌다며 그것을 누리고 사는 것은 하나님이 주신 복이라고 말한다. 반대로 주변에 어려움을 겪는 사람들이 많은데 홀로 풍요를 누리는 것은 바람직하지 않기 때문에 신앙인은 의도적으로 가난하게 살아야 한다고 주장하기도 한다.

성경에 등장하는 인물들 중에도 세상에서 풍요를 누리며 사는 사람도 있고, 경제적으로 고통을 받으며 사는 사람도 있다. 물론 예수 그리스도는 이 땅에 사는 동안 경제적으로 어렵게 사셨다. 가난한 가정에서 태어난 예수님은 경제적으로 그다지 풍요하지 못했다. 공생애를 지내면서는 더 말할 것도 없다. "여우도 굴이 있고 공중의 새도 거처가 있으되 인자는 머리 둘 곳이 없다"(마 8:20)는 탄식에서 알 수 있듯이 예수님은 경제적으로 어렵게 지내셨다. 그렇다고 예수 믿는 모든 사람들이 예수님처럼 어려운 경제상태로 살아야 할 필요는 없다. 다만 주변 상황에 대한 아무런 고민도 없이 자신에게 주어진 경제적인 풍요를 마음껏 누리는 것도 바람직하지 않다.

내게 주어진 경제적인 재화를 하나님의 복으로 받아서 누릴 수는 있다. 그러나 재물을 의지하지 않도록 조심해야 한다. 재물의 힘에 의지하면 그때부터 하나님에 대한 신뢰를 잃게 된다. 때문에 재물이 부족해도 살 수 있도록 생활양식을 조절하는 것은 필수적이다. 이것이 그리스도인들의 검소한 삶의 기본정신이다. "네가 이 세대에서 부한 자들을 명하여 마음을 높이지 말고 정함이 없는 재물에 소망을 두지 말고 오직 우리에게 모든 것을 후히 주사 누리게 하시는 하나님께 두며 선을 행하고 선한 사업을 많이 하고 나누어 주기를 좋아하며 너그러운 자가 되게 하라"(딤전 6:17-18).

돈을 삶의 도구로 생각하고, 그것으로 가족이 원만하게 살며 주변 어려운 사람들에게 나누어 줄 수 있어야 한다. 적어도 '내가 번 돈 내 마음대로 쓰는데 무슨 참견이냐'는 생각만큼은 믿는 사람들에게 어울리지 않는다. 이 땅에서 살면서 가난한 사람들이 있다는 것을 끊임없이 의식해야 한다.

검소한 생활은 그리스도인들이 본을 보여야 할 영역이다. 경제적인 차원에서 보면 절약은 개인은 물론 가정과 국가적으로 필요한 덕이다. 자원의 한계를 느끼는 현실에서 전 세계적으로 필요한 덕목이기도 하다. 우리 사회에서 에너지 과소비를 걱정하는 목소리가 높다. 모두 절약하자고 야단인데, 경제적인 여유가 있으니까 얼마든지 원하는 대로 소비하겠다는 태도는 믿는 사람의 자세가 아니다.

윤리적인 차원에서도 절약하는 삶은 중요하다. 가난한 이웃이 상대적인 빈곤을 느끼지 않도록 할 윤리적인 책임이 있다(마 18:6). 모든 사람이 똑같이 살 수는 없다. 그러나 주변 사람들이 나로 인해 실족하지 않도록 조심해야 한다. 더구나 절대빈곤에 처해 있는 사람들을 생각한다면 검소한 생활은 구제의 전제조건이다. 내가 사용하는 것을 어느 정도 줄일 수 있을 때 그 사람들을 구체적으로 도울 수 있기 때문이다.

근검과 절약은 영적인 차원이다. 물질은 실생활에 필요한 것이지만 속성상 얼마든지 우상이 될 수 있다. 그러므로 경제적으로 무리하지 않도록, 사람들이 실족하지 않도록, 영적으로 나태해지지 않는 범위 안에서 경제생활을 영위해야 한다. 그래야 주님을 제대로 섬길 수 있다(마 6:24; 딤전 6:10).

검소한 생활은 자칫 금욕주의나 율법주의와 혼동할 수 있다. 하나님이 주신 선물을 거절하거나 부인하는 것은 비성경적인 금욕주의다(딤전 4:1-5). 성도들은 하나님이 주신 것을 감사하게 받아서 즐길 수 있다(전 9:7-10). 예수님은 3년의 공생애 기간 동안 먹고 마시는 것을 즐기셨는데, 이 때문에 바리새인들에게 비난을 당하기도 했다(눅 7:34).

사도 바울 역시 "붙잡지도 말고 맛보지도 말고 만지지도 말라"는 이교적인 가르침은 성경이 가르치는 절제생활과 다르다고 말했다(골 2:21).

그리스도인은 하나님이 허락하신 것을 즐기되 필요에 따라서 절제할 수 있어야 한다.

또한 검소한 생활의 구체적인 표현은 그 사람이 처한 문화와 경제적인 상황, 개인의 은사에 따라 다르다. 과시욕 때문에 고급 승용차를 타는 것은 바람직하지 않지만, 그렇다고 큰 차를 타는 것을 무작정 정죄해서는 안 된다. 어떤 사람에게는 필요 이상의 소비처럼 보이는 영역이 어떤 사람에게는 얼마든지 필수적인 소비가 될 수 있다. 나 같은 사람에게는 고급 기타가 사치스러운 것이지만 전문 음악가들에게는 필수적인 것이다. 검소한 생활을 지나치게 강조한 나머지 모든 사람에게 획일적인 기준을 요구하거나 정죄하는 것은 비성경적인 율법주의일 뿐이다.

한편 무능과 게으름으로 인해 가난하게 사는 것은 성경이 말하는 검소한 생활과 다르다. 사도 바울은 경건하게 산다면서 말하면서 일하지 않고 가난하게 사는 데살로니가 교회 성도들을 향해 부지런히 일할 것과 그것으로 외부 사람들에게 인정받고 경제적으로 남에게 부담을 주지 않도록 권면했다(살전 4:11-12). 물론 의도적으로 가난한 삶을 선택할 수 있다. 그것은 하나님이 보시기에 귀한 모습이다. 그러나 게으른 나머지 가난하게 사는 것은 아름다운 덕이 되지 않는다.

그리스도인이 검소하게 생활하기 위해서 가장 중요한 것은 먼저 주변 사람들의 영향에서 자유로워지는 것이다. 남들이 한다고 무작정 따라 하면 절제할 수가 없다. 현대 사회의 소비풍조의 원인을 가만히 살펴보면 결국 남들이 하는 대로 따라 하는 것이다. 검소한 삶을 살기 위해서는 주변 사람들의 생활양식을 따르지 않고 하나님이 내게 허락하신 경제적인 한도 내에서 생활양식을 먼저 정해야 한다. 그리고 그런 생활을 믿음으로 즐겨야 한다.

　검소한 삶은 억지로 감내해야 하는 삶이 아니다. 주님을 믿는 믿음이 있기에 남들처럼 살지 못해도 얼마든지 자족할 수 있는 삶이다.

9
건강과 신앙

christian

쉼은 시간과 장소가 중요하다.
일하다가 땀을 식히기 위해 나무 그늘에 앉아
잠시 쉬는 것도 중요하고, 사무실에서 잠시 눈을
붙이는 것도 쉼이다. 그러나 진정한 쉼을 위해서는
시간을 내어 특별한 장소로 가야 한다.
결국 쉼은 시간과 장소에 대한 의지적인
결정과 구체적인 실천이 따라야 한다.

<h1>몸,
거룩의 요체</h1>

경건한 그리스도인들은 '영적'이라는 말을 자주 쓴다. 영적 성장, 영적 분위기, 영적 전투…. 그러다 보니 '육적'이라는 말은 부정적인 의미를 갖게 되었다. 현실에서도 육신과 관련한 것을 부정적으로 생각하는 양 말한다. 이것은 경건하게 들릴지는 모르지만 성경에서 나온 생각은 아니다. 이런 생각은 헬라 철학에서 유래된 것으로, 잘못된 이원론이 마치 기독교적인 것처럼 포장되었다. "살리는 것은 영이니 육은 무익하니라"(요 6:63)는 구절을 잘못 해석하면서 이런 오해를 더욱 강화시켰다. 하나님과 함께 하면 육신에 속한 것도 영적이며, 하나님과 함께 하지 않으면 영혼과 관련된 것도 육적이다. 중요한 것은 영혼과 육체의 구별이 아니라 그 안에 하나님 있는가 여부이다.

육신은 하나님이 주신 것이다. 하나님의 아들도 이 땅에 올 때 육신을 입고 오셨다(요 1:14). 그래서 요한은 예수 그리스도가 육신을 입고 온 것을 부인하는 사람은 적그리스도라고 표현했다(요일 4:2-3). 우리가 죽었다가 부활할 때도 육신을 입고 부활한다(고전 15:53). 우리 육신에는 영적인 가치가 깃들어 있다.

육신을 잘 관리하는 것은 청지기적인 사명이다. 그런데 청지기적 사명에서 지나쳐 몸을 우상화하면 문제가 생긴다. 몸의 가치를 절대시하면 그때부터 육신의 문제가 육적으로 변하게 된다. 이것이 하나님의 창조를 변질시킨 타락된 인간의 현실이다.

예쁜 여성이 지나가면 눈이 따라가는 것은 인지상정이다. 아름다움 자체는 하나님의 선물이며 하나님 역시 세상을 창조하실 때 미적 감각을 사용하셨다. 사람들이 자신을 아름답게 유지하려는 것은 어쩌면 하나님의 본성을 닮은 자연스러운 행동이다. 그러나 아름다움이 죄의 유혹이 될 수 있고, 그것에 최고의 가치를 두면 죄악이 될 수 있음을 잊어서는 안 된다. 현대는 아름다움을 지나치게 추구한다. 아름다움이 사람의 능력으로 여겨지기 때문에 온통 외양만 치장한다. 아름다움 자체가 나쁜 것은 아니지만 결국 아름다움 지상주의는 허영과 물질주의, 사치와 신종 귀족주의를 낳았다. 하나님은 외모가 아니라 중심을 보신다.

사막의 교부들은 몸을 더럽게 내버려두는 것을 영적인 행위로 생각했다. 몸을 돌보고 다듬고 가꾸는 것을 속된 것으로 생각한 잘못된 이원론에서 나온 행동이다. 그러나 몸을 깨끗하게 가꾸는 것은 가장 사람다운 행위이며 건강에 큰 유익이 된다. 마음가짐을 단정히 할 뿐 아니라 주변 사람들에게도 상쾌함을 준다. 제대로 씻지 않은 사람에게서 냄새가 날 때 몸을 깨끗이 관리하는 것이 기본적인 예의임을 깨닫는다.

하나님의 성전인 우리 몸을 깨끗이 유지하는 것은 청지기로서 기본적인 자세이기도 하다. 그러나 제대로 몸을 씻을 수 없는 형편에 있는 사람도 많다. 노숙자들은 제대로 씻지 못한다. 내 몸을 깨끗이 관리하는 것이 중요하지만 그렇지 못한 사람들을 이해하는 것도 중요하다. 그런 이들을 품는 것이 교회의 사명이다. 그들을 받아들이지 못하는 것은 단순한 개인적 취향이 아니라 범죄행위가 될 수 있다(약 2:9).

몸이 건강한 것은 하나님의 축복이다. 요한은 성도들을 위해 "네 영혼이 잘됨 같이 네가 범사에 잘되고 강건하기를 간구"(요삼 1:2)했다. 육체를 건강하게 관리하는 것은 청지기적인 책임이다. 그래서 운동도 하고(딤전 4:7), 음식도 조절해야 한다(딤전 5:23). 제대로 관리하지 않아서 병에 걸리는 것을 죄라고 할 수는 없지만 하나님께 죄송한 일인 것만은 분명하다. 한편 육체의 연약함을 부정해서도 안 된다. 사도 바울은 육체의 연약함을 위해 기도했지만 자신의 약함에 담긴 주님의 뜻을 이해한 뒤 하나님의 능력을 체험했다(고후 12:9). 우리도 건강을 지키기 위해 노력하는 동시에, 내게 생긴 질병을 통해서 하나님의 능력이 나타나기를 기대하는 균형 잡힌 영성이 필요하다. 건강에 좋다면 무슨 짓이든 가리지 않는 것은 청지기의 모습은 아니다.

나이가 젊은데 대머리인 사람들이 있다. 그들은 고민 끝에 가발을 쓰기도 한다. 어떤 사람들은 흰머리를 검게 염색한다. 그대로 두는 것이 자연스럽다고 하지만, 대인관계의 필요 때문에 여러 가지 보완을 한다. 그러나 나이가 들만큼 든 사람들이 젊어지려고 지나치게 버둥대는 것은 안쓰럽다. 어차피 나이 들면 외모는 늙게 마련이다. 철저한 건강 관리로 시간을 조금 늦출 수도 있지만 현실을 부정하는 것은 하나님의 뜻이 아니다. 사도 바울은 이렇게 말한다.

"그러므로 우리가 낙심하지 아니하노니 우리의 겉사람은 낡아지나 우리의 속사람은 날로 새로워지도다"(고후 4:16).

고대로부터 육체의 쾌락과 고통은 종교적인 자세와 무관하지 않다. 기독교는 전통적으로 육체적인 고통을 신앙의 표현으로 생각했다. 예수님의 고난을 따르는 것이 제자들의 자세라고 생각했고(눅 9:23), 사도 바울은 그리스도의 남은 고난을 자신의 육체에 채운다고 고백하기도 했다(골 1:24). 사도 베드로 역시 성도들이 당하는 육체의 고난이 영적인 유익이 있음을 누누이 강조했다(벧전 4:1). 그러나 이것을 육체를 부정하거나 학대하는 금욕주의와 혼동해서는 안 된다.

현대사회에서 고난의 문제는 그리 심각하지 않다. 문제가 되는 것은 쾌락의 문제일 뿐이다. 우리 사회의 발전은 육체의 편안함을 추구하는 방향으로 전개된다. 그 과정에서 쾌락도 함께 추구한다. 결국 하나님의 선물인 쾌락이 죄악으로 치닫는다. 쾌락만을 좇는 현대인들에게 전도서 기자는 이미 오래 전에 이렇게 말했다. "청년이여 네 어린 때를 즐거워 하며 네 청년의 날들을 마음에 기뻐하여 마음에 원하는 길들과 네 눈이 보는 대로 행하라. 그러나 하나님이 이 모든 일로 말미암아 너를 심판하 실 줄 알라"(전 11:9).

우리 몸은 하나님이 보시기에 좋았던 귀한 피조물이다. 그러나 모든 피조물이 그렇듯이 우리 몸도 우상이 될 수 있다. 대중문화는 그것을 부추긴다. 정신 바짝 차리지 않으면 나도 모르는 사이에 우상에 머리를 숙이게 된다. 사도 바울의 고백에 다시 귀를 기울인다.

"그러므로 형제들아 내가 하나님의 모든 자비하심으로 너희를 권하노니 너희 몸을 하나님이 기뻐하시는 거룩한 산 제물로 드리라. 이는 너희가 드릴 영적 예배니라"(롬 12:1).

질병,
여전히 남아 있는 은혜의 가능성

질병은 인생을 구성하는 생노병사(生老病死) 중 하나이다. 나도 나이 들면서 질병의 힘을 실감한다. 질병은 우리 삶에 막대한 영향을 미치지만 정작 신학적 이해는 부족하다.

하나님이 만물을 창조하셨으니 질병의 원인이 되는 병균이나 병균을 운반하는 해충들, 즉 모기와 파리 등도 창조하셨다. 그렇다면 창조 당시부터 이미 질병이 존재했을까? 물론 그렇지 않다. 하나님이 창조하신 후에 모든 것이 보시기에 좋았더라(창 1:31)고 한 것을 보면 그것들이 존재했지만 질병을 만들지는 않았을 것이다. 에덴 동산에 모기나 파리가 있었지만 질병은 옮기지 않았을 것이라는 말이다. 마치 마지막 때에는 사자나 독사가 다른 짐승을 해하지 않는 것처럼(사 11:6-9) 세균이나 세균을 옮기는 생물체가 사람은 물론 다른 생물도 해치지 않았을 것이다. 에덴 동산에서 사람은 하나님과 온전히 연합했기에 영적으로 완전했다. 부부도 온전히 하나 되었기 때문에 요즘처럼 마음의 상처도 없었을 것이다. 육체적인 질병도 없었을 것이다. 창조세계는 육체적으로 정신적으로 아무런 질병이 없는 행복한 곳이었다.

사람이 죄를 지으면서 땅이 저주를 받았다. 땅에 있는 모든 것이 창조 원리에서 벗어났고, 그것이 사람들에게 갖은 고통을 만들어 냈다(창 3:17-18). 죄 때문에 사망이 모든 사람에게 임했는데(롬 5:12) 그 과정에서 질병이 사망에 이르는 통로가 되었다. 이것이 질병의 기원이다. 보시기에 좋았던 세균이나 세균을 옮기는 생물들이 사람들과 다른 생물들을 해치기 시작했다. 그로 인해 각종 질병들이 세상에 나타난 것이다. 이후로 사람은 하나님으로부터 떨어져서 영적인 단절의 고통을 겪었고 사람과 사람 사이의 갈등으로 마음의 상처를 체험하게 되었다. 이어서 질병으로 인한 육체의 고통도 당하게 되었다. 지금 우리가 질병으로 고통을 받게 된 것은 인간의 죄에 그 기원이 있다.

과학자들은 질병의 원인을 세균의 활동이라고 정의하지만 충분하지 않은 정의이다. 성경은 과학적인 설명을 덧붙이지는 않지만 질병에 대해 우리가 꼭 알아야 할 것을 가르쳐 준다.

질병은 하나님의 뜻을 순종치 않는 자에게 내리는 저주의 결과이다(신

28:20-22; 27-28). 하나님은 질병을 불순종하는 사람에 대한 징계의 수단으로 사용하셨다. 물론 모든 질병이 하나님의 저주는 아니다. 종종 그렇게 생각해서 병으로 고통당하는 환자들을 두 번 고통당하게 하는 경우가 있다. 질병의 신학을 온전히 이해하지 못해서 생기는 일이다.

질병의 영적 원인이 정반대인 경우도 있다. 욥은 죄를 짓지 않았지만 질병의 고통을 당했다(욥 2:7). 욥의 질병은 하나님의 저주의 결과가 아니라 사탄의 요구를 하나님이 허락하신 탓이다. 이 말씀을 오해해서 모든 질병이 사탄 때문에 일어난다고 주장하기도 한다. 그러나 그것은 하나님의 주권을 이해하지 못한 데서 나온 오해이다. 분명한 것은 어떤 경우든 질병에는 영적인 원인이 있다는 것이다. 그러므로 질병에 걸렸을 때 영적으로 돌아보아야 한다.

그러나 현실적으로 질병에 걸리는 이유는 생활에서 몸을 제대로 관리하지 못했기 때문이다. 대부분의 질병은 비정상적인 생활 때문에 나타난다. 가장 심각한 것은 무분별한 식생활이다. 하나님이 창조하신 모든 음식은 먹을 수 있다(딤전 4:4-5). 그러나 죄로 인해 오염된 세상에는 사람의 몸에 좋지 않은 것들이 얼마든지 있다. 그것을 분별하지 않고 먹다 보면 질병에 걸린다. 레위기 11장에 기록된 부정한 음식은 의학적으로도 사람들의 건강에 좋지 않은 것들이다. 지금도 질병의 원인은 대개 몸에 좋지 않은 음식을 지나치게 좋아하고 많이 먹기 때문이다. 술·담배의 해악은 아무리 강조해도 지나치지 않다.

비슷한 맥락에서 위생 관리를 제대로 하지 못해도 질병에 걸린다. 잘못된 생활습관이 몸의 이상을 가져오기도 한다. 몸을 무리하게 사용하거나 과도하게 스트레스를 받으면 질병이 찾아온다. 유전적인 이유로 질병에 걸릴 수도 있다. 그런 경우라도 자신의 체질을 알고 잘 관리하면 질병을 피할 수 있다. 결국 모든 질병은 하나님이 맡기신 몸의 청지기 직분을 제대로 이행하지 못했기 때문에 일어난 것이다.

병에 걸리면 먼저 부정적으로 반응한다. 건강이 행복의 최고 요소라면 질병은 결국 불행의 요소가 된다. 그러나 하나님을 믿는 사람에게 질병은 은혜가 될 수 있다. 사도 바울은 병 낫기를 기도했지만 하나님이 거절하셨다. 하나님은 질병을 통해 은혜가 나타난다고 말씀하셨다. 사도 바울은 자신의 질병 때문에 하나님의 능력이 임한 것을 깨닫고 질병을 자랑하겠다고 했다(고후 12:9-10), 질병에 대한 가장 강력한 신앙고백이 아닐 수 없다.

질병은 자신의 약함을 인정하게 만든다. 동시에 하나님을 의지하게 만든다. 하나님을 대적하던 사람도 심각한 질병 앞에서 무너지는 것을 본다. 이 경우 질병은 하나님의 은혜가 아닐 수 없다. 질병에 걸리면 삶을 돌아보게 된다. 영적인 눈으로 자신을 돌아보고 범죄한 것이 있는지 살펴본다. 잘못된 습관이나 나쁜 습관을 바꾸는 기회가 되기도 한다. 질병에 걸리면 고통당하는 사람을 이해하고 연민하게 된다. 다른 사람의 고통을 이해하는 힘이 생긴다는 것은 정말 큰 축복이다. 결국 그들을 위해 중보기도하게 된다.

질병의 마지막은 죽음이다. 어떤 질병은 죽음으로 가기 위해 하나님이 준비한 것도 있다(왕하 14:13). 그러므로 하나님은 질병을 통해서 죽음을 준비하게 한다. 누구나 질병을 원치 않는다. 객관적으로 그것은 불행이다. 그러나 하나님 안에서 질병은 감추어진 축복이 될 수 있다.

하나님은 질병의 고통에 시달리는 이들에게 치료하는 여호와로 자신을 나타내셨다(출 15:26). 하나님은 죄를 사하시며 병을 고치시는 분이다 (시 103:2). 하나님의 은혜는 죄로 인해 멀어진 사람들을 다시 회복시켜 주신다. 구약의 제사가 그런 도구였고, 결국 예수님이 십자가 보혈로 그 것을 이루셨다. 하나님의 은혜는 육신의 질병을 치유하는 것으로도 나타 난다. 광야에서 불뱀에 물린 사람들이 놋뱀을 보고 치유되었다(민 21:9). 구약의 많은 선지자들을 통해 질병을 고쳐주시는 역사를 보여 주셨다.

치유, 하나님 나라의 예기

예수님이 이 땅에 오신 궁극적인 목적은 십자가 구속이지만, 이 땅에 사시는 동안 가장 많이 행하신 일은 약한 자를 고치신 것이다(마 4:23). 질병의 치유를 통해 예수님은 사람을 향한 사랑과 함께 하나님 아들의 능력을 보여주 셨다. 사도들의 사역에서도 병 고치는 일은 중요한 부분을 차지했다. 치 유사역은 하나님의 능력과 사랑을 표현하는 중요한 도구였다. 지금도 치유의 능력이 나타나기를 기대하며 이적적인 역사를 사모해야 한다.

그러나 하나님은 치유의 은사를 통해서만 질병을 고치시는 것은 아니 다. 하나님은 의사와 약을 통해서도 치유하신다. 하나님을 모르는 의사 를 통해서도 치유의 역사를 보여주신다(막 2:17). 하나님의 치유의 역사 와 사람들의 치료는 배타적인 것이 아니다. 의사를 비롯한 사람들의 치 유 노력은 하나님의 치유사역의 과정이며 단계이다. 의사는 하나님의 치 유의 도구이다. 약도 치유의 도구이다. 의술과 약은 하나님의 치유사역 의 과정에서 사용되는 도구인 셈이다. 운동과 절제생활도 치유에 중요한 역할을 한다.

예수님은 귀신을 쫓아내지 못한 제자들이 이유를 묻자 "기도 외에 다른 것으로는 이런 종류가 나갈 수 없느니라"(막 9:29)고 대답하셨다. 질병을 치유하는 데 기도의 능력이 중요함을 보여주는 말씀이다. 우리는 질병의 치유를 위해 기도해야 한다. 약도 먹고 병원에도 가야 하지만 먼저 하나님께 기도해야 한다. 치유는 하나님의 능력에 달려 있고, 기도는 치유의 능력의 통로이기 때문에 우리는 무조건 치유를 위해 기도해야 한다. 기도한다고 항상 치유의 역사가 일어나는 것이 아니다. 치유가 일어나지 않는다고 해서 그것이 환자나 기도하는 사람의 믿음이 부족하다고 생각하면 안 된다. 하나님은 특별한 뜻에 따라 치유를 유보하실 수 있다.

예수님은 세례 요한의 제자들에게 하나님 나라가 도래하는 상징으로 질병이 치유되는 현장을 보여 주셨다(마 11:4-5). 예수 그리스도가 재림한 후에 완성될 하나님 나라에는 질병이 없다. 그때는 아픈 것도 없고 물론 사망도 없다(계 21:4). 질병은 이 땅에 사는 동안 피할 수 없는 죄의 열매이다. 그러나 하나님의 능력으로 치유되는 과정을 통해 우리는 하나님 나라의 기쁨과 평안을 미리 맛볼 수 있다.

병원은 가장 급성장하는 산업이다. 그만큼 질병이 우리 삶에 많은 비중을 차지하고 있다는 말이다. 질병이 삶에 미치는 영향은 간과할 수 없다. 그것을 무시하는 것은 신앙이 아니다. 오히려 그것을 인정하고 바로 관리해야 한다. 그러나 질병을 지나치게 두려워하는 것도 바람직하지 않다. 어떤 질병도 하나님의 주권 아래 나타나기 때문이다. 질병을 통해 하나님의 메시지를 듣고, 하나님의 능력을 통해 질병을 이겨내는 것이 신앙인의 바른 자세이다. 질병을 통해 하나님께 더 나아가고 믿음이 단련된다면 질병은 가장 귀중한 선물이 될 수 있다.

믿는 사람들은 병이 나면 치유를 위해 먼저 하나님께 기도해야 한다. 치유의 근원은 하나님이기 때문이다. 언젠가 치유 은사에 관한 책을 읽었는데 "하나님은 치유의 능력을 가지고 계시고, 그 치유의 능력은 우리의 기도라는 파이프를 통해서 흐른다"는 구절이 있었다. 우리가 기도해도 하나님이 치유의 능력을 보내시지 않으면 치유되지 않는다. 그런데 하나님이 치유의 능력을 보내 질병을 고치시고 싶어도 우리의 기도라는 통로가 없으면 치유의 역사는 일어나지 않는다. 이 말씀은 치유기도에 대한 내 생각을 완전히 바꾸어 놓았다. 치유의 역사는 하나님의 손에 달렸다. 그러나 치유를 위한 기도는 내 책임이다.

하나님의 치유 역사에 대해 더 이상 부정하거나 의심할 여지가 없다. 그런데 하나님을 믿고 기도를 통해 치유받겠다는 사람들 중에 의사나 약을 부정하는 사람들이 적지 않다. 물론 하나님을 의지하지 않고 세상 약만 의지하는 것은 옳지 않다. 그러나 의사와 약 자체를 부정하는 것이 믿음의 모습은 아니다. 나는 질병의 치유를 위해 먼저 하나님께 기도하고, 의사의 처방에 따라 약을 먹는다. 치유 은사가 있는 분을 찾아가 특별한 기도도 받는다.

사도 바울은 디모데에게 편지해 경건 훈련의 유익에 대해서 가르치면서 육체의 연습이 약간의 유익이 있다고 했다(딤전 4:8). 성령의 열매 중에 절제가 있다. 육체의 연습과 음식의 절제 없이 질병 치유를 위해 하나님께 매달린다면 하나님도 답답하실 것이다.

일단 질병이 생기면 의사와 약의 도움이 필요하다. 의사를 찾거나 약을 먹는 것이 믿음이 부족한 탓이라고 생각하는 것은 과장된 종교심의 발로이지 성경적인 믿음에서 나온 것은 아니다. 마가복음 2장 17절에서 예수님은 의사는 건강한 사람을 위해서 필요한 것이 아니라 병자를 위해서 필요하다고 하셨다. 예수님은 스스로 많은 병자를 고치셨지만 그렇다고 병 고치는 의사를 필요없다고 하지 않으셨다. 병자의 병을 고치기 위해서 의사가 꼭 필요하다고 인정하셨다. 물론 의사를 찾아가거나 약을 먹을 때 의사와 약만을 의뢰한다면 그것은 작은 우상숭배가 된다. 우리는 철저히 하나님을 의뢰해야 한다. 그러나 의사와 약을 통해서 치유되는 것도 똑같은 하나님의 치유의 역사임을 잊어서는 안 된다.

의사와 약을 말하면 자연스럽게 서양의학을 전공한 의사와 약을 생각한다. 그러나 하나님은 동양 사람들을 위해서는 전통적인 한의학과 한약을 통해서도 얼마든지 치유의 역사를 베푸신다. 한의학이 서양의학의 부족한 점을 얼마든지 보완하기 때문에 하나님이 사용하실 수도 있다. 서양의학과 한의학 사이에 약간의 긴장이 있다. 그러나 하나님의 역사를 믿는다면 두 가지 모두 절대적이고 완벽할 수 없다는 사실을 인정하고 서로 보완해 나가야 한다. 그것이 하나님의 뜻을 이루는 아름다운 겸손이다. 최근에는 대체의학이 사람들의 관심을 끈다. 치유를 위한 하나님의 방법은 다양하다.

치유를 위해서 기도할 때 하나님의 전능하심을 믿고 기도해야 한다. 하나님께 간절히 기도하면 하나님은 죽을병도 고쳐주신다. 히스기야가 병들었을 때 이사야는 곧 죽을 거라는 하나님의 말씀을 그대로 전했다. 그런데 히스기야가 간절한 마음과 눈물로 기도하자 하나님은 마음을 바꾸셨다. 곧바로 이사야를 향해 히스기야의 병이 곧 낫게 된다고 말씀하셨다(왕하 20:1-7). 짧은 시간 사이에 하나님의 마음이 바뀌신 것이다. 어찌 보면 하나님이 일구이언한 것처럼 느껴진다. 그만큼 우리의 간절한 기도를 통해 역사가 일어나는 것이다.

그런데 아무리 간절히 기도해도 들어주시지 않는 경우가 있다. 바울은 하나님께 지병이 낫기 위해서 간절히 기도했지만, 하나님은 병이 낫지 않더라도 그가 받은 은혜가 족하다고 말씀하셨다. 그런데 바울은 그대로 받아들이면서 자신의 약한 것들에 대해서 오히려 기뻐했다(고후 12:9-10). 치유를 기대하고 그것을 위해서 기도하는 것도 좋은 믿음이지만 치유가 일어나지 않을 때 그것을 받아들이는 것이 더 좋은 믿음이다.

다윗도 죄로 잉태한 아들의 병이 낫기를 간절히 기도했다. 주변 사람들이 걱정할 정도로 금식하면서 기도했다. 그런데 하나님은 기도를 들어주지 않으셨고, 결국 아이는 죽고 말았다. 다윗은 아이의 죽음을 사실 그대로 받아들였다. 그리고 금식을 풀었다(삼하 12:22-23). 누구보다 간절히 기도했는데 치유가 일어나지 않으면 하나님께 불만을 갖기 쉽다. 그런데 다윗은 간절히 기도했지만 원치 않는 결과에도 불만을 갖지 않았다. 치유를 위해서 기도할 때 바로 이런 자세가 필요하다. 사실 지금도 수많은 사람들이 질병 치유를 위해 기도하고 있다. 그 기도가 다 이루어지지는 않는다. 예수님도 이 땅에 계시는 동안 질병을 많이 고치셨지만 그렇다고 질병에 걸린 모든 사람을 다 고쳐주시지는 않았다. 그렇다면 오늘날에도 치유기도의 응답이 다 이루어지는 것은 아니다. 그것을 받아들이는 것이 신앙이다.

질병의 완전한 치유는 예수님이 이 땅에 다시 오실 때 하나님 나라에서 이루어지는 것이다. 그렇다고 치유를 기대하지 말라는 것이 아니다. 오히려 질병 치유를 위해 기도하고 그 기도가 응답될 때 하나님 나라를 미리 맛볼 수 있다. 예수님은 세례 요한의 제자들에게 이렇게 말씀하셨다. "맹인이 보며 못 걷는 사람이 걸으며 나병환자가 깨끗함을 받으며 못 듣는 자가 들으며 죽은 자가 살아나며 가난한 자에게 복음이 전파된다 하라"(마 11:5). 이 땅에서의 치유는 하나님 나라를 체험하는 영적인 의미가 있다.

그러나 완전한 몸으로 살게 되는 것은 하나님 나라가 완전히 임했을 때 가능하다. "모든 눈물을 그 눈에서 닦아 주시니 다시는 사망이 없고 애통하는 것이나 곡하는 것이나 아픈 것이 다시 있지 아니하리니 처음 것들이 다 지나갔음이러라"(계 21:4).

나는 지금 질병을 앓으면서 하나님이 치유해주실 것을 간절히 기도하고 있다. 내 병의 치유를 위해서 하나님은 다양한 방법을 사용하신다는 것을 인정하고 하나님께 매달린다. 혹시 하나님이 치유하시지 않아도 그것을 통해서 하나님의 새로운 은혜를 체험할 것을 기대한다. 무엇보다 과정을 통해 하나님 나라를 맛보게 되며 그 나라를 소망하게 되기를 기원한다.

웃음, 감정의 균형을 위한 대안

텔레비전을 보면 웃기는 프로그램 천지다. 개그 프로그램 외에도 '버라이어티'를 표방한 수많은 프로그램이 웃음을 주기 위해 애쓴다. 텔레비전뿐 아니라 우리 문화 전체가 사람들을 웃기려고 든다. 대학 강의는 물론 설교도 웃음을 넣어야 반응하는 세상이 되었다. 사실 바쁜 현대인들은 극심한 스트레스 때문에 뭔가 돌파구가 필요하다. 웃음은 그런 사람들에게 일종의 안전밸브 역할을 할 수 있다. 항상 쫓기는 직장인들에게 웃음은 여유를 찾아주는 좋은 보약이다.

예수님이 환하게 웃는 그림을 보고 낯설다는 느낌을 받은 적이 있다. 우리는 근엄하고 조금은 우울해 보이는 예수님 그림에 익숙하기 때문이다. 그러나 이 땅에 오신 예수님이 매일 인상 쓰고 다니시지는 않았을 것이다. 잔치자리에 초대받은 예수님은 손님들과 어울리면서 좌중을 재미있게 이끄셨을 것이다. 사람들이 세례 요한과는 다르게 행동한 예수님을 비난했던 것을 감안하면 파격적인 예수님의 모습을 어느 정도는 짐작할 만하다(눅 7:33-34). 그러나 우리는 예수님을 생각하면서 웃음을 연상하지 않는다. 그것은 진짜 예수님의 모습이 아니라 종교적인 전통으로 가려진 모습이다.

하나님은 천지를 창조하시고 보시기에 좋았다고 하셨는데, 만족스러운 표정으로 미소를 지으셨을 것이다. 시편에 "그때에 우리 입에는 웃음이 가득하고 우리 혀에는 찬양이 찼었도다"(시 126:2)라는 구절이 나온다. 우리 마음이 즐겁게 웃음을 터뜨릴 때 하나님이 주신 창조의 선물을 풍성히 누리는 것이다. 아담과 하와의 범죄는 웃음 대신 슬픔을 이 땅에 남겼다. 그렇다고 웃음 자체가 완전히 사라진 것은 아니다. 전도서에서 보듯이 "울 때가 있고 웃을 때가 있는"(전 3:4) 것이다. 때로는 웃음이 애통으로 변하고(약 4:9), 웃는 자들이 울기도 한다(눅 6:25).

죄로 인해 기쁨의 표현이었던 웃음이 변질되기도 했다. 아브라함과 사라는 하나님이 아들을 낳겠다고 예언했을 때 웃음으로 대답했다(창 17:17; 18:12). 한마디로 믿지 못하겠다는 뜻으로 웃음이 부정적으로 사용된 예다.

사람들은 여전히 웃음을 원한다. 과거에는 광대가 있었고, 지금은 코

미디언과 개그맨이 그 역할을 대신한다. 그러나 이런 웃음은 피상적인 웃음일 뿐이다. 누구보다도 인생을 즐겁게 살았던 솔로몬은 실컷 웃어보았지만 "그것은 미친 것"(전 2:2)이라고 고백했다.

그러나 창조 원리에 따라 살기 위해서는 웃음을 회복해야 하고 이웃에게 웃음을 나눠주어야 한다. 웃음을 회복하기 위해서는 진정한 기쁨을 누려야 한다(눅 6:21). 진정한 웃음은 그리스도 안에서 영생을 가진 사람들에게만 나타난다. 마음이 기쁠 때 진정한 웃음이 나온다. 웃음을 얻기 위해서는 무엇보다 마음이 즐거워야 한다.

그리스도인들은 대체로 유머 감각이 떨어진다는 평을 듣는데 웃음의 가치를 잘 모르기 때문이다. 또 웃음을 자아내는 세상 유머들이 그리스도인으로서 용납하기 어려운 경우가 많기 때문이기도 하다. 이런 환경에서 그리스도인들이 웃음을 만들고 전하는 것은 그리 쉽지 않다. 그러나 웃음을 필요로 하는 세상에서 웃음을 만드는 것은 어찌 보면 그리스도인의 중요한 사명일 수도 있다.

사람들은 일에 몰입하면 심각해진다. 감정의 균형을 잃을 수도 있다. 이때 웃음이 감정의 균형을 잡아준다. 또한 웃음은 스트레스를 풀어준다. 그리고 건강에도 도움이 된다(잠 17:22). 사람들을 하나로 묶어주기도 한다.

웃음에는 심리적인 기능이 있다. 스트레스가 생길 때 담배를 피거나 술을 마시는 것보다 실컷 웃으면 훨씬 건전하게 해소할 수 있다. 웃음에는 사회적인 요소가 있어서 서로의 관계가 친밀해진다. 의사소통에도 도움이 된다. 웃음을 통해서 의사를 전달하면 상처를 주지 않는다. 진짜 웃음을 자아내기 위해서는 자연스러워야 하고 자발적이어야 한다. 웃음을 만들어 내면서 다른 사람을 웃음거리로 만드는 것은 조심해야 한다. 음담패설 역시 삼가야 한다.

웃음은 가르칠 수는 없다. 은사 중 하나이기 때문이다. 기질적으로 잘 웃기는 사람들이 있다. 그러나 노력해서 얻을 수도 있다. 없는 것을 만들어 내는 것이 아니라 내면에 있는 것을 확산시키고 개발하는 것이다. 요즘은 인터넷을 통해서 유머가 전달되기도 한다. 가장 중요한 것은 웃음은 자연스럽게 전파되어야 한다는 사실이다.

잠, 뜻밖의 축복

정상적인 사람이라면 매일 잠을 잔다. 사람은 매일 정한 시간 잠을 자야 정상적으로 생활할 수 있다. 가끔 일이나 공부, 철야기도 등으로 밤을 새우기도 하지만 잠을 자지 않을 수는 없다. 고문 가운데 가장 견디기 힘든 고문이 잠을 재우지 않는 것이다. 잠은 생존의 가장 기본적인 필요조건이며 우리 삶에서 가장 중요한 행위이다.

아담은 자다가 하나님의 축복을 받았다. 그는 자다가 자신의 "뼈 중의 뼈요 살 중의 살"(창 2:23)인 아내도 얻었다. 아담의 경우처럼 잠자는 동안 우리는 모든 것을 내려놓는다. 잠자는 동안 우리는 온전히 하나님께 의지할 수밖에 없다.

"내가 누워 자고 깨었으니 여호와께서 나를 붙드심이로다"(시 3:5). 하나님이 계시기에 우리는 편안히 잠잘 수 있다. "네가 누울 때에 두려워하지 아니하겠고 네가 누운즉 네 잠이 달리로다"(잠 3:24).

그러나 하나님을 떠난 인간들은 잠의 축복을 제대로 누리지 못한다.

가장 고통스러운 것은 원하는 만큼 잘 수 없는 것이다. 최고의 권력과 부를 누리면서도 잠을 못 이루는 사람들이 얼마든지 있다. 꿈을 꾼 후에 마음이 괴로워진 느부갓네살 왕은 잠을 이룰 수 없었다(단 2:1). 마음의 고통이 잠의 축복을 빼앗아버린 것이다. 현대사회에서도 헤아릴 수도 없이 많은 사람들이 불면증에 시달린다. 불면증 때문이든 격무 때문이든 사람들은 "잠 한번 실컷 자봤으면 원이 없겠다"고 말한다. "사람이 해 아래에서 행하는 모든 수고와 마음에 애쓰는 것이 무슨 소득이 있으랴. 일평생에 근심하며 수고하는 것이 슬픔뿐이라. 그의 마음이 밤에도 쉬지 못하나니 이것도 헛되도다"(전 2:22-23).

종종 잠은 죄악과 직접적인 연관을 가진다. 하나님의 축복으로 주어진 잠이 죄악으로 이끄는 유혹의 도구가 된 것이다. 삼손은 머리카락이 잘리는 순간 이방여자인 들릴라 품에서 자고 있었다(삿 16:19). 하나님의 명령을 피해 다시스로 도망가던 요나는 배에서 깊은 잠에 빠졌다(욘 1:5). 예수님이 피와 땀을 흘리며 기도하는 동안 함께 기도하라는 부탁을 받은 세 제자도 자고 있었다(마 26:40). 죽을지언정 예수님을 부인하지 않겠다던 베드로는 시험에 들지 않게 깨어 있어 기도해야 할 시간에 잠에 빠졌다. 결국 예수님을 세 번이나 부인하는 실수를 저지르고 말았다.

현대사회는 구조적으로 사람들에게서 잠을 빼앗고 있다. 사람들은 자연과 인체의 사이클을 무시하고 일하며 상당량의 잠을 빼앗겼다.《잠 도둑들》이라는 책에서는 전기를 발명한 에디슨이 현대인에게서 잠을 빼앗아간 범인이라고 말하지만, 결국 인간의 욕심이 잠을 빼앗아버린 것이다. 지금도 많은 사람들이 세상의 욕심과 일에 쫓기고 있다.

운전하다 보면 졸음 운전하는 사람들을 보게 된다. 빨간불 신호에 멈

취 잠이 드는 경우도 있다. 잠의 부족은 일상에서 위험요소로 자리 잡고 있다. 잠의 부족은 신앙생활을 위협하기도 한다. 유두고는 바울의 설교를 듣던 중 졸음을 이기지 못해 큰 변을 당했다(행 20:9). 바른 경건 생활을 위해서는 잠에 관한 훈련과 관리가 필요하다. 특히 설교 시간에 자주 조는 사람들은 더 많은 노력이 필요하다. 물론 설교자들의 책임도 없지 않다. 그러나 예배에 필요한 준비를 하지 못한 성도들에게도 문제가 있다. 토요일에 밤늦게까지 일한다거나 텔레비전을 보는 것은 예배 준비를 하지 않는 것이다. 예배를 위해 일찍 잠자리에 드는 것도 경건한 성도의 책임이다.

반대로 경건생활을 위해 잠을 절제할 필요도 있다. 철야기도가 대표적인 예이다. 잠 자체는 분명 하나님의 선물이지만 하나님과의 깊은 사귐의 시간을 갖기 위해 포기할 수도 있다. 금식하며 하나님과 더욱 친밀하게 기도할 수 있는 것처럼 축복으로 주신 잠을 줄이고 기도할 때 하나님과 더 가까워짐을 체험할 수 있다.

학생들은 시험을 앞두고 밤샘 공부를 한다. 직장인들은 긴급한 프로젝트를 위해 야근을 한다. 그러나 요즘은 신앙인들이 하나님께 기도하기 위해서 철야하는 경우가 흔하지 않다. 교회도 무늬만 철야일 뿐 적당한 시간에 끝내는 심야기도로 바꾸고 있다.

그리스도인은 잠에 대한 새로운 인식을 가져야 한다. 시편 기자는 "여호와께서 그의 사랑하시는 자에게는 잠을 주시는도다"(시 127:2)라고 노래했다. 예수님은 풍랑이 일렁이는 바다 위의 흔들리는 배 안에서도 주무셨다. 하나님 아버지에 대한 깊은 신뢰를 느낄 수 있는 대목이다(막 4:38-40). 엘리야는 로뎀나무 아래서 잠을 자고 난 후 영육간의 회복을 얻었다(왕상 19:5). 잠이 주는 축복을 풍성하게 누린 것이다. 그러나 잠도 지나치면 문제가 된다. "게으른 자여 네가 어느 때까지 누워 있겠느냐. 네가 어느 때에 잠이 깨어 일어나겠느냐. 좀더 자자, 좀더 졸자, 손을 모으고 좀더 누워 있자 하면 네 빈궁이 강도 같이 오며 네 곤핍이 군사 같이 이르리라"(잠 6:9-11).

한편 잠에도 예절이 필요하다. 아침 일찍 일어나 새벽기도를 가는 것은 긍정적인 일이지만 가족이나 이웃의 잠을 방해한다면 결코 바람직한 일이 아니다. 현대사회에서는 잠과 관련해서 이웃에 대한 배려가 더욱 절실하다. 심야버스에서 시끄럽게 떠들거나 큰 목소리로 휴대폰 통화를 하는 것도 삼가야 한다. 다른 사람이 누리는 잠의 축복을 빼앗기 때문이다. 코를 심하게 곤다면 잠자리를 같이 하는 가족들을 위해 적절한 조치를 취해야 한다. 미국에서 한 세미나에 참석했는데 한 방을 쓰게 된 영국인이 내게 귀마개를 주었다. 그는 코를 심하게 곤다면서 귀마개를 하고 자라며 웃었다.

잠을 조절하거나 불면증을 해결하기 위해 각성제나 수면제를 사용할 수는 있지만 지나치거나 의존하는 것은 바람직하지 않다. 잠자리에서 누워 잠을 주시고 안식하게 하신 하나님께 감사하고, 잠에서 깨어나면서 잠을 통해 새로운 하루를 시작할 힘을 주신 하나님께 감사하면 적절한 잠을 주실 것이다.

쉼이 있는 삶의 가치

　분주하게 사역하시는 어떤 목사님에게 휴식을 권했더니 아주 심각한 얼굴로 이렇게 대답했다. "하나님의 일을 어떻게 쉴 수 있습니까?" 경건한 말처럼 들리지만 따지고 보면 아주 비성경적인 말이다. 사람들에게 일하라고 명령하신 하나님은 똑같은 강도로 쉬라고 명령하셨기 때문이다.

　쉬는 것은 선택사항이 아니라 반드시 순종해야 할 하나님의 명령이다. 순종의 모범을 보이시기 위해 하나님 자신이 먼저 쉬셨다. 하나님은 피곤해서 쉬신 것이 아니다. 쉼이 중요하다는 것을 사람들에게 가르치기 위해서 몸소 보여주신 것이다. 일하지 않는 것이 하나님의 뜻을 거스르는 것처럼 쉬지 않는 것도 하나님의 뜻을 거스르는 일이다.

　쉼은 시간과 장소가 중요하다. 일하다가 땀을 식히기 위해 나무 그늘에 앉아 잠시 쉬어도 좋고, 사무실에서 잠시 눈을 붙이는 것도 쉼이다. 그러나 진정한 쉼을 위해서는 시간을 내어 특별한 장소로 가야 한다.

결국 쉼은 시간과 장소에 대한 의지적인 결정과 구체적인 실천이 따라야 한다.

직장인들은 며칠 휴가를 주면 여행을 가고 싶다고 말한다. 집에서 푹 쉬고 싶다는 사람들도 있지만 대다수가 여행을 선호한다. 일하는 곳을 멀리 떠나 새로운 세계를 경험하고 싶은 속내를 보여주는 것이다. 그렇게 기대한 여행이지만 쉼을 주기는커녕 몸과 마음을 지치게 하는 경우가 많다. 휴가나 여행이 또 다른 종류의 일이 되기도 한다. 단체관광을 가면 스케줄 때문에 도무지 쉴 수 없다.

쉼이 다른 종류의 일이 되지 않으려면 어디서 어떤 형태로 쉼을 갖느냐가 중요하다. 사람들이 많은 곳, 다채로운 레저 활동을 경험할 수 있는 곳에서는 쉼이 또 다른 일일 뿐이다.

유럽 사람들은 휴양지 나무 그늘에서 책을 보거나 이야기를 나누고, 잠시 물에 들어가 수영하는 것으로 하루를 보낸다. 스케줄에 따라 움직여야 하는 우리로서는 갑갑해 보일지 몰라도 그들은 진정한 쉼을 경험한다.

우리의 쉼은 대부분 교통 사정으로 인해 망친다. 잘 쉬었다가도 돌아올 때는 긴 귀경 행렬에 다시 지친다. 그래서 사람들이 많이 찾는 유명 관광지보다, 지나치게 레저 활동을 많이 하는 곳보다 말 그대로 쉴 수 있는 곳을 찾아야 진정한 쉼을 누릴 수 있다.

직장인들이 쉼을 누리기 위해서는 시간이 가장 문제이다. 주5일 근무제가 확산되었지만 마음의 여유가 없는 직장인들은 좀처럼 여유가 나지 않는다.

교회에 다니지 않는 사람들은 주일에 나름대로 쉴 수 있다. 그러나 교회생활에 성실한 그리스도인들은 대부분 주일에 제대로 쉬지 못한다. 예배를 드리고 이런저런 봉사하고, 몇몇 회의에 참석하면 주일 저녁이 된다. 회사일하는 것보다 더 피곤한 하루가 되기 일쑤다.

그렇다고 봉사 등 교회활동을 무작정 중단하고 집에 쉬는 것만이 능사는 아니다. 그리스도인들은 주일 교회활동이 또 하나의 일이 되지 않고 영적인 안식이 되도록 조율할 필요가 있다. 휴일에 등산을 한 사람들이 잘 쉬었다고 말하는 것처럼 교회활동을 통해서 영적인 안식을 누릴 수 있어야 한다는 것이다.

한편 쉼이 중요하지만 가정생활은 좀처럼 여유가 없다. 남편과 아내가 가사에 대한 책임을 다해야 하기 때문에 혼자 조용히 쉬기도 어렵다. 그러나 일 년에 한두 번 정도는 과감하게 시간을 낼 필요가 있다. 여행을 떠날 수도 있지만 영적 침체를 벗어나기 위해 기도원을 찾는 것도 좋다.

가족 나들이의 경우 가장이 자녀들을 위해 봉사한다는 느낌이 강하다. 물론 절대적으로 필요한 일이지만, 먼저 남편과 아내가 단 둘이 쉬는 시간을 갖는 것이 좋다. 우리나라처럼 자녀들을 위해 부모의 희생이 지나치게 강요되는 경우, 가정의 회복을 위해 부부가 함께 쉬는 시간이 꼭 필요하다.

아무리 쉼의 중요성을 강조해도 우리들에게는 쉬는 것 자체가 주어진 삶과 시간을 낭비하는 것이 아닌가, 하는 생각을 갖게 된다. 우리도 모르는 사이에 바쁜 현대 생활에 익숙해졌기 때문이다.

일할 때는 하나님의 일을 대신한다는 자세로 일해야 한다. 무슨 일을 하든, 일할 때는 우리의 책임이 중요하다는 말이다. 그러나 쉴 때는 우리가 없어도 하나님이 이 세상을 얼마든지 통치하실 수 있다는 굳은 믿음

을 가지고 쉬어야 한다. 쉴 때는 우리의 믿음이 중요하다는 말이다. 쉬어
야 할 때 제대로 쉬지 못하는 것은 결국 하나님에 대한 불신앙에 다름 아
니다. 쉴 때 쉬자.

10

기호와
신앙

christian

기호에 대한 취향은 개인적이다.
모든 사람은 하나님의 형상으로 창조되었지만
어느 한 사람도 똑같이 창조되지 않았다.
기호는 옳고 그름이나 선악의 문제가 아니라
단순한 차이일 뿐이다. 기호의 독특함이 윤리적인 판단의
근거가 되어서는 안 된다. 그러나 기호의 내적 동기는 평가되어야 한다.
윤리적으로, 영적으로 평가해야 한다. 따라서 문화에 대한
바른 가치관을 가진 그리스도인들, 특히 전문 영역에서
일하는 그리스도인들은 사명감을 가져야 한다.

스포츠, 죄로 물들기 쉬운

건강을 위해서는 반드시 운동해야 한다. 규칙적인 운동은 하나님이 주신 육체를 관리하는 청지기적 활동이기도 하다. 또한 성도들과 함께 어울려 운동하는 것은 말씀과 기도처럼 성도들 간의 온전한 교제를 나누는 통로이다. 그러나 운동에도 예외 없이 죄악의 요소가 도사리고 있다. 운동에 지나치게 몰입하면 중독되는 실수를 범하는 것이다. 건강을 위해서 시작한 골프에 빠져 경건생활을 소홀히 하는 것은 물론 가정이나 직장에서의 책임을 다하지 못하는 것은 변명의 여지가 없는 죄악이다.

운동은 육체의 건강을 지키기 위한 활동이지만 현대사회로 접어들면서 하나의 대중문화가 되었다. 개인의 건강 유지 차원보다 프로선수들의 게임을 보며 즐기는 방향으로 변한 것이다. 운동하면서 땀 흘릴 생각은 하지 않고 스포츠신문은 반드시 읽어야 직성이 풀리는 현대인들의 모습이 이런 현상을 대변한다. 현대인들에게 운동은 신체적인 문제에서 정신적인 문제로, 결국 대중문화로 자리 잡으면서 영적인 문제로 확대되었다.

사실 운동 경기를 구경하면 정신적인 유익이 있다. 경기장에서 직접 관람하거나 집에서 텔레비전을 통해 선수들이 뛰는 모습을 보며 함께 흥분하다 보면 생활의 스트레스가 사라진다. 운동 경기를 관람하는 것은 음악이나 영화 감상처럼 대중문화로서 가치가 있다. 그러나 대중문화는 사람들에게 즐거움을 주는 동시에 사람들의 영혼을 죄악으로 오염시키는 요소를 내포하고 있다. 스포츠도 그런 요소가 잠재되어 있다. 대중화가 가속되면서 정도가 매우 심각해지고 있다.

스포츠 영역에 스며든 죄악의 문제는 이미 고대사회부터 시작되었다.

고대 시민들은 투기장에서 노예들이 싸우는 것을 보고 즐겼는데, 이것이 현대 스포츠 문화의 뿌리이다. 초대교회의 교부 터툴리안은 그리스도인들이 노예들의 싸움을 구경하는 것을 엄격하게 금했다. 이미 오래 전에 스포츠 문화를 신앙의 관점에서 보았던 점은 본받아야 한다. 기독교 신앙에서 스포츠는 다음과 같은 문제점을 내포하고 있다.

최근 유행하는 이종격투기는 기술과 힘으로 승부하는 것이 아니라 상대방의 신체에 폭력을 가해 승부를 결정짓는다. 자신의 몸을 보호하고 위기에 처한 사람들을 돕기 위해 권투나 태권도를 배울 수 있다. 그러나 단순히 운동 경기라는 이유만으로 상대방에게 폭력을 행하는 것은 합법적이라 해도 과연 바람직한 것인가 고민해 볼 필요가 있다. 그런 경기를 지켜보면서 흥분하는 것 역시 경건한 성도로서 바람직한 모습인지 생각해 보아야 한다. 선수들이 피투성이가 되어가며 승부에 몰입하는데, 신이 나서 어쩔 줄을 모르는 것은 아무리 긍정적으로 이해하려 해도 문제가 있다.

스포츠에서 경쟁을 피할 수는 없다. 동호인 모임에서도 경쟁이 빠질 수 없다. 프로 스포츠는 더 말할 것도 없다. 성경은 경쟁 자체를 부정하지 않는다. 사도 바울은 성도들을 운동장에서 달음질하는 자들에 비유하면서 경쟁의 가능성을 인정했다(고전 9:24). 비단 운동 경기뿐 아니라 삶에서도 경쟁은 서로의 발전을 위해 필요하다. 그러나 스포츠에서 상대방을 어떻게든 제압해야 한다는 경쟁심이 궁극적인 동기와 목적이 된다면 그리스도의 정신에 어긋난다.

운동 경기를 관람하면서 자신이 응원하는 팀의 승리를 기대하는 것은 당연하다. 사람들과 어울려 함께 응원하고, 그 팀이 승리했을 때 기쁨을 함께 누리는 것은 스포츠가 주는 좋은 유익 중 하나이다. 이를 통해 국가 또는 기업 공동체의 정체성을 확인할 수도 있다. 그러나 승부욕이 지나치면 상대방에 대한 적개심을 불러일으킨다. 월드컵이나 유럽 축구리그에서 나타나는 난동을 보면 스포츠가 마치 국가 전쟁처럼 느껴진다.

현대 스포츠의 가장 심각한 문제는 상업주의의 만연이다. 스포츠 본연의 순수성은 사라진 지 오래다. 억대 몸값을 자랑하는 선수들이 있고, 그들을 이용한 광고가 난무한다. 스포츠를 통해 결국 남는 것이 돈밖에 없다면 영적으로 큰 문제이다. 상업주의는 우상화의 문제를 야기한다. 현대사회에서 영웅이나 위인은 사라졌지만 대신 인기스타들이 활개를 치고 있다. 운동선수들은 영화배우나 가수들과 더불어 현대인의 우상이 되고 있다.

이런 문제들을 생각하면 그리스도인들은 아예 운동 경기를 봐서는 안 될 것처럼 느껴진다. 정말 그래야 할지도 모른다는 생각이 드는 것은 "육신의 정욕과 안목의 정욕과 이생의 자랑"(요일 2:16)이라는 사탄의 3대 전략이 가장 잘 접목된 영역이 바로 스포츠이기 때문이다. 물론 무조건 반문화적인 태도를 취할 필요는 없다. 그러나 '신앙은 신앙이고, 스포츠는 스포츠'라는 생각은 자칫 우리를 사탄의 전략에 말려들게 만든다.

텔레비전, 이에 취하지 말라

텔레비전이 응접실 한가운데를 차지하고 있는 풍경은 어느 집이나 비슷하다. 신문은 텔레비전 프로그램에 한 면을 할애하고 있다. 바빠서 성경 읽을 시간이 없는 성도들도 하루에 한두 시간 이상은 텔레비전을 보며, 더 많은 시간을 볼 수 없다고 볼멘소리를 한다. 교회 다니는 아이들은 예수님의 제자 이름은 몰라도 텔레비전에 나오는 가수나 탤런트 이름은 줄줄 왼다. 지난 주일 설교 제목은 기억나지 않아도 주말 연속극 내용은 대사까지 생생하게 기억하는 성도들이 많다. 이쯤 되면 텔레비전은 더 이상 하나의 가전제품이 아니다. 우리 삶의 필수요소를 넘어 삶의 우상으로 부상하고 있다.

텔레비전이 우리 삶에서 중요한 위치를 차지하는 만큼, 이제 텔레비전을 어떻게 이해하는가는 신앙의 중요한 척도다. 경건하다는 성도들 중에도 텔레비전에 푹 빠져 있는 사람이 있는가 하면, 텔레비전과 아예 담쌓고 지내는 사람들도 있다. 텔레비전은 하나님이 인간을 구원하시기 위해 노아에게 만들라고 했던 방주와 같은 실체는 아니다. 그렇다고 하나님을 대적하기 위해 사람들이 만든 바벨 탑 같은 존재도 아니다. 텔레비전의 기원은 아주 단순하다. 가인의 후손은 음악을 즐기기 위해 수금과 퉁소를 만들고, 일을 손쉽게 하기 위해 동철로 기계를 만들었다(창 4:21-22). 같은 맥락에서 20세기 가인의 후손은 시청각을 통해 정보를 얻고 즐기기 위해 텔레비전을 만들었다.

현대인들은 텔레비전을 통해 옛날 사람들이 보고 듣지 못했던 엄청난 것들을 보고 듣고 체험한다. 안방에 앉아서 우주선이 공중 폭발하는 장면을 보았고, 사막 한가운데서 벌어지는 전쟁을 생중계로 보았다. 각종 자연 다큐멘터리들을 통해 하나님이 창조하신 자연의 신비를 실감나게 체험했다. 과거에는 볼 수 없었던 자연과 역사의 현실을 생생하게 본다.

현대사회에 긍정적인 역할을 했다손 치더라도 텔레비전은 죄악과 무관하지 않다. 금세기 최고의 발명품 텔레비전이 오염되고 있다. 아니 이제는 점차 오염의 원천이 되어 가고 있다. 세상의 죄악들은 텔레비전 속으로 들어가 다양한 형태로 분화되었다. 무소불위의 파급력을 가진 텔레비전은 사회를 더욱 더 오염시키고 있다. 불륜을 사랑으로 포장하는 텔레비전은 사회적인 불륜을 부추기고 있다는 비난을 면하기 어렵다. 텔레비전은 사회적 악순환을 가속화한다.

선과 악의 야누스 얼굴을 가진 텔레비전의 양면성 때문에 텔레비전을 무작정 내다버릴 수도 없고 그렇다고 무조건 수용할 수도 없는 난처한 입장에 처했다. 결국 텔레비전은 보는 사람에 따라 그 가치가 결정된다. 그러므로 텔레비전 자체보다 시청자의 자세가 그 가치를 좌우한다. 세상에 있는 많은 것들이 그렇듯이 텔레비전은 하나의 전자제품이지만 우상의 요소를 가지고 있다.

분명히 텔레비전은 사람들이 만든 것이고 사람들이 사고파는 물건에 불과하다. 그러나 많은 사람들이 텔레비전으로부터 자유롭지 못하다. 중독에 걸린 사람은 말할 것도 없고 그 앞에 멍하니 앉아서 제단을 쌓고 있는 사람들도 허다하다.

텔레비전의 문제는 결국 텔레비전을 시청하는 사람의 문제이다. 누가 언제 무엇을 어떻게 왜 시청하느냐에 따라 텔레비전의 가치는 달라진다. 그리스도인들에게 텔레비전 시청은 개인의 신앙을 말해 주는 중요한 척도가 될 수 있다.

그리스도인들은 텔레비전을 삶의 변두리에 둘 줄 알아야 한다. 이런 경지에 오르려면 텔레비전 시청 시간을 스스로 통제할 수 있어야 한다. 스스로 통제 불능이라고 인정한다면 과감하게 텔레비전을 삶의 변두리로, 혹은 밖으로 내몰아야 한다. 기도할 시간과 성경 읽을 시간은 없는데 텔레비전 볼 시간은 남아있다면 결단이 필요하다. "세월을 아끼라 때가 악하니라"(엡 5:16)는 짧은 말씀은 텔레비전 앞에 앉아 있는 성도들이 귀 담아 들어야 할 구체적인 명령이다.

텔레비전에 대한 그리스도인의 통제는 시간뿐 아니라 내용에도 적용해야 한다. 이미 말한 대로 텔레비전은 죄악된 세상의 반영이자 근원이다. "그들의 총명이 어두워지고 그들 가운데 있는 무지함과 그들의 마음이 굳어짐으로 말미암아 하나님의 생명에서 떠나 있도다. 그들이 감각 없는 자가 되어 자신을 방탕에 방임하여 모든 더러운 것을 욕심으로 행하되"(엡 4:18-19). 우리 자신이 텔레비전을 분별하고 통제하지 않으면 결국 텔레비전의 통제를 받게 된다.

특정 요일에 특정 프로그램을 보기 위해 일찍 귀가한다면 텔레비전의 통제 아래 있는 것이다. 에베소서 말씀을 응용하자면 텔레비전 시청을 위한 그리스도인의 바람직한 자세는 이것이다. "텔레비전에 취하지 말라. 이는 방탕한 것이니 오직 성령의 충만을 받으라."

구약의 선지자들은 영적인 권위를 가지고 하나님의 뜻에 맞지 않는 당시 사회의 모습을 지적하는 역할을 감당했다. 그들은 우상숭배 등 종교적인 죄악은 물론 성적인 범죄와 경제적인 불의 등에 서릿발 같은 예언을 서슴지 않았다.

선지자 없는 시대를 사는 우리는 텔레비전을 시청하면서 구약의 선지자처럼 사명감을 가져야 한다. 영적인 의미에서 텔레비전 프로그램을 모니터하는 그리스도인들을 '텔레비전 예언자'라고 불러도 좋다. 텔레비전을 통해 설교하는 예언자도 많이 나와야 하지만 이보다 더 필요한 것은 텔레비전에 대해 예언하는 '모니터'들이다. 넓게 생각하면 이들이야말로 현대적인 의미에서의 예언자이다.

예나 지금이나 거짓 선지자들이 많이 있다. 거짓 선지자들 틈에서 하나님의 말씀을 예언했던 예레미야는 안타깝게 외쳤다. "그들이 말한 묵시는 자기 마음으로 말미암은 것이요 여호와의 입에서 나온 것이 아니니라"(렘 23:16). "꿈을 꾼 선지자는 꿈을 말할 것이요 내 말을 받은 자는 성실함으로 내 말을 말할 것이라 겨가 어찌 알곡과 같겠느냐"(렘 23:28). 크리스천 모니터들은 똑같은 텔레비전 프로그램을 모니터하더라도 그것을 통해 하나님의 뜻이 드러나는 데 목적을 두어야 한다. 문화적인 영역의 전문성을 갖추어야 하지만 무엇보다도 말씀에 대한 지식이 깊어야 한다. 말씀에 대한 깊이는 모니터에 대한 균형 감각을 심어준다.

선지자는 비판과 부정만 하지 않는다. 건전한 대안을 보여주는 것이 선지자의 또 다른 사명이다. 현대의 텔레비전 선지자 역시 건전한 프로그램들을 찾아내 하나님의 뜻에 맞게 사용하도록 지침을 주어야 한다. 그리스도인 문화 사역자인 텔레비전 모니터야말로 이 시대상을 직시하며 제 할 일을 다 하는 선지자가 되어야 한다.

성경에는 텔레비전이 없다. 텔레비전에도 특별한 경우를 제외하고는 성경이 없다. 그래서 성경은 성경대로 읽고 텔레비전은 텔레비전대로 아무 생각 없이 본다. 그러나 영원히 살아있는 하나님의 말씀은 오늘 우리 시대의 텔레비전과도 결코 무관하지 않다.

성경으로 텔레비전을 조명해 보면 구체적인 하나님의 뜻을 발견할 수 있다. 거실 한가운데 놓인 텔레비전을 볼 때마다 우리 마음속에 있는 하나님의 말씀으로 비추어 보자.

요식,
축복과 저주의 긴장

누군가 "내 빵의 문제는 육신의 문제이지만 이웃의 빵 문제는 영적인 문제"라고 말한 적이 있다. 그러나 생각해 보면 내 빵의 문제도 영적인 문제이다. 먹는 것은 육신을 위한 일이지만 하나님이 주신 축복이다. 먹는 것 때문에 하나님이 만드신 육신을 망가뜨린다면 먹고사는 문제이기 전에 영적인 문제인 것이다. 먹는 문제도 얼마든지 신학적인 토론의 주제가 될 수 있다.

하나님이 아담과 하와에게 처음으로 주신 축복 중 하나가 먹는 축복이다. 하나님은 선악을 알게 하는 열매만 빼고 에덴에 있는 모든 실과를 먹도록 하셨다. 하나님이 먹으라고 하신 것을 먹는 일은 사람들이 얼마든지 누릴 수 있는 축복이다. 창조 당시에는 채식만 허용되었지만(창 1:30) 노아의 홍수 이후 육식도 허용하셨다(창 9:3). 우리는 하나님이 창조하신 어떤 음식도 먹고 즐길 수 있다. 전도서 기자는 하나님의 축복을 가르치는 중에 먹고 마시는 문제를 빠뜨리지 않고 있다(전 9:7).

재미있는 것은 사람의 몸으로 나타나신 하나님이 아브라함이 준비한 음식을 먹었다는 사실이다(창 18:5-8). 먹는 것의 중요성을 아시는 하나님은 이스라엘 백성이 광야에서 굶지 않도록 만나와 메추라기를 내려주셨다. 예수님도 이 땅에 계시는 동안 제자들과 함께 먹고 마셨는데, 당시 종교적인 계율을 고집하는 사람들이 금하는 음식도 아랑곳하지 않으시고 먹고 마셨다. 이에 예수님을 시기한 사람들은 "먹기를 탐하고 포도주를 즐기는 사람"(눅 7:34)이라고 비난했다.

예수님은 사람이 떡으로만 사는 것이 아니라고 말씀하면서도 정작 배고픈 사람들의 먹는 문제를 늘 걱정하셨다. 결국 어린아이가 내어놓은 오병이어로 5,000명이 넘는 무리를 배불리 먹이셨다. 무리들에게 말씀을 전하는 것도 하나님의 일이요, 그들을 배불리 먹이는 것도 중요한 하나님의 일이었다(마 14:19-20).

먹고 마시는 일의 축복을 가장 극적으로 보여준 사건은 예수님이 제자들과 마지막 식사하실 때이다. 예수님은 먹던 빵과 마시던 포도주로 우리를 위해 찢기실 몸과 흘리실 피를 기념하셨다. 이것이 우리가 기념하는 성찬식의 시작이다. 먹고 마시는 것으로 예수님의 죽음을 기념하고 기억하게 하신 일은, 먹고 마시는 일이 하나님의 진정한 축복임을 보여준다.

그런데 하나님이 축복으로 주신 '먹는' 일이 안타깝게도 범죄의 통로가 되었다. 인류 최초의 범죄는 아담과 하와가 뱀의 꼬임에 빠져 선악을 알게 하는 나무의 열매를 따먹은 것이다. 먹는 것은 축복이면서 한편으로는 죄와 유혹의 통로가 되었다. 가장 대표적인 것이 이삭 가정에서 일어난 일이다. 야곱이 형 에서에게 팥죽을 선물로 주었다면 그것은 아름다운 미덕으로 남았을 것이다. 그런데 에서는 장자권을 중하게 여기지 않고 팥죽 한 그릇에 동생 야곱에게 팔아넘겼다. 그 바람에 야곱은 악은 사람이, 에서는 하나님 앞에 망령된 사람이 되었다(창 25:34).

예수님이 광야에서 마귀에게 시험을 당하실 때 첫 시험이 돌로 떡이 되게 하라는 것인데, 의미하는 바가 크다. 처음 마귀가 아담에게 준 시험도 선악과를 먹게 한 일이었고, 두 번째 아담인 예수님을 시험한 것도 돌을 떡으로 만들어 먹게 하는 것이다. 사탄은 지금도 먹는 문제로 성도들을 유혹한다. 초대교회에서 우상에 바친 제물을 먹는 문제가 논쟁이 된 적이 있다. 한쪽에서는 우상은 인정하지 않기 때문에 우상에 바쳐진 제물을 먹는 것은 문제될 것이 없다고 주장했다. 다른 한쪽은 우상에게 바쳐진 음식을 먹는 데 본능적으로 거부감을 갖는다고 했다(롬 14:5-6; 15-17: 20-21). 결국 사도 바울은 먹을 수 있지만 "네 형제로 거리끼게 하는 일을 아니함이 아름다운 일"(롬 14:21)이라고 가르쳤다.

구약의 율법은 특정한 음식을 부정한 것으로 간주하여 먹지 말 것을 명했다. 짐승과 물고기, 새, 심지어 곤충도 먹을 수 있는 것과 없는 것을 완전히 구별하였다. 그 이유는 거룩하신 하나님이 백성들의 몸을 구별하여 거룩하게 하시기 위해서였다(레 11장). 유대인들이 지켜온 음식의 율법을 지금 그리스도인들은 어떻게 받아들여야 할까?

시몬 베드로는 피장 시몬의 집에서 기도할 때 환상을 보았다. 하늘에서 각종 음식이 가득 담긴 그릇이 내려오는 환상이었다. 하나님이 베드로에게 그 음식을 먹으라고 하자 베드로는 유대 율법을 따라 속되고 깨끗지 않은 것을 먹을 수 없다고 대답했다. 이때 하나님은 "하나님께서 깨끗하게 하신 것을 네가 속되다 하지 말라"(행 10:15)고 말씀하신다. 이 선언은 예수 그리스도의 십자가 피로 이방인들이 유대인과 같이 하나님 백성이 될 수 있다는 것을 암시하는 상징적인 선언이다. 문자적으로는 깨끗한 음식과 부정한 음식 사이의 구별을 허는 것이다. 예수 그리스도 안에 있는 사람은 이제 어떤 음식을 먹느냐에 따라 더러워지거나 더 거룩해질 수 없다(행 10:9-23). 이제 그리스도 안에 있는 사람은 먹는 문제에서 자유롭다.

그러나 "모든 것이 가하나 모든 것이 유익한 것은 아니요 모든 것이 가하나 모든 것이 덕을 세우는 것은 아니다"(고전 10:23). 그러므로 어떤 음식에 대해서는 공동체의 덕을 세우기 위해 절제해야 한다. 보신탕을 혐오하는 외국인들이 있다면 삼가는 것이 믿음 있는 사람의 태도이다.

모든 음식을 먹을 수 있지만 어떤 음식은 건강에 해롭다. 비만, 심장병 등 성인병을 일으키는 음식은 당연히 절제해야 한다. 지나치게 많은 농약과 비료를 사용한 농작물이나 운반 과정에서 과도하게 방부제를 사용한 음식, 음식을 만드는 과정에서 화학약품을 많이 사용한 가공식품은 안전하지 않다. 건강을 위해서도 이런 음식들에 대한 분별과 절제가 필요하다.

기아에 허덕이는 아프리카 어린이나 북한 동포를 생각하면 지금 우리가 먹고 마시는 것을 더욱 절제해야 한다. 물론 먹는 것에 대해 죄책감을 느껴서는 안 되지만, 고통 받는 타인들을 생각하고 절제하는 것이 믿는 사람들의 미덕이다.

맛좋은 음식만 찾아다니는 식도락가들이 있다. 큰아버지이신 방지일 목사님은 맛집을 많이 알고 계시는데, 그곳으로 사람들을 초대하신다. 정작 본인은 많이 드시지 않지만 사람들을 초대해서 함께 먹고 마시는 것을 즐거워하신다. 사람들과 함께 맛있는 음식을 나누며 교제하는 일은 믿음의 행위로 손색이 없다. 하나님 나라의 잔치를 이 땅에 미리 맛보는 일이기 때문이다. 그러나 이것이 지나쳐서 먹는 것을 탐닉하면 죄가 된다.

금식은 전통적으로 경건의 훈련 중 하나였다. 지금 우리에게 정말 필요한 일이기도 하다. 음식을 먹는 것은 축복이지만 식욕을 절제하거나 일시적으로 금하는 것은 우리의 영과 육의 훈련을 위해서 꼭 필요하다.

술, 양면성을 이해하라

한국 그리스도인들에게 술은 일종의 금기이다. 학교 다닐 때 선배들에게 술잔을 받으면 곤혹스러웠다. 직장에서도 마찬가지였다. 술잔을 거부하며 내 신앙을 지켰다고 생각했다. 하지만 '신앙인으로서 꼭 금주해야만 하나' 라는 의문이 들기도 하고, 술 때문에 일어나는 사회 문제들을 바라보면 탄식이 나올 뿐이기에 적지 않게 혼란스럽다.

그런데 리젠트 신학교 폴 스티븐스 교수와 대화하면서 술에 대한 혼동을 풀어줄 실마리를 찾았다. 그는 "한국 그리스도인에게 술은 금기"라는 말에 의문을 던졌다. 성경에 술을 부정적으로 표현하는 말씀이 있지만, 그렇지 않은 말씀도 얼마든지 있다는 것이다. 성도들이 포도주를 나누며 교제하는 것은 얼마든지 있을 수 있는 일이다. 나는 한국의 음주문화에 대해 몇 가지 이야기해 주었다. 술잔을 돌리는 일, 술을 강권하는 일, 폭탄주, 2차·3차로 이어지는 무절제함 등을 이야기했지만 폴 스티븐스 교수는 내 말을 이해하지 못했다. 한 술 더 떠서 내가 술에 대해 지나치게 부정적인 자세를 가지고 있다고 일침을 놓았다.

가만히 있을 수 없어 "나도 술 자체를 부정하지 않는다. 하나님께 감사 기도하고 혼자서 술 한 잔쯤은 할 수 있다"고 대답했다. 그러자 그가 펄쩍 뛰며 손을 흔들었다. "술은 절대로 혼자 마시면 안 된다"는 것이다. 혼자 마시면 알콜 중독이 될 확률이 높다는 것이다. 그의 대답을 듣는 순간 혼란이 조금씩 풀렸다. 폴 스티븐스 교수와 나의 차이는 술 자체가 아니라 술과 관련한 음주문화의 차이였다.

'도대체 술은 누가 만들었기에 세상을 이토록 비틀거리게 하는가?' 탄식하는 사람도 있지만 술은 하나님이 만드신 것이다. 시편 14장 15절을 보면 하나님이 사람의 마음을 기쁘게 하려고 술을 만드셨다. 그래서 사람의 마음을 기쁘게 하려고 술을 마시는 것은 당연시되었다(전 9:7). 술 자체를 죄악시하거나 술을 마시는 것을 정죄해서는 안 된다.

예수님이 이 땅에 오셔서 제일 먼저 베푸신 이적이 물로 포도주를 만드신 일이다. 이때 만드신 술은 분명 사람을 기분 좋게 하는 술이다(요 2:1-11). 예수님은 술을 만드실 뿐 아니라 자신도 포도주를 마신 것 같다(눅 7:34). 세례 요한은 나실인의 원리에 따라 술을 철저히 금했지만 예수님은 사람들과 어울리면서 종종 포도주를 드셨다.

그렇게 보면 그리스도인들도 정기적으로 술을 마셔야 할 운명(?)을 타고났다고 말해도 크게 틀린 말은 아니다. 술은 기본적으로 사람을 기쁘게 한다. 잠언 기자도 마음이 힘든 사람은 술을 마셔서 기분을 풀도록 권면했다(잠 31:6-7). 사도 바울은 술이 가진 치유력을 인정했는데, 디모데에게 병을 낫기 위해서 물만 마시지 말고 포도주를 마시도록 권했다(딤전 5:23). 여기까지 보면 그리스도인들이 술을 마시지 말아야 할 이유가 없다. 오히려 정상적인 생활을 위해 정기적으로, 그리고 적절하게 마셔야 할 것 같다.

하나님이 만드신 모든 피조물이 선하기 때문에 감사함으로 받으면 버릴 것이 없지만(딤전 4:4) 인간의 범죄 이후 물의를 일으키는 것들이 생겨났다. 술도 예외가 아니어서 술은 가장 강력한 죄악의 도구가 되었다. 당대의 의인인 노아도 술 때문에 실수하여 아들 중 하나를 저주했다(창 9:20-25). 어느 사회나 술은 죄악의 근원이다. 정도의 차이는 있지만 술 취한 사람들은 정상적인 생각을 하지 못한다. 술의 힘을 빌린 고약한 행동 때문에 많은 문제가 생겨났다(사 5:11, 22). 그래서 잠언 기자는 "포도주는 거만하게 하는 것이요 독주는 떠들게 하는 것이라 이에 미혹되는 자마다 지혜가 없느니라"(잠 20:1)고 한다. 심지어 "포도주는 붉고 잔에서 번쩍이며 순하게 내려가나니 너는 그것을 보지도 말지어다"(잠 23:31)라고 강하게 도전한다.

지도자들은 술을 삼가도록 했으며(잠 31:4), 성결한 사람들은 일찍부터 금주의 전통을 지켰다(민 6:3; 삿 13:4, 7, 14). 사도 바울은 결론 격으로 이렇게 말한다. "술 취하지 말라 이는 방탕한 것이니 오직 성령으로 충만함을 받으라"(엡 5:18).

술은 양면성이 있어서 어느 한 면만 강조해서 평가해서는 안 된다. 성경뿐 아니라 사회에서도 술의 양면성을 말한다. 술의 순기능을 네 가지 정도로 정리할 수 있다.

첫째, 생산성의 기능이다. 노동하는 사람들은 막걸리 한 잔을 마셔야 힘이 나서 일할 수 있다고 한다.

둘째, 여가와 일탈행위이다. 일한 후 쉬기 위해 몸과 마음을 풀어줄 필요가 있다. 이때 술은 아주 효과적이다.

셋째, 의사소통의 의례이다. 술잔을 주고받으며 이야기를 잘 나눌 수 있다. 평상시 대화를 잘 하지 못하던 사람도 술이 한두 잔 들어가면 대화를 잘한다. 그런 의미에서 술은 의사소통을 촉진하는 역할을 한다.

넷째, 제의와 축제의 도구이다. 제사나 특별한 잔치 때 즐거움을 술을 통해서 나눌 수 있다.

이처럼 술은 우리 삶에 윤활유 역할을 한다. 그런데 음주가 절제를 잃고 과잉소비되면 폐해가 나타난다. 우리나라의 음주문화는 여러 가지 사회 문제를 일으키고 있다. 지나친 음주는 경제적으로 낭비이다. 가정경제는 물론 기업 경영에도 영향을 미친다. 국민 건강에 해를 끼치는 것은 누구나 아는 상식이다. 건강에 관한 초보적 조언이 금주와 금연이다. 음주는 개인 건강에 부정적인 영향을 미칠 뿐 아니라 사고와 폭력으로 이어져 다른 사람들의 생명에 악영향을 끼친다. 문화적으로도 부정적인 영향을 끼친다. 과도한 술은 음란으로 이어지는데, 밤문화의 활성화는 사회 전체를 어둡게 만든다.

물론 술 자체보다 과도한 음주 때문에 생긴 문제들이니, 술 자체를 정죄하기보다는 과도한 음주문화를 바로잡아야 한다. 한 사회의 문화를 바로잡는 일은 단기간에 이룰 수 없다. 그리스도인들의 처신이 어려운 이유가 여기 있다. 술좌석에서 술을 거절하는 것은 분위기를 깨는 일이다. 한편으로는 자기 자신이 술을 마실 것인지 결정하지 못하고 강권에 의해서 마셔야 한다면, 과연 즐거운 자리인지 생각해 볼 일이다. 언젠가 우리 음주문화가 건전한 모습을 회복하면 목사인 나도 술 한 잔 하면서 성도들과 이야기 나누고 싶다.

자동차,
믿음의 표현이 될 수 있나

자동차는 교통수단이면서 요즘은 자기를 과시하는 수단이다. 어느 정도 지위에 오르면 자연스럽게 자동차도 커진다. 당연한 사회적 현상이라고 생각할 수도 있지만 지나치게 당연하게 생각한 나머지, 사람들은 자동차와 사람을 동일하게 본다. 그래서 형편에 어울리지 않는 무리한 지출을 한다. 그리스도인들도 자동차에 관한 한 세상 사람들의 생각과 크게 다르지 않다. 조금 다른 이야기지만 예수님은 예루살렘에 입성하실 때 조금은 어색해 보이는 어린 나귀를 타셨다. 하나님의 아들로서 당연히 위풍당당하게 말을 타고 입성해야 했을 텐데 말이다. 어린 나귀를 타고 입성하신 예수님의 행동은 오늘날 그를 따르는 제자들에게 시사하는 바가 크다.

자동차는 교통수단이면서 세상을 사는 데 필요한 중요한 물건이기도 하다. 자기 정체성과 혼동해서는 안 되지만 교통수단으로서 편한 것을 선택하거나 취향에 따라 남다른 차를 선호하는 것 자체는 결코 나무랄 일이 아니다. 덩치 큰 사람은 작은 차가 불편하다. 직업과 관련해서 고급 차가 필요한 경우도 있다. 다른 것은 몰라도 자동차만큼은 좋은 것을 타고 싶다는 사람도 있다. 이런 독특한 상황을 무시하고 무조건 자동차로 사람을 판단하거나 정죄하는 것은 바리새인들처럼 율법주의의 우를 범하는 것이다.

내 생활에서 가장 믿음이 결여된 순간을 찾으라면 운전하는 때일 것이다. 운전할 때는 마음이 급하다. 끼어드는 차들을 향해 저주에 준하는 욕을 하고 싶을 때가 있다. 그러면서도 정작 나는 얌체같이 끼어들기 일쑤다. 때때로 속도위반으로 '딱지'를 뗄 때도 있다. 신호를 위반하는 경우도 종종 있다. 비교적 법을 잘 지키는 선량한 시민이지만 자동차 운전대만 잡으면 법을 무시한다. 그리스도인들에게 세상에서 소금과 빛으로 살아야 한다는 내용으로 강의하러 가면서 교통법규를 어기고 있으니 이런 아이러니가 없다. 운전할 때마다 내 믿음은 약해진다. 나를 통제하기 위해서라도 자동차 뒤에 물고기 표시를 다시 붙여야겠다는 생각도 한다. 설마 물고기 표시까지 달고 마구잡이로 운전하면서 예수님을 직접 욕먹일 수 있겠는가.

한편 에너지 문제가 부각되면서 자동차 운전이 중요한 이슈가 된다. 운전하면 할수록 에너지가 많이 들어가기 때문이다. 운전대를 잡을 때마다 에너지 소모를 생각한다면 절제할 수 있을 것이다. 개인의 재정 절약도 되겠지만 궁극적으로 사회적인 절약이 되기 때문이다.

자동차 뒤에 물고기 표시를 한 후 조심할 것들을 생각해 본다. 골목길에서 보행자에게 빵빵거리는 일은 약한 사람에게 주먹을 휘두르는 깡패들의 행동과 다를 바 없다. "자동차가 사람을 위해 존재한다"는 말에서 사람은 운전자가 아니라 '보행자'를 의미한다는 사실을 명심해야 한다. 캐나다에서는 보행자들이 차도를 건널 때면 언제든지 자동차가 서도록 되어 있다. 그런데 우리나라 운전자들은 난폭하다. 나도 걸으면 보행자가 될 텐데 그 입장은 전혀 생각하지 않고 운전한다. 보행자의 입장을 먼저 배려하면서 운전하는 것이 바로 믿음의 운전이다.

미국 신학교에 대쪽 같은 교수님이 있었다. 방학 동안에 장거리 여행을 다녀왔다고 하시길래 오가는 길에 규정 속도로 운전했느냐고 물었더니 겸연쩍게 웃으며 아무 말도 못하셨다. 매사에 바르게 살던 교수님도 운전할 때 규정 속도를 지키지는 못한 모양이다. 한 번은 미국의 한 교회에 강의하러 갈 일이 있어 신학교 친구의 차에 동승한 일이 있다. 그런데 이 친구는 10시간 이상 운전하면서 한 번도 규정 속도를 어기지 않았다. 답답한 나는 이유를 물었다. 그러자 규정 속도를 지키는 것이 믿는 사람이 취해야 할 행동이라는 대답이 돌아왔다. 그가 나보다 성경을 얼마나 많이 읽고, 얼마나 기도를 많이 하는지 알 수는 없으나 그의 믿음이 나보다 성숙하다는 것을 인정하지 않을 수 없었다.

우리나라에서 운전하면서 믿음으로 운전하기는 참으로 어렵다. 이유는 간단하다. 마음이 조급해서 그렇다. 조급한 마음이 드는 것이 죄는 아니지만 조급한 나머지 원칙을 어기면 죄가 된다. 사울은 조급한 마음에 사무엘이 드려야 할 제사를 자신이 드렸다. 원칙을 어긴 것이다. 부득이하게 그럴 수밖에 없었다고 하지만 원칙을 무시했기 때문에 권위를 잃었다. 운전할 때도 마찬가지이다. 믿음의 운전을 위해서는 여유를 찾아야 한다. 넉넉하게 출발해서 조급한 상황이 생기지 않도록 준비하는 것도 믿음의 운전이다.

요즘 동네마다 가장 큰 골칫거리는 주차 문제이다. 땅은 좁은데 자동차는 많으니 주차가 힘든 것은 당연한 이치이다. 일본과 홍콩은 제도적으로 불법주차를 막기 위해 애쓰지만 우리나라는 포화상태를 넘었는데도 불법주차에 대해 비교적 관대하다. 그러다보니 더 엉망이다.

불법주차를 막기 위해서는 벌금을 좀 더 많이 부과해야 한다. 자동차를 사용하는 사람들은 그 정도 각오를 해야 한다. 자동차를 사용하려면 주차에 소용되는 비용과 불편함을 감수해야 한다. 아무데나 주차하는 것은 가깝게는 이웃에게 피해를 끼치는 것이고, 넓게는 공공질서를 무너뜨리는 것이다. 주차비로 내는 돈이 아깝다고 느낄 때마다 주님의 이름을 위해서 내는 헌금으로 생각하면 어떨까.

교회 건물이 생기면 주차 문제로 주변 사람들에게 불편을 끼치게 된다. 그래서 교회마다 주차장을 확보해야 한다고 생각한다. 교회 성장을 위해 필요한 요소에 주차장이 빠지지 않고 들어간다. 피할 수 없는 현실이지만 안타깝다.

기호의 추구는 선하다

사람들은 저마다 좋아하는 것이 다르다. 우선 입맛이 제각각이다. 나는 매운 것을 잘 먹지도 못하고 맛있다고 생각하지 않는데, 어떤 사람은 매콤해야 맛있다고 한다. 나는 조용히 책을 읽거나 텔레비전 보는 것을 좋아하는데, 어떤 사람은 야외에서 몸을 움직여야 기분이 좋다고 한다. 이런 다양성은 삶의 모든 영역에서 기호의 차이 때문에 나타난다. 그런데 사람들에게 기호의 차이가 있는 것은 창조원리에 나타난 하나님의 뜻이다. 하나님이 사람을 다양하게 창조하셨기 때문에 기호의 차이는 지극히 정상적인 일이다.

그런데 경건한 신앙을 획일적인 행동으로 규정하려는 사람들이 있다. 예수님 당시 바리새인들이 그런 사람들이었다. 내게도 이런 의식이 잠재되어 있어서 옷차림이나 화장이 튀는 사람을 보면 거부감을 느낀다. 거부감을 느끼는 정도를 넘어서 신앙을 의심하려 든다. 사람마다 취향이 달라서 나타나는 현상일 뿐인데 자꾸 믿음을 들먹인다. 이런 행동은 예수님이 우리에게 주신 자유를 무시하는 것이며(갈 5:1) 자기가 익숙한 문화에 신앙을 얽어매는 실수를 범하는 것이다. 그래서 사도 바울은 나와 다른 사람들을 이해할 뿐 아니라 필요에 따라서는 그들처럼 되라고 했다. "약한 자들에게 내가 약한 자와 같이 된 것은 약한 자들을 얻고자 함이요 내가 여러 사람들에게 여러 모습이 된 것은 아무쪼록 몇 사람이라도 구원하고자 함이니"(고전 9:22). 나와 다른 기호를 가진 사람들을 대할 때마다 그 기호는 하나님이 그 사람에게 준 선물이라고 생각하면 된다. 그것이 믿는 사람이 취할 자세이다.

그런데 사도 바울은 "모든 것이 가하나 모든 것이 유익한 것은 아니요 모든 것이 가하나 모든 것이 덕을 세우는 것이 아니라"(고전 10:23)고 강조했다. 취향에 따라 다양한 기호를 선택할 수 있지만 그리스도인들은 자신에게 유익한 것인지, 다른 사람에게 덕을 세우는 것인지를 생각해야 한다. 좋아하는 음식을 즐길 수 있지만 건강에 유익하지 않으면 절제해야 한다. 술 한두 잔 하는 것은 충분히 누릴 수 있는 자유지만 덕을 세우고자 한다면 절제할 수 있어야 한다. 좋아하는 스타일의 옷을 입고 싶어도 사람들에게 덕이 되지 않는다면 절제해야 한다. 물론 유익과 덕의 기준이 애매하기 때문에 이것 역시 강요할 수 있는 것은 아니다. 그러나 기호의 문제도 믿음의 눈으로 보면 해답이 있다. 사도 바울이 말한 대로 "하나님께서 지으신 모든 것이 선하매 감사함으로 받으면 버릴 것이 없지만"(딤전 4:4-5), "형제를 실족하게 한다면 나는 영원히 고기를 먹지 아니하여 내 형제를 실족하지 않게 하리라"(고전 8:13)고 결단하는 것이 신앙의 표현이다.

좋아하는 것이 유익하고 다른 사람에게 덕을 세운다면 얼마든지 즐길 수 있다. 그런데 그것도 지나치지 않아야 한다. 지나치면 중독될 수 있다. 술을 즐기면 중독되기 쉽다. 열심히 일하는 것은 칭찬받을 일이지만 일에 중독되면 위험하다. 건강을 위해서 열심히 운동하는 것은 유익한 일이지만 정도가 지나쳐 중독되면 위험하다. 골프나 낚시를 좋아하는 사람들이 도가 지나쳐서 가정을 돌아보지 않는다면 그것은 기호의 문제를 넘어서는 일이다. 어떤 것이든 중독되는 것은 우상숭배의 현대적인 현상이다. 하나님보다 더 관심을 가지고 사랑하는 것이 있다면 그것이 바로 우상숭배이다. 사도 바울이 우리에게 주어진 "자유로 육체의 기회를 삼지 말라"(갈 5:13)고 한 것은 바로 이런 것을 두고 한 말이다.

기호는 하나님의 선물이다. 우리는 믿음으로 그것을 누릴 수 있다. 그러나 유익과 덕을 위해서는 절제할 수 있어야 한다. 그리고 그것이 우상이 되어버린다면 믿음으로 버릴 수 있어야 한다.

Change,

사람은 무엇으로 변화되는가

3

그리스도인은 누구나 세상에 흩어져 있는 교회로 존재한다. 그들은 세상 속에서 빛과 소금이다. 변화의 틈바구니 속에서 선지자적 사명과 제사장의 역할을 감당하는 것이다. 마침내 삶의 마지막에 이르러 두려움 없이 종착역의 안식을 누리고자 한다면, 자신이 살아낸 삶의 기특함에 만족할 줄 알아야 한다. 그러므로 모든 인생은 하나님 나라의 통로가 된다.

11

교회와 신앙

christian

요즘 교회는 세상적인 것이 많다.
세상에서 통용되는 가치관과 사고방식이
교회 안에 그대로 들어 있다. 물론 교회가 세상 속에
있기 때문에 그런 영향을 피할 수 없다.
그러나 당연하게 생각하는 것은 심각한 문제다.
종교의 세속화는 우리가 의식하지 못하는 사이
우리 안에 자리 잡는다.

예배당, 패러다임의 변화

교회가 지나치게 많다는 말을 한다. 한 건물에 두 교회가 입주하기도 한다. 그러나 우리 나라를 복음화하려면 교회 숫자가 지금보다 몇 배는 더 많아야 한다. 건물을 가진 교회로는 이를 감당할 수 없다. 대안 교회가 필요한 것이다. 이삼십 명 정도 모이는 가정교회가 많아진다면 한국 교회 성장에 확실하게 기여할 수 있다. 30평 아파트 정도면 가정교회를 할 수 있다. 많은 아파트가 교회가 될 수 있다면 한국 교회는 교회가 많다는 비난을 듣지 않고도 엄청난 부흥과 성장을 체험할 수 있다.

2000년 12월, 나는 아내와 둘이서 가정교회를 시작했다. 2001년 첫 주일에 세 가정이 함께 공식적인 첫 예배를 드렸고, 이제 세월이 꽤 지났다. 그 동안 여러 가지 시행착오를 겪었지만 분명한 것은 교회생활의 축복을 누리고 있다는 사실이다.

나는 신학교에 가면서도 목회할 생각은 도무지 없었다. 사람들을 가르치는 사역이나 문서사역에 관심이 있었을 뿐, 교회 건물을 짓거나 교회 조직을 운영하고 여러 가지 행사를 주관하는 일 등은 내 관심 밖이었다. 그 방면에는 능력이 없다고 생각했기 때문에 오랫동안 문서사역과 직장사역을 하고 있다. 가끔 목회 권유를 받지만 내게 맞는 사역이 아니라고 생각해서 늘 사양했다.

언젠가 교회갱신에 관한 강의를 하던 분이 "한국 교회가 갱신되려면 교회의 일을 없애야 한다"는 파격적인 말씀을 하셨다. 그분과 이야기하다가 목회의 본질에 대해 새롭게 깨달았다. 목회의 본질은 가르치고 전하고 돌보는 일이다. 그러나 현재 교회에서 행하는 수많은 일은 교회가 커지면서 생긴 부차적인 일들이다. 필요 없는 것은 아니지만 목회의 본질은 아니다. 내가 목회에 맞지 않는다고 여겼던 일은 목회의 본질에 해당되는 것이 아님을 깨닫자 목회의 본질만 추구할 수 있는 교회를 생각하게 되었다. 그때 로버트 뱅크스의 《교회 또 하나의 가정》이라는 책에서 가정교회라는 대안을 발견했다. 그는 초대교회가 "집에 있는 교회"(롬 16:5; 고전 16:19; 골 4:15; 몬 1:2)라는 사실을 강하게 주장했다. 물론 그는 가정교회만이 진정한 교회라고 주장하지 않는다. 그러나 가정에서 모이는 교회가 충분히 대안적인 교회가 될 수 있다는 확신을 주기에는 모자람이 없었다.

가정교회에 대한 부정적인 오해 몇 가지를 먼저 풀어 보자. 정통 교회에서 이단시되는 교파 가운데 가정교회를 이룬 경우가 있었기 때문에 가정교회 자체를 이단시하는 것이다. 실제로 여러 나라에 있는 가정교회 중에는 기존 교회를 부정하며 물의를 일으키는 가정교회가 있다. 그러나 그것 때문에 가정교회 자체를 부정해서는 안 된다. 요즘은 구역을 가정교회로 만드는 교회들도 있고, 가정교회를 셀교회의 한 형태로 생각하는 경우도 있다. 물론 내가 말하는 가정교회와는 차이가 있다. 가정교회는 초대교회의 모습을 회복하려는 노력으로 예배를 드리기 위해 구별된 건물을 사용하지 않고 집에서 모일 수 있는 가정들이 모여 한 공동체를 이루는 것이다.

현실적으로 모든 교회가 가정교회가 될 수는 없다. 가정교회의 비전과 모습은 아름답지만 작은 공동체이기 때문에 목회자를 경제적으로 뒷받침할 수 없다. 현실적으로 가정교회는 특별한 경우에만 가능하다. 첫째, 기관사역을 하는 목회자로서 경제적으로 자비량이 가능한 목회자들에게 가능하다. 둘째, 역시 자비량이 가능한 직업을 가진 사람 중에 목회에 비전이 있는 경우에 시도해 볼 수 있다. 셋째, 교회를 개척하려는 목회자들이 일정 기간 동안 할 수 있다.

요즘은 교회를 개척하는 일이 매우 힘들다. 위치에 따라 수억 원의 돈이 필요하다고 말한다. 그래서 개척교회를 시작하면서부터 빚을 지게 된다. 교회를 개척하는 동안 계속해서 돈에 대한 부담을 갖게 되고, 어쩔 수 없이 교회가 목회자의 소유처럼 비쳐지게 된다. 그러나 가정에서부터 교회를 시작하고 공동체를 이룬다면 공동체의 필요에 따라 건물을 빌리거나 구입할 수 있어 자연스럽게 공동체의 소유가 된다. 교회가 자립할 때까지 목회자들에게 좋은 훈련기간이 되며 은사 점검의 기간, 그리고 교회성장을 준비하는 기간이 될 것이다. 이 경우는 일시적으로 가정교회인 셈이다.

가정교회는 기존의 교회와 달리 어려운 점도 많고 잃는 것도 많지만 큰 교회에서 누릴 수 없는 좋은 것들을 누릴 수 있다. 우선 건물이 없기 때문에 교회 유지를 위한 엄청난 재정을 절약할 수 있다. 건물과 관련한 여러 가지 봉사도 없기 때문에 성도들의 시간과 에너지를 절약할 수 있다. 건물 유지비와 목회자 사례비가 지출되지 않기 때문에 사실상 모든 헌금을 구제와 선교에 사용할 수 있다. 어른이 20명 정도만 되어도 재정적으로는 100명 이상의 교회가 사용하는 것보다 훨씬 많은 액수를 공적으로 사용할 수 있다.

가정교회, 신앙생활의 현실

대부분의 교회는 교인 숫자에 관계없이 주일예배에 참석하는 교인들의 대략 10-20 퍼센트의 성도들이 교회 전체를 끌어간다. 성도들이 교회활동에 부담을 느끼는 이유가 바로 이것 때문이다. 교회 봉사는 신앙이 자라는 통로이지만 신앙 성장에 심각한 장애가 되기도 한다. 반면 가정교회는 교회활동의 짐이 많지 않기 때문에 '마르다 신드롬' 에 빠지지 않고 신앙생활을 할 수 있다. 성경공부나 기도회에 참여하면서 자연스럽게 교회 일을 처리할 수도 있다.

가정교회의 예배는 기존 교회와 많이 다르다. 보통 교회에서는 강단을 향해 모두 앞을 보고 앉는다. 설교자 얼굴 외에는 다른 성도들의 뒷모습만 보면서 예배를 드린다. 초대교회는 얼굴을 마주보면서 예배를 드렸다. 가정교회의 예배도 성도들이 마주보면서 서로 교제하는 가운데 드리는 예배이다.

예배의 요소들은 다를 것이 없지만 전체적인 분위기는 사뭇 다르다. 아이들의 소란한 소리는 감수해야 한다. 수동적으로 참여하는 예배가 아니라 모두 함께 참여하는 예배이다. 설교 본문을 함께 공부하고 나눈 후에 설교를 듣는다. 찬양대가 따로 없이 함께 찬양을 드린다. 매주일 성찬을 나누며 예수님의 구속의 은혜에 감사한다. 예배 시간이 길어질 수밖에 없지만 지루하다는 느낌은 없다. 예배 후에 함께 점심식사를 나누며 독서토론회를 열기도 한다. 선교사들의 간증을 듣기도 하고, 다른 교회에 다니는 평신도 사역자들의 다양한 생활과 사역의 경험들을 전해 듣기도 한다. 돌이켜 보면 평신도 사역자들을 통해 받은 도전과 은혜가 항상 풍성했다.

가정교회가 지닌 문제점은 자녀 교육 문제이다. 주일학교가 따로 없기 때문이다. 그러나 주일학교가 없다고 교육이 없는 것은 아니다. 사실 교회 역사를 보면 주일학교가 시작된 것은 18세기이다. 자녀의 신앙 교육을 위해 주일학교가 절대적인 요소는 아니라는 말이다. 예배 중에는 항상 아이들을 위한 설교를 준비하며, 자녀들의 교육은 부모들이 가정에서 책임진다. 원래 교육의 기본은 가정에서 부모를 통해 이루어지는 것이 성경적이다. 아이들이 자라면 필요한 부분들은 지역 교회나 선교단체에서 도움 받을 수도 있다.

주중에는 콘서트 등 문화활동에 함께 참여해 교제를 나누기도 한다. 이런 만남을 통해 성도들의 속사정을 잘 알게 되고 그들의 아픔에 동참할 수 있다. 삶의 구체적인 어려움을 함께 나누고 기도하기 때문에 진정한 교제는 물론 실생활에도 큰 도움이 된다. 결혼하지 않은 싱글들은 아무래도 청년들이 많은 교회에서 누리는 유익을 놓칠 수도 있다. 그러나 가족들과 어울려 교제하면 별도로 결혼세미나를 듣지 않아도 제대로 된 결혼 준비를 할 수 있다.

다만 아이들이 어려서 사회봉사를 충분히 못하는 점은 아쉽다. 또한 대부분의 가정교회는 전도가 항상 고민거리이다. 작은 공동체에서 교제를 누리다보니 새로운 성도들에 대한 관심이 부족하기 십상이다. 하지만 가정교회는 순수한 동기를 가지고 전도할 수 있다는 이점도 있다. 빈자리를 채우기 위해 전도하는 것이 아니라 그야말로 영혼에 대한 관심으로 전도하기 때문이다. 그래서 가능하면 가정교회를 시작할 때 기존 교회에서 생활하는 성도들이 오는 것은 원치 않았다. "남의 터 위에 건축하지 아니하려"(롬 15:20)고 했던 사도 바울의 원칙이 진정한 의미의 교회 성장이라고 믿었기에 믿지 않는 사람들을 인도하거나 교회생활을 하지 않는 사람들을 이끌어 오는 데 집중했다. 물론 방법은 철저하게 관계 중심의 전도이다. 교인들과의 관계를 통해 찾아온 사람들을 그리스도의 사랑으로 맞이하고 말씀으로 가르쳐서 세례를 받게 하는 것이다. 익명으로 신앙생활을 하려는 사람들은 함께할 수 없지만 공동체의 사랑과 배려가 필요한 사람들에게는 가정교회가 어떤 교회보다도 좋은 곳이라고 생각한다.

교인들이 더 늘어나면 현실적인 문제가 나타난다. 공간의 문제이다. 초대교회는 숫자가 증가하면서 공간을 넓혀 사람들을 수용했지만 지금 우리의 현실은 그렇지 못하다. 공동체가 의논해서 새로운 공간을 빌리거나 두 개의 가정교회로 분리하는 것을 고려해 볼 수 있다.

믿음,
삶의 수단 아닌 힘의 원천

집 앞 교회에 '대입과 취업을 위한 기도회'를 알리는 현수막이 붙었다. 그 동안 대학입시만 중요한 기도제목이었는데 이제는 청년실업이 늘어나면서 취업도 특별기도회의 제목이 되었다. 교회가 중대사를 놓고 하나님께 기도하는 것은 당연한 일이다. 그런데 왠지 마음이 편하지 않다. 나와 내 자녀들의 대학입시와 취업을 위해 기도했으면서도 마음이 불편한 이유는 무엇일까.

현재 우리나라에서 대학에 들어가는 학생은 입시생의 80퍼센트를 넘는다. 그러나 우리 사회가 필요로 하는 대학졸업자는 많이 잡아도 40퍼센트를 넘지 않는다. 지나치게 많은 사람이 대학을 가려고 한다. 다들 명문대에 보내고 싶어 하지만 들어갈 사람은 제한적이다. 이런 상황인데도 학부모들은 아이들을 무작정 명문대에 보내고 싶다며 기도한다. 하나님 입장도 난감하실 것 같다. 아이들의 능력과 재능에 맞게 공부하고 그 결과에 맞는 학교를 가도록 하는 것이 하나님의 뜻이다. 믿음의 눈으로 자녀들을 보고, 아이에게 맞는 학교를 선택하도록 해야 한다. 믿음의 눈으로 보면 굳이 대학에 보내지 않는 것이 바람직하겠다고 결론을 내릴 수도 있다. 명문대에 가지 않더라도 하나님은 우리 자녀를 인도하시고 사용하실 것이다.

취업 문제도 마찬가지이다. 직장 구하기가 어렵다는 것은 다 아는 사실이다. 그러나 눈높이를 낮추면 아직도 일할 곳이 없는 것도 아니다. 특히 젊은이들이 공무원이나 교사가 되기 위해 많은 시간을 소비하는데, 경쟁이 치열해서 합격은 하늘의 별따기이다. 사명감이 있다면 격려해야 하지만 단순히 안정된 직업을 찾기 위한 것이라면 문제는 심각하다. 다들 괜찮은 직업과 안정된 직장을 위해 기도한다. 믿는 사람이라면 무작정 좋은 직장을 위해 기도할 것이 아니라 직업에 대한 바른 가치관을 갖고 비록 세상에서 쉽게 인정받지 못하는 직장이라도 그곳에서 맡겨진 일을 주께 하듯 해야 한다.

입시와 취업을 위해서 기도하는 사람들과 비슷한 동기로 사업하는 사람들도 기도한다. 그리스도인들은 사업을 시작하며 기도하고, 사업이 잘 되도록 기도한다. 목회자에게 기도를 부탁하기도 한다. 사업이 잘 되도록 기도하는 것은 잘못된 일이 아니고, 믿음으로 사업을 위해서 기도하는 일은 격려할 일이다. 그런데 사업을 선택하고 사업하는 과정에서 믿음이 그다지 영향을 미치지 못하는 게 문제이다. 이런 경우 믿음은 세상

적인 가치관에 따라 사업하는 사람에게 사업이 잘 되도록 해주는 종교적
인 도구로 전락한 것이다.

입시와 취업, 사업의 문제를 두고 하나님께 기도하며 그 뜻을 분별해
이 땅에 하나님 나라가 이루어지도록 하는 것이 믿음이다. 믿음은 내 삶
을 위한 도구가 아니라 내 삶에서 하나님의 뜻이 나타나게 하는 힘이 되
어야 한다.

교회와 세상, 세상 속의 교회

요즘 교회에는 세상적인 것이 많다. 세상에서 통용되는 가치관과 사고 방식이 교회 안에 그대로 들어 있다. 개척교회를 시작하면서 돈 이야기만 한다. 교회 운영에 돈이 필요한 것은 누구나 알지만 그것이 절대적인 기준처럼 되었다. 대형마트가 들어서면 동네 슈퍼가 어려움을 겪는 것처럼, 큰 교회가 생기면 주변에 있는 작은 교회들이 어려움을 겪는다. 익숙해진 나머지 세속적인 가치관인지도 분별하지 못한다. 물론 교회가 세상 속에 있기 때문에 그런 영향을 피할 수 없다. 그러나 당연하게 생각하는 것은 심각한 문제다. 종교의 세속화는 우리가 의식하지 못하는 사이 우리 안에 자리잡는다.

그런데 세상을 보면 교회가 없는 것 같다. 도처에 교회 십자가가 보이는데 무슨 소리냐고 반문할 수도 있다. 교회 건물이 많은 것에 비해 세상에 영향을 미치는 교회 역할은 제대로 못하고 있다는 말이다. 물론 사회봉사를 잘하는 교회와 지역사회를 위해 헌신하는 교회도 있고, 교회 프로그램과 조직적 활동을 잘하는 교회도 있다. 그러나 세상에 영향력을

주기 위해서는 흩어진 성도들이 직장이나 사업장에서 긍정적인 영향을 미쳐야 한다. 그런 의미에서 성도들이 일하는 직장과 사업장이 세상 속에 있는 교회가 되어야 한다. 지금 우리 사회에 그런 역할을 하는 교회가 얼마나 되는지 묻는다면 쉽게 대답할 수 없다.

《메가트렌드 2010》은 미국 기업에서 일어나는 새로운 트렌드를 소개하는 책이다. 핵심은 기업에서 영성에 대한 관심이 일어나고 있다는 것이다. 자본주의의 꽃인 기업에서 돈이 아닌 눈에 보이지 않는 초월적인 가치에 대한 관심이 일어나고 있다는 것은 고무적인 일이다.

명상으로 업무를 시작하고, 다양한 영적인 의식이나 훈련 프로그램을 갖기도 한다. 심지어 어떤 회사는 영적 관리를 담당하는 부사장도 있다. 물론 그들이 추구하는 영성은 성령의 역사는 아니다. 어떤 경우는 뉴에이지 영성일 수도 있고, 다른 종교와 관련된 영성일 수도 있다. 그러나 영성을 통해 탐욕을 극복하고 자본주의의 약점을 치유하며 바람직한 사회를 만들 수 있다고 생각한다. 이 기업들은 눈앞의 이익만 추구하지 않고 사회적 유익을 생각하는 기업으로 전환되고 있다. 열악한 환경에 있는 농부들을 위해서 원가절감을 강요하지 않거나, 에너지를 절약하고 환경을 보호하는 시설을 늘리는 기업도 있다. 기업이 영적으로 깨어나면 윤리적인 경영이 가능하다.

기업에서 일어나는 이런 트렌드는 복음으로 세상을 변화시켜야 할 책임이 있는 그리스도인들에게 도전이 된다. 그들의 소리는 하나님을 모르는 선장이 하나님을 믿지만 잠자는 요나를 향해 외쳤던 소리처럼 들린다. "자는 자여 어찌함이냐. 일어나서 네 하나님께 구하라. 혹시 하나님이 우리를 생각하사 망하지 않게 하시리라"(욘 1:6).

교회는 예배당에 갇혀 세상을 보지 못한다. 교회가 세상에 영향을 미치기 위해서는 세상에서 일하고 있는 작은 교회(성도들의 직장이나 사업장)들이 영적으로 깨어나야 한다. 그래서 세상을 변화시키는 일에 헌신해야 한다. 이를 위해 영적으로 깨어난 세속 기업에서도 배워야 한다. 교회도 영적으로 깨어나 교회 안에 들어온 세상적인 가치관을 벗어버려야 한다. 돈만 중요하다고 가르치는 자본주의 논리에서 벗어나 진정한 영적 가치관을 만들어 가야 한다. 초대교회는 세상과 달랐다. 베드로의 말이 그것을 잘 보여준다.

"은과 금은 내게 없거니와 내게 있는 이것을 네게 주노니 나사렛 예수 그리스도의 이름으로 일어나 걸으라"(행 3:6).

성도의 교제에서 조심해야 할 한 가지

중국 지사로 파견 나가는 직원 부부와 함께 식사를 하며 즐거운 대화를 나눈 적이 있다. 부부에게 중국에서 비즈니스 선교 사역을 감당하는 분을 소개해 주었다. 그분의 사역이 귀해서 마치 내 자랑처럼 그분에 대해서 자랑을 했다.

그랬더니 그 부부는 중국에서 근무하는 자기들 직장 상사 부부를 소개해 주었다. 회사에서는 윗사람의 위치에 있지만 겸손하게 직원들을 섬기며 중국 사람들을 위해서 자신의 사재를 털어가며 돕는다는 것이다. 그 부부 역시 그분에 대해서 마치 자기 자랑하듯이 신나게 자랑을 했다.

모두 하나님이 보시기에 아름답게 사는 분들이었다. 함께 하나님이 하신 일들을 나누며, 또한 아름답게 사역하는 사람들의 이야기를 나누며 저녁식사는 두 시간 넘게 이어졌다. 식사도 훌륭했지만 함께 나눈 대화도 훌륭했다. 서로 잘 아는 사이라 정작 우리들 이야기는 나누지 못했다. 그런데도 대화가 풍성했던 것은 다른 사람에 대한 이야기를 하며 그들의 삶을 자랑했기 때문인 것 같다.

사람들과 많은 이야기를 하다 보면 대개 뒤끝이 좋지 않다. 그 이유를 살펴보니 두 가지이다. 하나는 자기 자랑이 많기 때문이다. 지인 중에 사역을 잘해서 본이 될 만한 분이 있다. 그런데 이분은 이야기를 시작하면 자기자랑이 나온다. 물론 과장도 없고 거짓도 없는, 있는 그대로의 사실이다. 이야기를 들으면서 도전이 되기도 하지만 본인 자랑이 많아 불편할 때가 더 많다. 그런데 다른 사람에 대한 자랑을 나누고 나면 유쾌해진다. 성경 말씀 그대로이다.

"타인이 너를 칭찬하게 하고 네 입으로는 하지 말며 외인이 너를 칭찬하게 하고 네 입술로는 하지 말지니라"(잠 27:2).

또 하나는 다른 사람에 대한 좋지 않은 이야기가 많다는 것이다. 대상이 대부분 가까운 사람이다. 사회 문제에 대해 이야기하면 정치가들에 대한 비판과 비난이 많다. 그런데 주변 사람들을 흉보기 시작하면 결과가 아주 고약하다. 여자들끼리 모이면 시어머니나 며느리 흉을 보는 경우가 많다. 아무 유익이 없을 뿐 아니라 자기 인격만 나빠진다.

직장인들은 직장 상사를 험담한다. 아예 술안주로 생각하기도 한다. 심지어 성도들이 교회 목회자들이나 성도들에 대한 좋지 않은 이야기를 나누는 경우도 많다. 내용이 사실이라 해도 덕이 되지 않지만, 사실이 아닌 경우에는 더욱 심각한 문제를 일으킨다. 뒷담화는 하는 순간에는 신이 날지 모르지만 그것처럼 한심스럽고 후회스러운 일이 없다. 그런데도 기회가 주어지면 또 하게 된다.

"두루 다니며 한담하는 자는 남의 비밀을 누설하나 마음이 신실한 자는 그런 것을 숨기느니라"(잠 11:13).

중국으로 가는 부부와 이야기를 나누면서 은혜가 풍성한 대화의 원리를 발견했다. 성경 이야기만 해야 하는 것은 아니다. 만일 자기 이야기를 해야 한다면 자랑은 하지 말자. 아무리 그 이야기가 사실이더라도 절제해야 한다. 그러나 다른 사람에 대한 이야기를 한다면 자랑거리를 이야기하자. 혹 비판할 일이 있다면 그것이 사실이라도 절제해야 한다. 그렇게 하는 것이 서로에게 덕이 될 뿐 아니라 자신의 신앙과 인격을 세우는 일이기도 하다.

12

사역과 신앙

christian

그리스도 안에서 모든 성도들은 직분과
무관하게 거룩해야 하며, 제사장의 직분을
맡아야 한다. 모든 성도들은 목사냐 아니냐에 관계없이
제사장으로 거룩한 삶을 살아야 하며, 이 땅에서 하나님과
세상 사이를 화목하게 하는 사역을 감당해야 한다.
목회자와 평신도는 하나님 앞에서 영적인 신분상으로는
아무런 차별이 있어서는 안 된다.
직분에서 구별이 있을 뿐이다.

평신도 사역,
흩어진 교회의 사명

예수 그리스도 안에서 모든 성도는 제사장이며 이 땅에서 선지자로서의 사명을 가지고 있다. 그것은 교회에서 서로 가르치며 돌아보는 것으로 나타난다. 그런 의미에서 성도들에게 맡겨진 중요한 사역은 다른 성도들을 말씀으로 가르치며(딤후 2:22), 약한 성도들을 돌아볼 책임(갈 6:1-2)을 맡는 것이다.

기독교 상담학자 래리 크랩은《끊어진 관계 다시 잇기》라는 책에서 대부분의 상담자들이 전문 상담가에게 의존하는 경향을 지적했다. 그는 전문상담가의 역할을 부인하지 않지만 수많은 상담 가운데 대부분은 교회 공동체 안에서 도움을 주고받으면서 해결할 수 있는 문제들이라고 주장했다. 그의 주장은 교회에서의 평신도 역할이 무엇인지를 가리키는 말이다. 자녀 문제로 고민하는 성도가 있다면 그 고민을 함께 나누고 중보기도할 수 있는 선배가 필요하다. 반드시 신학을 공부한 목회자나 상담전문가가 아니어도 상관없다. 이것이 평신도의 중요한 사역이다. 물론 이런 사역에 있어 고압적인 자세는 보이지 않도록 주의해야 한다.

이랜드에 근무하는 직원들 중에 예전처럼 교회 봉사를 하지 못해 아쉬워하는 사람들이 있다. 그들은 직장에서 맡은 일 때문에 교회 봉사가 예전 같지 않은 것에 대해 약간의 죄책감마저 느끼기도 한다. 그러나 하나님의 일은 교회 안에서의 일로 제한받지 않는다. 세상에서 맡겨진 다양한 역할을 감당하는 것, 즉 직장에서 하고 있는 일을 새로운 눈으로 바라보는 것이 필요하다는 말이다.

장로로 피택된 한 대학 교수가 수요예배에 매주 참석할 수 없다며 장로직을 사양했다. 대학에서 맡은 역할을 하나님이 맡기신 사명으로 생각하는 분이었다. 대학 일을 하다 보면 어쩔 수 없이 수요예배에 빠지게 될 것이고, 그것이 장로직에 결격사유가 된다면 맡지 않는 것이 도리라는 것이다. 교회는 솔직한 결심을 털어놓은 그분을 장로로 선택했다. 이 교회는 예배에 참석하는 일 외에도 세상에서 맡겨진 일을 주께 하듯 하는 것이 하나님의 일임을 잘 알고 있었다. 바로 이런 것이 평신도의 중요한 사역이다.

물론 자신의 일에 매달려서 교회 예배에 제때 참석하지 못하거나, 교회에서 맡겨진 일에 관심이 없는 사람들을 정당화하려는 것은 아니다. 이 경우 일이 사람들에게 오히려 우상이 될 수 있다. 주일에 가게 문을 닫지 못한다거나 직장일 때문에 교회에서 맡겨진 일을 제대로 하지 못하는 것은 전적으로 신앙의 문제이다. 이런 사람들에게는 "너희는 먼저 그의 나라와 그의 의를 구하라. 그리하면 이 모든 것을 너희에게 더하시리라"(마 6:33)는 말씀이 도전이 될 것이다.

평신도 사역을 예배당 건물 안으로 제한하는 것은 하나님이 원하시는 바도 아니며, 그런 사역만으로는 이 땅에서 소금과 빛으로 나타날 수 없다. 그러므로 평신도 사역을 교회 밖은 물론 흩어진 교회로 확장하는 것이 필요하다. 평신도 사역을 새롭게 이해하게 된다면 성도 개인의 신앙 자세가 달라질 것이며, 결국에는 교회가 달라질 것이다.

많은 교회가 새로운 모습으로 변화하기 위해 건물을 새롭게 치장하거나 최신 프로그램을 도입한다. 교회 변화의 궁극적인 목적은 교회에 대한 하나님의 청사진을 아는 것이며 그것은 초대교회의 모습을 회복하는 것이다. 교회의 청사진인 초대교회의 모습에서 눈에 띄는 것은 바로 평신도들이 사역자로 제 역할을 감당했던 것이다.

자비량 목회자,
텐트메이킹에 대한 단상

한국에서는 목사가 되기로 작정한 순간 세상에서 하던 일은 포기한다. 목회에 전념하기 위해서 당연한 일로 생각한다. 그렇게 결단하고 신학을 공부해 목사가 되지만 정작 목회할 곳이 없을 때가 많다. 목회지가 있더라도 경제적인 필요를 채우지 못하는 경우가 있다.

예수님은 먹고 마시는 문제에 대해 염려하지 말라고 말씀했다. 목회자가 되어서 먹고 마시는 문제로 염려하는 것은 부끄러운 일이다(마 6:31-32). 그러나 자기 가정을 경제적으로 돌아보지 못하는 사람은 불신자보다 악하다(딤전 5:8). 이것이 목회지가 없거나 미자립 교회 목회자들이 겪는 딜레마이다. 이 딜레마를 해결하는 방법은 첫째, 도움을 청하는 것이고, 둘째, 일하는 것이다. 셋째는 그냥 그렇게 사는 것이다. 지금까지 도움을 청하는 것을 유일한 길로 생각했다.

그러나 두 번째 길을 택하는 사람들도 있다. 언젠가 한 신학교 교수가 "목사 안수를 받은 사람이 먹고 살겠다고 택시운전이나 한다"며 택시 운전하는 목사를 비난한 적이 있다. 물론 택시 운전하느라 목회를 제대로 못한 것을 책망했다면 그런대로 받아줄 수 있다. 그러나 경제적인 필요 때문에 택시 운전하는 것을 정죄했다면 비난 받아 마땅하다.

목회자는 목회에 전념해야 한다. 한 가정의 가장으로 경제적인 책임도 져야 한다. 사도 바울은 가정의 경제적인 책임이 있는 사람이 아닌데도 불구하고 경제적인 책임을 위해 텐트 만드는 일을 했다. 그 교수는 텐트 만드는 바울을 보고 "사도로 부름 받은 사람이 돈 좀 벌어보겠다고 텐트나 만들고 있다"고 비난했을까. 사도 바울은 이방인 선교를 위해 부름 받은 사도로서 평생 헌신했다. 그러나 그 과정에서 텐트를 만드는 일을 꾸준하고 성실하게 했다. "형제들아 우리의 수고와 애쓴 것을 너희가 기억하리니 너희 아무에게도 폐를 끼치지 아니하려고 밤낮으로 일하면서 너희에게 하나님의 복음을 전하였노라"(살전 2:9). 그는 실제로 빌립보 교회를 비롯해서 여러 교회의 도움을 받았다. 텐트 만드는 일 따위는 하지 않겠다고 마음먹었다면 얼마든지 안 할 수 있었다. 그런데도 사도 바울은 평생 그 일을 했다.

리젠트 신학교 고든 피 교수는 헬라 철학자들이 경제적인 필요를 채운 방법을 네 가지로 소개했다. 가장 선호하는 것은 귀족들의 후원을 받는 것이지만 소수에게만 혜택이 주어졌다. 다음으로는 여러 사람들의 후원을 받는 것이고, 세 번째는 구걸하는 것이다. 마지막으로 노동을 통해서 돈을 버는 것이다. 그런데 철학자들은 구걸했으면 했지 노동하지 않았다. 헬라 철학자들에게 노동은 용납할 수 없는 일이었다. 그런데 바울은 헬라 철학자와 달리 노동했다. 헬라 사회는 이런 바울의 처신을 이해할 수 없었을 것이다. 고린도 교회 성도들이 바울의 사도성에 대해 의문을 제기한 데는 이런 이유도 없지 않을 것이다. 바울은 세간의 오해를 받으면서도 텐트 만드는 일을 했지만, 오늘 우리에게는 엄청난 교훈을 준다. 모든 일을 주님이 부탁하신 일로 받기만 하면 하나님의 일이 된다.

다시 현재 상황이다. 여기 목회자가 있다. 목회를 시작했지만 성도들이 많지 않다. 그들의 헌금으로는 목회자의 경제생활을 감당할 수 없다. 누군가에게 도움을 청할 수 있다. 목회자가 일하기 어려운 상황이라면 충분히 그럴 수 있다. 그러나 그렇지 않은 상황이면서도 일하지 않고 도움만 기다린다면 무책임한 일이다. 사도 바울은 에베소 교회 성도들에게 이렇게 권면했다. "도적질하는 자는 다시 도적질하지 말고 돌이켜 가난한 자에게 구제할 수 있도록 자기 손으로 수고하여 선한 일을 하라"(엡 4:28). 또 데살로니가 교회 성도들에게는 더 강한 어조로 말했다. "또 너희에게 명한 것 같이 조용히 자기 일을 하고 너희 손으로 일하기를 힘쓰라. 이는 외인에 대하여 단정히 행하고 또한 아무 궁핍함이 없게 하려 함이라"(살전 4:11-12). 그리고 유명한 말씀을 남겼다. "누구든지 일하기 싫어하거든 먹지도 말게 하라"(살후 3:10). 이 권면들이 목회자에게 해당되지 않는다고 주장할 근거가 어디에 있는가.

사실 지금도 많은 목회자들이 경제적인 필요 때문에 흔히 말하는 세속적인 직업을 갖고 있다. 그러면서도 일하는 것에 대한 부담을 항상 갖고 있다. 택시 운전을 하는 목회자를 만난 적이 있는데, 택시 기사 일하는 것이 알려지기를 원치 않았다. 택시 기사라는 직업이 부끄러워서가 아니라 목회자가 그런 일을 하는 것이 떳떳하다고 생각하지 않기 때문이다.

물론 경제적으로 여유가 있는 교회에서 걱정 없이 목회할 수 있다면 더할 수 없이 좋다. 그러나 그런 형편이 아닌데도 경제적인 활동을 하는 목회자를 비난하거나 죄책감을 갖게 하는 것은 잘못된 신학으로 인해 사람들을 괴롭히는 죄이다.

결국 자비량 목회자(Tentmaking Pastor)에 대한 신학적인 연구가 필요하다. 목사 안수 받은 사람들이 세속적인 직업을 많이 갖는 현실을 부정할 수 없어서 이 문제를 옳다고 인정하자는 것은 아니다. 현실이 신학 내용을 결정해서는 안 된다. 그러나 엄연한 현실을 무시하고 교회 전통이나 정서만을 내세워서는 안 된다. 이미 자비량 선교사(Tentmaking Missionaries)는 보편적으로 인정이 되고 있다. 자비량 선교사에 대해서 더 이상 신학적인 논쟁을 하는 사람은 없다. 그런데 왜 자비량 목사는 인정이 안 되는 것인가. 이 또한 자비량 선교사의 신학과 연계해서 신학적인 연구를 해야 한다.

그런데 여기서 모순 한 가지를 발견한다. 전통적으로 화이트컬러 직업을 가진 목회자들은 그런대로 인정받는다. 변호사나 교수, 의사나 기자 등의 직업을 가지고 목회하는 사람이 꽤 많다. 그러나 육체노동에 종사하는 사람들은 사회적으로 인정받지 못하기 때문에, 목회자로서의 고민과 함께 이중의 고통을 겪는다.

신학적으로 정리해도 현실 문제가 남는다. 과거에 전문직에 종사했던 사람들은 다시 복귀할 수 있지만 신학공부만 했던 대부분의 목회자들은 할 만한 일을 찾을 수 없다. 농촌에서는 농사를 지을 수 있어도 도시에서는 일자리를 찾기 어렵다. 그래서 많은 목회자들이 택시 기사를 한다. 그나마 개인택시를 하면 목회와 병행할 수 있지만 회사 택시 기사는 목회와 병행하기 어렵다.

그리스도인 기업가들이 일자리를 만들어 내는 것도 중요한 사명이다. 최근에 한 사무기기 잉크 회사에서 잉크 충전하는 일을 목회자들에게 소개해서 긍정적인 반응을 얻었다. 전문적인 기술을 필요로 하지 않는 일이면서 땀 흘려 수고한 만큼 경제적인 보상을 받을 수 있고, 자연스럽게 사무실 사람들에게 복음을 전할 수 있다. 이런 종류의 사업들이 생겨나고 목회자들에게 소개된다면 자비량 목회가 새로운 목회의 대안적인 패러다임으로 자리 잡을 수 있으리라 생각한다.

목회자,
부정적 이미지를 경계하라

사회 속에서 목회자의 이미지는 중요하다. 목회자들의 이미지는 교회의 이미지와 밀접하게 연결되어 있기 때문이다. 그리스도인들은 목회자의 이미지를 통해 교회에 대한 이미지를 갖는다. 비신자들도 목회자의 이미지를 통해 교회의 이미지를 유추한다. 안타깝게도 요즘 목회자의 이미지는 긍정적인 것보다 부정적인 것이 더 많다. 목회자의 부정적인 이미지를 말씀에 비추어 바로 잡을 수 있다면 한국 교회의 개혁과 성장에 큰 도움이 될 것이다.

첫째, 목회자에게 권위주의적인 이미지가 있다. 시대가 바뀌어도 목회자의 권위주의적인 이미지는 여전하다. 권위주의는 불필요하지만 목회자의 권위는 목회의 중요한 밑거름이다. 그런데 목회자의 권위가 권위주의로 비쳐지는 이유는 목회자뿐 아니라 교회 전체가 영적인 권위와 종교적인 권위를 혼동하기 때문이다. 예수님 당시에 바리새인들은 종교적인 권위는 있었지만 영적인 권위는 없었다. 예수님은 그들과 구별된 영적인 권위를 보여주셨다. 예수님의 말씀을 듣고 능력을 목격한 사람들은 예수님의 영적 권위를 인정하지 않을 수 없었다(막 1:22). 예수님은 영적인 권위가 있었지만 죄인, 세리들과 어울리면서 바리새인들이 주장한 종교적인 권위는 내던지셨다. 오늘날 목회자들에게 필요한 권위는 바로 예수님이 보여주신 영적 권위이다. 안타깝게도 목회자들이 예수님의 영적 권위보다 바리새인의 종교적 권위를 앞세우면서 권위주의적인 이미지를 갖게 되었다.

몇 해 전, 폴 스티븐스 교수가 평신도 사역에 대해 강의한 적이 있다. 질의응답 시간에 많은 목회자들이 "평신도가 목회자와 같은 위상을 가지고 적극적으로 사역할 수 있는가, 그렇게 된다면 목회자의 영적 권위가 훼손되지 않는가”라는 질문을 했다. 질문에 쓰인 “영적 권위”라는 말은 실제로 “종교적인 권위”였다. 영적 권위는 교회 직분이나 역할에서 나오는 것이 아니라 하나님의 말씀을 대언하는 역할과 성령의 능력, 삶 속에서 나타나는 인격에서 나오는 것이다(살전 1:5). 평신도가 어떤 위치에서 어떤 사역을 하든지 목회자의 영적 권위는 훼손되지 않는다.

목회자들의 실수가 교회에서 문제가 되기도 한다. 이때 성도들이 목회자의 실수를 떠벌리는 것은 덕이 되지 않는다. 반면 목회자들이 목회적 권위를 내세워 시시비비를 따지는 것을 부정하면 권위를 잘못 사용하는 것이다. 길거리 싸움에서 시시비비는 가리지 않고 “당신 몇 살이야?”라고 윽박지르는 것의 종교적 버전인 셈이다. 공동체 내에서 권위가 사라지면 질서가 무너지고 결국 공동체가 흔들린다. 이때 교회 조직을 이끌어가기 위해 종교적인 권위도 필요하다. 그러나 정작 우리가 회복해야 할 권위는 교회 조직을 이끄는 데 필요한 권위보다 말씀과 성령의 능력, 생활 속에서 인격으로 나타나는 영적 권위이다(살전 1:5).

목사에게 대적하는 사람은 뒤끝이 안 좋다고, 흔히 목사들이 이야기한다. 그 근거로 모세에게 대적했다가 심판 받은 고라의 경우를 들먹인다. 그러나 모세의 사례를 들어 목사에게 주어진 종교적인 권위를 절대적으로 주장한다면 사도들을 핍박했던 종교 지도자의 실수를 답습하는 것이다. “하나님 앞에서 너희의 말을 듣는 것이 하나님의 말씀을 듣는 것보다 옳은가 판단하라”(행 4:19). 목회자가 권위주의적인 이미지를 탈피하기 위해서는 종교적 권위의 허물을 벗어버려야 한다. 그리고 주님이 주시는 영적 권위를 회복해야 한다. 삶과 인격에서 그리스도를 닮아가야 한다.

둘째, 목회자에게 독단적인 이미지가 있다. 이는 권위주의적 이미지와 무관하지 않다. 토론과 대화에 익숙하지 않은 우리 문화가 교회 안에서 목회자에게 고스란히 답습되었다. 주로 진리에 대한 확신과 개인적인 고집과 주장을 혼동할 때 나타난다.

우리는 '다르다'는 말과 '틀리다'는 말을 혼동한다. 나와 다른 생각을 하면 '다를' 뿐인데, '틀리다'고 말한다. 진리를 선포하고 수호하는 사명을 가졌다고 생각하는 목회자들에게 이러한 성향이 좀 더 두드러진다. 진리는 절대적이지만 진리에 대한 인식은 상대적이고 다양하다. 성경 말씀은 절대적인 진리지만 해석은 다양성이 존재하기 때문에 구체적인 적용은 사람에 따라 엄청난 차이를 보일 수밖에 없다. 신앙적인 융통성이 없는 목회자들은 사람들에게 독단적인 이미지를 심어준다.

길이요 진리이신 예수님은 "너희를 반대하지 않는 자는 너희를 위하는 자니라"(눅 9:50)고 말씀했고, 예수만이 유일한 구원의 길이라고 유대주의자들에게 도전했던 사도 바울은 "약한 자들에게 내가 약한 자와 같이 된 것은 약한 자들을 얻고자 함이요 내가 여러 사람에게 여러 모습이 된 것은 아무쪼록 몇 사람이라도 구원하고자 함이니"(고전 9:22)라고 말했다. 진리는 양보나 타협을 할 수 없다. 그러나 진리 문제가 아닌 현실 문제는 유연한 자세가 필요하다. 그렇게 하지 못하면 목회자의 독단적인 이미지는 고착된다.

독단적인 이미지는 보수적인 목회자에게만 해당한다고 생각하기 쉬운데 진보적인 생각을 가진 목회자들도 마찬가지이다. 자신들의 주장과 다르다는 이유만으로 공격하거나 비난하는 것은 진보와 보수를 가리지 않는다. 다른 의견을 이해하고 포용하는 자세를 가지면 진리를 타협하는 것으로 여겨 '회색분자'로 몰리기 십상이다. 최근 한국 교회에서 빚어진 이념적인 갈등에서 진보와 보수의 '독단'을 본다.

독단적인 이미지를 벗어버리기 위해서는 무엇보다 다른 사람의 말에 귀를 열어야 한다. 고집과 확신의 차이는 귀의 역할에 있다. 둘 다 자기가 믿는 것에 투철하지만 고집은 귀를 닫고 있고, 확신은 귀가 열려 있다. 이제 목회자들이 귀를 열고 다른 생각을 수용하고 이해하는 것을 배워야 한다. 목회자의 독단적인 이미지 탈피는 한두 번의 행동으로 해결되지 않는다. 공동체에서 대화의 문화를 만들어 나가야 한다.

셋째, 목회자에게 상식이 통하지 않는다는 이미지가 있다. 예배당 건축을 맡은 회사 직원이 "그 목사님 믿음은 좋은데 대책이 없어요"라고 말하는 것을 들었다. 예배당 건축을 위한 재정 대책도 없으면서 무조건 지으려 한다는 것이다. 목회자의 비상식적인 행동을 비판하는 완곡한 표현이었을 것이다. 목회자에게는 그것이 믿음이지만 회사 입장에서는 황당한 일이다. 믿음이 있으면 상식을 무시해도 된다고 생각하면 착각이다. 결국 믿지 않는 사람들은 믿음을 비상식 내지 몰상식으로 이해할 수밖에 없다.

물론 성경적인 믿음은 사람들의 상식에 묶이지 않는다. 상식적으로 이해할 수 없는 일들이 믿는 사람들에게 얼마든지 나타난다. 그러나 믿음이 상식을 초월할 수 있다고 해서 상식을 무시해도 되는 것은 아니다. 성경이 말하는 상식을 초월하는 믿음은 항상 사람들에게 유익하고 공동체에 덕을 세운다.

예수님은 장래를 염려하지 말라고 하시면서(마 6:33), 망대를 세울 때

예산을 먼저 세우고 여의치 않으면 계획을 취소하는 것이 낫다고 하셨다
(눅 14:28-30). 예수님은 하나님의 역사를 인간의 상식으로 제한하지 않
으면서도 상식을 무시하면 안 된다는 사실을 자연스럽게 보여주셨다.

목회자들이 상식에 대해 감각이 떨어지는 것은 일반은총에 대한 신학
적인 이해가 부족하기 때문이다. 또 성장 과정이나 현재 관심사가 종교
적인 영역으로 제한되었기 때문이다. 그러므로 목회자들은 성화의 과정
을 통해 하나님의 일반은총의 역사를 이해하고 수용할 뿐 아니라 익숙하
지 않은 일상의 영역에 대해 직간접으로 체험하는 것이 좋다. 그래야 상
식을 통해서 역사하시는 하나님을 체험할 수 있다.

이미지와 실체는 차이가 나게 마련이다. 목회자의 부정적인 이미지가
목회자의 실체를 그대로 반영하는 것은 아니지만, 목회자 스스로 부정적
인 이미지를 탈피하려는 의도적인 노력을 기울여야 한다. 교회 개혁은
거창한 구호로 이루어지지 않는다. 목회자 스스로 부정적 이미지를 바로
잡으려고 노력할 때 교회 개혁의 물꼬를 틀 수 있다.

길거리 전도,
신앙이 비쳐지는 방식에 대하여

믿지 않는 사람들과 이야
기하다 보면 하나님은 인
정하면서도 기독교에 대한 거부감이 존재한다는 말을 많이 한다. 가장
많이 거론되는 것이 길거리 전도이다. 특히 지하철에서 다른 사람은 아
랑곳없이 큰소리로 외치는 전도자들에 대한 혐오감은 극에 달한다. 나도
복음을 믿고 전하지만, 막상 그런 사람들을 보면 짜증이 난다. 딴에는 구
령의 열정이 충만한 것이지만 오히려 복음 전도를 방해하고 하나님의 영

광을 가리는 경우가 많다.

2008년 10월 13일 서울방송(SBS) 시사프로그램 〈그것이 알고 싶다〉에서 '거리에서 신앙을 파는 사람들'이라는 제목으로 거리 전도 문제를 다루었다. "예수 천당, 불신 지옥"을 외치는 사람들을 소개했는데, 예수 믿는 나도 거부감을 느꼈다. 언론의 속성상 극단의 사례를 소개한 점도 없지 않다. 하지만 없는 것을 만들어 낸 것이 아니기에 그들에 대한 사람들의 격한 감정은 충분히 이해가 갔다. 복음의 진리와 그것을 전하려는 열정은 반대하지 않는다. 그러나 복음을 전하는 태도에 대한 아쉬움은 크다. 내용만 옳으면 형식은 상관없다는 식의 자세는 버려야 한다.

그들은 이웃에 대한 배려가 없다. 아무리 좋은 내용을 전해도 상대방의 인격을 생각한다면 전하는 태도부터 달라져야 한다. 타인의 인격을 존중하지 않으면서 그들의 영혼을 불쌍히 여기는 것은 앞뒤가 맞지 않는다. 또한 그들은 자신들의 행동에 대한 비신자들의 반응과 '하나님이 어떻게 생각하실까'를 전혀 생각하지 않는다. 아무리 복음을 전한다고 해도, 그 바람에 하나님의 이름이 부정적으로 전달되면 큰 낭패가 아닐 수 없다. 이것은 순교자들이 복음을 전하다가 핍박받던 것과는 차원이 다른 이야기이다.

이제 길거리에서 전도할 때는 전도하는 우리 입장이 아니라 그곳을 오가는 사람들의 입장을 배려해야 한다. 아무리 구령의 열정을 담은 외침이라도 기본적으로 갖추어야 할 예의는 지켜야 한다. 《무례한 기독교》에서 리처드 마우가 전하는 조언을 귀담아 들어야 한다. 사람들은 우리의 착한 행실을 보고 하나님께 영광을 돌린다(마 5:16). 그렇다면 우리들의 착한 행실이 그들에게 적어도 악한 행동으로 보여서는 안 된다.

한편에서 진보적 기독교인들은 길거리 전도를 비판한다. 열정적인 전도를 비판할 뿐 아니라 그들이 외치는 천국과 지옥에 대해서도 냉소적이다. 예수 믿지 않으면 지옥 간다는 말을 기독교의 진리를 모르는 사람들의 주장이라고 말하는 사람들도 있다. 금연을 강조하기 위해서 담배 피운 사람들의 엉망이 된 폐 사진을 보여줄 수도 있고, 담배의 유해성을 조곤조곤 설명하면서 점잖게 금연을 권할 수도 있다. 예수 믿도록 권하기 위해 지옥을 이야기하는 것은 이와 같은 맥락에서 이해할 수 있다. 이것이 현대인들에게 맞지 않는다고 빼야 한다면 성경에서 대부분의 이야기를 빼야 할지 모른다. 그들의 주장은 얼핏 길거리 전도자 때문에 떨어진 기독교의 위상을 세우려는 것처럼 보이지만 복음에 물을 타버린 결과만 낳고 말았다. 길거리 전도자들을 보면 마음이 안타깝다. 그러나 그들을 비판하는 똑똑한 사람들을 보면서 더 심한 아픔을 느낀다.

평신도의 신분과 위상

대부분의 성도들은 목회자를 성직자로 규정하고 자신들보다 좀 더 거룩하게 살아야 한다고 생각한다. 자연스럽게 자신들은 조금 덜 거룩해도 되는 '평신도'라는 이름에 안주하려고 한다. 베드로 사도는 모든 성도들을 향해서 똑같이 거룩할 것을 권면했다. 특히 모든 사람들에게 "하나님이 기쁘게 받으실 신령한 제사를 드릴 거룩한 제사장이 될지니라"(벧전 2:5)고 했다.

그리스도 안에서 모든 성도들은 직분과 무관하게 거룩해야 하며, 제사장의 직분을 맡아야 한다. 모든 성도들은 목사냐 아니냐에 관계없이 제사장이며, 제사장으로 거룩한 삶을 살아야 한다. 또한 이 땅에서 하나님과 세상 사이를 화목하게 하는 사역을 감당해야 한다.

나는 6년간 직장생활을 하고 뒤늦게 신학교에 입학했다. 이런 내게 "언제 주님께 온전히 헌신했느냐?"고 묻는 사람들이 간혹 있다. 나는 대학 1학년 때 주님께 헌신했기 때문에 그때라고 대답하면 "그때 이미 목사가 되려고 하셨군요"라고 지레짐작한다. 내가 목사가 되려고 한 것은 직장을 다니면서였다. 이렇게 말하면 사람들은 혼란스러워한다. "주님께 온전히 헌신할 때"를 묻는 것은 "언제 목사가 되기로 했느냐"를 묻는 말인 것이다.

이렇게 묻는 사람의 생각에는 목회자와 평신도는 헌신의 정도가 다르다는 생각이 깔려 있다. 성경은 목회자와 평신도를 구별해서 더 헌신되어야 한다고 말하지 않는다. 모든 성도는 주님을 따르기 위해 헌신해야 한다. 헌신은 개인적 차이만 있을 뿐 교회 직분에 따른 차별이 있을 수 없다. 목회자가 주님께 온전히 헌신해야 마땅하지만 그 때문에 '평신도'는 주님께 덜 헌신해도 된다고 생각한다면 잘못이다.

목회자와 성도들이 똑같이 제사장이며, 주님께 헌신된 제자라고 해서 목회자가 필요없다는 것은 아니다. 평신도의 위상을 강조하다 보면 때로 목회자의 존재 의미를 부정하기 쉽다. 그러나 하나님은 교회를 위해 목회자들을 세워 특별하게 사용하신다. 에베소서 4장 11-12절은 목회자의 직분에 대해 명확한 가르침을 준다. 목회자는 모든 성도들이 사역자로서 일하도록 세워주는 역할을 하도록 하나님이 부르셨다. 그러므로 교회 내에 평신도와 구별되는 목회자의 직분이 있다.

목회자와 평신도는 하나님 앞에서 영적인 신분에서 아무런 차별이 있어서는 안 된다. 그러나 이 둘은 교회 내에서 직분으로 구별이 있다. 여기서 '차별'과 '구별'을 분별해야 한다. 평신도의 위상을 바로 세우는 과정에서 평신도들이 실수하는 경우가 있다. 그것은 목회자를 고용인으로 취급하는 것이다.

현실적으로 교회에서 목회자를 청빙하는 과정을 보면 전문가를 고용하는 것과 공통점이 없지 않다. 그러나 성경은 목회자가 교회의 지도자임을 분명히 가르치고 있다. "하나님의 말씀을 너희에게 일러 주고 너희를 인도하던 자들을 생각하며 그들의 행실의 결말을 주의하여 보고 그들의 믿음을 본 받으라"(히 13:7). 평신도들이 목회자 뒤에 있는 이등 교인이 되어서는 안 되지만 반대로 목회자를 지도자로 대접하지 못하는 실수를 해서도 안 된다.

사실 '평신도'라는 말은 성경에 존재하지 않는다. 단어도 없고 개념조차 존재하지 않는다. 만일 우리가 초대교회 성도들을 만나서 그들에게 '평신도' 운운 한다면 고개를 갸우뚱하며 되물을 것이다. "도대체 평신도란 말이 무슨 뜻입니까?"

평신도를 지칭하는 용어는 우리말뿐 아니라 영어를 비롯한 다른 나라 말에서 성경적인 근거를 찾을 수 없는 단어이다. 교회 역사 속에서 현실적인 필요 때문에 생겨난 말이기 때문이다. 그런 용어가 사람들의 생각과 인식에까지 파고들어 오해하도록 만들어 버린 것이다. 그래서 폴 스티븐스 교수는 성경적인 교회를 이루기 위해서는 평신도를 없애야 한다고 말하기도 했다. 좀 과격한 말이지만 아주 틀린 말은 아니다. 평신도라는 말이 성경에 없는 말일 뿐 아니라 성경이 가르치는 교회, 성경이 가르치는 하나님의 백성의 개념을 왜곡시키기 때문이다.

교회 내에서 오랫동안 목회자가 아닌 성도들을 지칭할 때 평신도라는 말을 써왔기 때문에 그것을 갑자기 없애기는 어렵다. 그러나 평신도에 대해서 잘못 생각하고 있는 것들은 분명히 지적하고 제거해야 한다. 적어도 '나는 평신도니까, 난 목회자가 아니니까 목회자처럼 거룩하게 살지 않아도 된다'고 생각한다면 그것은 잘못된 생각이다.

또한 '나는 평신도니까, 목회자가 아니니까 목회자처럼 주님께 헌신된 삶을 살지 않아도 된다'고 생각한다면 그것 역시 아주 잘못된 생각이다. 주님을 믿는 모든 성도는 교회 직분에 관계없이 그리스도의 몸의 지체로서 자부심을 가져야 한다.

13

사회와 신앙

christian

이 땅의 정치는 차악적(次惡的)인 요소가 있다.
정치와 관련해 그리스도인의 양심으로 받아들이기
힘든 일들이 지나치게 많다. 그래서 차라리 현실 정치에
눈감아 버리는 것이 경건한 것처럼 느껴지기도 한다.

그러나 정치의 현실은 계속 움직이고 있다.

때문에 무시할 수 없다. 우리의 선택은 단지 그리스도인이냐 아니냐의

문제가 아니라, 정책적 결정이 하나님의 뜻에 합하느냐에 있다.

진보와 보수,
교회의 선지자적 사명

대학시절 민주화 운동을 하는 친구들을 보면서, 그들의 뜻에 동의하지 않았지만 약간의 열등감을 느꼈다. 잘못된 사회 문제에 대해서 그리스도인이 보고만 있어서는 안 될 것 같으면서도, 당시 나는 그리스도인의 사명은 복음을 전하고 믿는 사람을 하나님의 말씀으로 양육하는 것이 전부라고 생각했다. 그런데 하나님의 말씀을 공부하면 할수록 그리스도인이 세상의 불의를 향해 정의를 주장하는 것이 당연하다고 생각하게 되었다. 그 사이에 우리 사회도 많이 변했고, 이제는 그리스도인의 정치 참여가 당연한 것으로 여겨진다.

과거에는 그리스도인의 정치 참여 여부가 관심사였다면, 지금은 정치에 참여하는 데 있어 진보냐 보수냐가 최대 이슈이다. 미국 기독교는 진보와 보수의 이념에 따라 민주당과 공화당으로 갈린다. 우리나라도 비슷한 현상이 일어나고 있다. 진보적인 교회와 보수적인 교회는 각각 정치에서 진보적인 이념과 보수적인 이념을 추구한다. 정치가 진보와 보수로 나뉘는 것은 건강한 현상이다. 어느 한 편이 완전할 수는 없다. 각각의 강점과 약점이 있기 때문에 시대의 필요에 따라 유권자들의 선택을 받는다. 어느 편도 절대적으로 옳다고 주장할 수는 없다.

그리스도인도 개인의 생각과 취향에 따라 어느 한 편에 속할 수 있다. 그러나 자기가 지지하는 편에 하나님이 계시다고 우기는 것은 어리석은 생각이다.

어차피 이 땅의 정치는 차악적(次惡的)인 요소가 있다. 하나님은 원치 않으셨지만 이스라엘 백성들이 왕을 달라고 요구하자, 사울 왕을 세워 그들의 요구를 들어주셨다. 이때 사무엘은 백성이 왕을 세워달라고 한 것은 분명히 죄악이라고 지적했다. 하지만 사울을 왕으로 세워 순종함으로써 하나님의 뜻을 분명히 했다. 지금 그리스도인들이 이런 관점에서 정치를 보아야 한다. 정치와 관련된 이야기들은 그리스도인의 양심으로 받아들이기 힘든 일들이 지나치게 많다. 차라리 현실 정치에 눈감아 버리는 것이 경건한 것처럼 느껴진다. 그러나 정치 현실은 계속 움직이고 있고, 때문에 무시할 수 없다.

정치에 문제가 생기면 교회는 선지자적인 발언을 해야 한다. 그러나 하나님이 세운 정치적인 권위를 부정해서는 안 되며(롬 13:1). 기도하는 것을 잊어서도 안 된다(딤전 2:1). 하나님은 진보의 편도 아니고 보수의 편도 아니다. 하나님은 진보와 보수가 어울려 약점을 보완해 나가길 원하신다. 기독교 신앙을 가진 정치가가 하나님 보시기에 옳지 않는 정책을 펼 수 있다. 반대로 신앙이 없는 정치가가 하나님이 원하시는 정책을 펼 수 있다. 우리의 선택은 믿음의 유무가 아니라 어떤 정책이 하나님의 뜻에 합당하냐이다.

요즘 그리스도인들은 하나님의 눈으로 보기보다 진보와 보수의 이념적 차이로 결정한다. 론 사이더는 하나님의 뜻을 따르려면 보수나 진보적인 가치로 일관해서는 안 된다고 말한 바 있다. 이슈에 따라 보수의 편이 되기도 하고 진보의 편이 될 수도 있다는 것이다. 론 사이더는 낙태 문제에서는 낙태를 반대하는 보수적인 주장을 수용한 반면, 전쟁에 관한 한 전쟁을 반대하고 핵무기를 억제하는 진보적인 주장을 펼쳤다. 생명을 소중히 여기는 하나님의 뜻을 순종하기 위해서는 그럴 수밖에 없다. 자신들의 이념을 하나님의 뜻으로 포장하는 것과는 분명히 다른 태도이다.

정치적 관심, 강단의 사명

내가 대학을 다니던 시절은 정치적인 소용돌이가 심했던 1970년대이다. 민주화 바람이 불었지만 대부분의 보수적인 교회는 정치에 대해 침묵을 지켰다. 보수 교회에서 정치와 관련한 설교를 듣기 어려웠던 이유는 정치와 종교는 분리되어야 한다고 믿었기 때문이다.

그러나 내가 출석하던 교회 목사님은 설교 중에 정치 문제에 대해 자주 거론하셨다. 설교를 들으면서 아슬아슬한 느낌을 받았지만 마음이 후련하기도 했다. 그 목사님은 "항상 내복을 입고 감옥 갈 준비하고 있으니 교회 안에 정보부원이 있으면 예배 후에 얼마든지 잡아 가라"고 사자후를 토했다. 당시 어수선한 분위기 속에서 듣게 된 목사님의 설교는 시원한 하나님의 말씀이었다.

하나님 말씀을 선포하는 설교에서도 말씀에 근거한다면 정치적인 문제를 다룰 수 있다. 설교 시간에 정치 이야기를 해서는 안 된다고 거부감을 느끼는 사람들에게는 먼저 하나님의 말씀이 가지는 정치적인 의미를 설명해 주어야 한다. 그러나 언제부터인가 기독교의 정치 참여에 대한 거부감이 들기 시작했다. 요즘 목회자들이 설교 시간에 정치 문제를 거론하는 것도 부정적이다. 1970-1980년대와는 사회적인 상황이 달라졌기 때문이다.

당시 보수 교회는 독재나 사회적 불의에 대해 말하지 않는 것을 순수한 신앙으로 여겼다. 그러나 그것은 세상을 향한 하나님의 뜻을 제대로 알지 못했던 비성경적인 신앙에서 나온 실수였다. 사회적 불의에 눈감고 복음만 전할 수 있다는 태도는 모순이다. 특히 희생을 감수해야 했던 점을 감안하면 신앙적인 결단도 필요했다. 역사적 관점에서 보면 당시 보수적인 태도를 가졌던 사람들은 이유야 어떻든 체제 순응적이었으며 고난을 피했다는 비난을 면치 못한다. 이후로 복음에 기초한 사회참여의 필요성이 강조되었고, 기독교 시민운동이 일어나기도 했다

지금은 사회 분위기가 달라졌다. 정치 사회 문제에 대해 얼마든지 자기 생각을 피력할 수 있고, 인터넷을 통해서 익명으로 얼마든지 논쟁할 수 있다. 자기가 옳다고 생각하는 것을 주장해도 특별한 경우가 아니면 손해 보지 않는다.

최근 북핵 문제와 관련해서 북한과 미국과의 관계에 대한 이견들이 속출하며 심각한 갈등이 표출되었다. 각각 자기 주장만 하다 보니 상대편을 매도하는 경향도 심화되었다. 그리스도인들도 갖가지 주장을 폈다. 교회에서도 이념 갈등이 미묘하게 나타났다. 한편에서는 미국을 공격하는 집회가 열리고, 한편에서는 미국을 옹호하는 기도회가 열린다.

몇 년 전, 이라크 파병 문제에서도 기독교는 첨예하게 대립했다. 국익을 위해 파병을 주장하는 사람들이 있었고, 반미 성향을 가진 평화주의자들은 당연히 파병을 반대했다. 교회 안에도 갈등이 존재했고, 자기 주장을 옹호하기 위해 몇 개의 성경 구절을 성경적 근거로 내밀기도 했다. 교회 내의 갈등은 사회에서 일어나는 갈등의 복사판에 불과했다. 그렇다고 교회가 믿음을 근거로 한 목소리를 내어야 한다고 말하려는 것은 아니다. 얼마든지 다른 주장과 목소리가 나올 수 있다.

그리스도인 개인으로서 어떤 주장을 펴도 그것은 큰 문제가 되지 않는다. 그러나 목회자가 강단에서 하나님의 말씀을 선포할 때는 문제가 그리 간단하지 않다. 강단에서 선포되는 말씀은 목회자의 의견이 아니라 하나님의 말씀을 대언하는 것이기 때문이다. 사회적 이념 갈등을 거

론하는 것은 자칫 말씀의 권위를 이념의 틀 속에 묶어놓을 위험성이 있다. 가능하다면 미묘한 정치적인 이슈는 강단에서는 피하는 것이 바람직하다. 굳이 이야기하려면 개인 의견이라는 전제를 달아야 한다. 사도바울은 하나님의 명령이 아닌 것은 개인적 의견이라고 분명히 밝혔다(고전 7:6, 12).

정치적인 이슈가 있을 때마다 교회 내에서 의견 충돌이 일어나고 갈등을 겪는다면 그리스도 안에서 한 몸이라는 교회의 본질이 훼손될 수밖에 없다. 때문에 경우에 따라 교회가 탈정치화, 탈이념화하는 것도 하나님의 뜻이다.

그렇다고 역사와 무관한 복음, 시대적인 상황과 무관한 '순수한 말씀'만 전하자는 것은 아니다. 사회적 불의와 부정에 대해 말씀에 근거해서 계속해서 지적해야 한다. 세상 속에서 일어나는 죄악의 문제, 성도들이 세상 속에서 경험하는 비리의 문제에 대해서도 지속적으로 외쳐야 한다. 이것이 교회의 중요한 사명이다. 이런 것들은 빼고 개인 경건이나 교회 활동과 관련된 이야기만 한다는 것은 교회의 책임을 등한히 하는 것이다. 교회는 사회에서 일어나는 죄악을 분명히 지적하고 그 속에서 빛과 소금의 역할을 감당해야 한다.

그러나 시대적인 상황에 따라 사회적인 이슈나 정치적인 이슈에 참여하는 자세는 달라야 한다. 설교자가 하나님의 말씀을 정치 문제에 적용한다고 하면서 특정 정당이나 노선을 옹호하거나 심지어 특정 인물을 편들면 회중도 부정적이지만 무엇보다도 하나님이 기뻐하시지 않을 것이다.

물론 목회자가 시민의 한 사람으로서 쟁점에 대해 의견을 가질 수 있다. 성경을 묵상하면서 자기 생각의 근거를 찾을 수도 있다. 그러나 공식적으로 언급을 할 때는 조심스럽게 해야 한다. 요즘 정치 상황을 보며 선지자로서의 외침보다 세상을 위한 제사장으로 돌아가 기도하는 것이 더 큰 교회의 사명이 아닌가 생각해 본다.

인종차별,
헐어야 할 막힌 담

미국 남부에서 공부하면서 흑인들에 대한 인종차별을 실감했다. 한번은 병원에 갔는데 두 개의 문이 있었다. 어느 쪽 문을 열까 고민하다가 한 쪽 문을 열었는데 흑인들이 줄지어 있었다. 그들이 나에게 옆문으로 가라고 했다. 그곳에는 백인들이 있었다. 흑인과 백인의 입구가 달랐던 것이다. 그 병원 의사는 가난한 유학생인 내게 진료비를 받지 않았던 자비로운 그리스도인이었다. 그러나 인종에 관한 한 아직도 복음 안에서 하나가 되지 못했다.

신학교에서 기독교 학교에 대해 공부하면서도 갈등이 생겼다. 아이들을 성경적으로 가르치기 위해 기독교 학교가 필요하다는 말은 당연히 동의했다. 그러나 기독교 학교에 흑인들이 하나도 없다는 사실을 알면서 동의가 되지 않았다. 의도적이지 않다고 해도 흑인이 배제된 학교가 정말 기독교 학교라고 할 수 있을까.

적어도 우리나라는 흑백 차별이나 갈등은 존재하지 않는다. 그러나 우리 사회를 자세히 보면 이와 비슷한 일이 얼마든지 존재한다. 영남과 호남의 갈등이 그렇고, 최근 외국인 노동자들에 대한 차별이 그렇다. 교회에서도 그리스도 안에서 한 몸이라고 하면서 지방색을 드러내는 경우가 종종 있다. 특히 교회 정치로 들어가면 이런 차이는 훨씬 강해진다. 다른 지방 사람에 대해서 배타적이거나 심지어 어느 지방 사람이라는 이유만으로 편견을 갖는 것은 예수님의 십자가 보혈을 헛되게 만드는 것이다.

"이제는 전에 멀리 있던 너희가 그리스도 예수 안에서 그리스도의 피로 가까워졌느니라. 그는 우리의 화평이신지라 둘로 하나를 만드사 원수 된 것 곧 중간에 막힌 담을 자기 육체로 허시고"(엡 2:13-14).

예수님은 십자가에 죽으심으로 유대인과 이방인 사이에 막힌 담을 헐어버리셨다. 그때 흑인과 백인 사이에 막힌 담도 헐렸고, 영남과 호남 사이에 막힌 담도 헐렸다. 지금 우리가 그 담을 유지하는 것은 예수님의 십자가 죽음을 헛되게 하는 것이다.

다행히 우리 세대에서는 이런 갈등이 조금 완화된 듯하다. 그 대신 외국인 근로자나 외국인 신부들이 들어오면서 외국인들에 대한 편견이 새로운 문제로 대두되고 있다. 같은 외국인이라도 피부 색깔에 따른 차별은 눈에 띈다. 백인들에게는 대체로 호의적이지만 흑인이나 동남아 사람들은 편견을 가지고 대한다. 그리스도인들도 이런 편견과 차별에서 자유롭지 않다.

본능적으로 거부감이 생기는 것을 어떻게 하느냐고 반문할 사람이 있을지 모른다. 그러나 믿는 사람이라면 본능적인 거부감이 성령의 생각을 따르는 것이 아니라 육체의 욕심을 따르는 것임을 인정해야 한다.

"새 사람을 입었으니 이는 자기를 창조하신 이의 형상을 따라 지식에까지 새롭게 하심을 입은 자니라. 거기에는 헬라인이나 유대인이나 할례파나 무할례파나 야만인이나 스구디아인이나 종이나 자유인이 차별이 있을 수 없나니 오직 그리스도는 만유시요 만유 안에 계시니라"(골 3:10-11).

다문화 가정,
하나님 나라의 매개

어릴 때 나는 머리카락이 노랗고 약간 서양아이 같이 생겼다고 주변에서 '아이노꾜'라는 별명으로 불렸다. 그 소리에 화가 난 어머니가 이발소에 가서 머리를 밀어 버리셨다. 어머니가 그렇게 화를 낸 이유는 '아이노꾜'라는 말이 당시 미군과 한국 여자 사이에서 태어난 아이를 뜻하기 때문이다. 원래 '아이노꾜'라는 말은 미군과 일본 여자 사이에서 태어난 아이를 일컫는 말로 그렇게 나쁜 뜻은 아니었다. 그런데 우리나라에서는 미군과 한국 여자 사이에 태어난 아이를 놀리는 말이 되었다. '튀기', 혼혈아에 대한 이미지는 이런 역사적인 배경 때문에 부정적일 수밖에 없다. 더구나 단일민족을 자랑하는 한국 사람들로서는 다른 민족과의 결혼에 대해 정서적으로 부정적일 수밖에 없다.

나중에 여러 나라를 다니면서 다른 나라에서는 민족을 초월해서 결혼하는 것이 그리 이상한 일이 아니라는 사실을 알게 되었다. 특히 미국이나 유럽에 가면 한두 세대만 올라가도 선조의 민족이나 국가가 다른 것은 이상한 일이 아니었다. 그것을 보면서 우리는 왜 국제결혼에 대해서 부정적인가를 생각해 보았다.

성경에는 이방인과의 결혼을 엄격히 금했다. 하나님이 이스라엘 백성이 이방인과 결혼하는 것을 금하신 이유는, 다른 민족이 한 가정을 이루어서는 안 되기 때문이 아니라 하나님을 믿는 백성이 하나님을 믿지 않는 백성과 한 가정을 이루는 것을 원치 않으셨기 때문이다. 그런데 예수 그리스도가 십자가에서 민족의 벽을 무너뜨렸기 때문에 이제 그리스도를 믿는 사람에게는 인종이나 민족으로 차별하는 일은 있을 수 없는 것이다. 그러므로 인종이나 민족적인 편견 때문에 국제결혼을 부정적으로 생각하는 것은 십자가에 위배되는 일이다. 딸이 미국으로 유학을 떠날 때 이런 말을 했다. "배우자의 국적은 불문한다. 그러나 신앙인이어야 한다."

원칙적으로 국제결혼이 문제가 되지는 않지만 현실적으로 문제가 될 수 있다. 일반적으로 부부 갈등의 가장 큰 원인은 성격이나 문화의 차이, 의사소통의 문제이다. 같은 나라에서 자란 사람들도 문화 차이가 있고 그로 인한 의사소통 문제가 많다. 그래서 어른들은 가능하면 동향 사람과 결혼시키려고 했다.

그렇기 때문에 국제결혼을 하는 사람은 문화적인 차이에 대한 충분한 이해를 가져야 한다. 선교사들이 선교훈련을 위해 문화적인 훈련을 받듯이 국제결혼하는 사람은 상대의 문화에 대한 충분한 이해를 가지고 결혼해야 한다. 그리고 언어의 소통도 중요하다. 아무리 사랑해도 의사소통이 안 되면 그 사랑이 깊어질 수 없다. 그러므로 국제결혼을 하는 사람은 서로가 의사소통을 할 정도의 언어 훈련이 된 이후에 하는 것이 좋다.

국제결혼을 부정적인 눈으로 바라보는 것은 분명히 우리가 고쳐야 할 점이지만 국제결혼을 허용한다고 아무런 준비 없이 하는 것은 결혼의 신성함을 훼손시키는 것이다. 과거 우리나라 여자들이 외국 남자들과 결혼하는 경우가 많았고, 그런 여자들이 조금 무시당하는 경향이 있었다. 그런데 요즘은 외국인 여성들이 우리나라에 시집오는 경우도 많다. 그런 경우에 외국인 여성들을 무시하는 경향이 있다. 어떤 경우든지 국제결혼이라는 어려운 과정을 택한 사람들을 축복해야 한다. 우리의 편견으로 그들이 상처 받지 않도록 조심해야 한다. 적어도 예수 그리스도가 십자가에서 인종이나 민족 간의 편견을 다 무너뜨리신 것을 믿는 그리스도인이라면 실수하지 말아야 한다.

결혼은 기본적으로 두 사람이 하나가 되는 것이지만 결혼하면서 새로운 부모와 형제를 맞이하는 것이기도 하다. 그런데 국제결혼은 그런 관계가 기존 결혼에 비해 덜 친밀하게 형성된다. 당사자들이 먼저 그것을 감수해야 하고, 가족들이 그것을 인정하고 축복해 주어야 한다.

그리스도인 가운데 국제결혼에 거부감을 갖는 사람이 많다. 큰아버지이신 방지일 목사님은 국제결혼을 강하게 반대하신다. 이유는 주변에서 국제결혼을 한 부부들이 이혼하는 것을 많이 보셨기 때문이다. 그런 경험 때문에 국제결혼을 부정적으로 보는 것은 어느 정도 이해할 수 있다. 그러나 그런 현실 때문에 국제결혼 자체를 부정하는 것은 그리스도인으로서 바람직한 태도는 아니다.

오히려 그리스도인으로서 국제결혼은 선교의 통로가 될 수 있고, 국제적인 사역을 하는 데 효과적일 수도 있다. 헬라인 아버지와 유대인 어머니 사이에서 태어난 디모데는 두 문화의 균형을 이루며 효과적으로 사역했을 것이다. 그러므로 선교적인 마인드를 가지고 좀 더 적극적으로 생각한다면 국제결혼이 하나님 나라를 이루어 가는 데 아주 좋은 수단이 될 수도 있다.

세대 갈등, 건강한 사회로의 지향

최근 우리 사회에 가장 눈에 띄는 현상이 세대 간의 갈등이다. 젊은 세대는 이전 세대의 보수성을 비판한다. 답답한 분들이라 생각하고 그냥 눈앞에서 사라져 주었으면 하는 것 같다. 이런 비판에 대해 나이 든 사람들은 젊은 시절에 죽도록 일했는데 나이 들었다고 내쫓기는 현실에 속도 상하고, 이제는 지난 세대 자체를 무시하는 것 같아 분노한다. 나이 든 사람들은 젊은이들이 아무것도 모르면서 잘못된 사상에 휩쓸린다고 비판한다. 세대 간의 갈등은 빨리 해결되지 않으면 쓸데없는 갈등으로 확산된다. 성경을 통해 이 문제의 해결의 실마리를 찾을 수 있다.

포로로 끌려갔다가 예루살렘으로 돌아온 이스라엘 백성이 가장 먼저 한 일은 성전을 다시 건축하는 일이었다. 이 일에 모든 백성들이 동의했으며 기쁜 마음으로 시작했다. 그런데 성전을 건축하기 위해 성전의 기초를 놓으면서 젊은이들과 노인들이 극명하게 대조되는 반응을 보였다. 젊은 사람들은 새로운 성전이 세워지는 것을 보고 기뻐했다. 반면 노인들은 이전 성전의 웅장하고 화려한 모습을 본 사람들이기에 재건된 성전의 초라한 모습을 보고 울었다(스 3:10-13). 정반대의 반응을 보고 양쪽은 서로를 의아하게 생각할 수도 있고 나아가 서로를 비판할 수도 있었다. 젊은이들은 새로 성전이 세워지는 날에 기뻐하지 않고 우는 노인들이 못마땅했을 수 있고, 노인들은 화려한 옛 성전의 모습을 모르는 젊은이들이 무너진 터 앞에서 기뻐하는 모습을 보고 한심하게 생각했을 수도 있다. 세대 간의 갈등으로 번질 수도 있었을 것이다. 그러나 다행히 그런 일은 없었다.

이 말씀을 오늘 우리 현실과 비교해 보면 세대 간의 갈등에 대한 해결책이 떠오른다. 모든 갈등의 원인은 결국 상대방의 입장을 충분히 이해하지 못하는 데서 출발한다. 젊은이들이 이전 세대들의 삶의 여정을 조금만 여유를 가지고 돌아본다면 그들의 반응에 완전히 동의는 못해도 이해는 할 수 있다. 마찬가지로 나이 든 사람들은 젊은 사람들이 지금 현실에서 답답하게 느끼는 부분에 완전히 동의하지 않더라도 이해만 한다면 대하는 태도가 분명히 달라질 것이다.

이 원리는 작게는 가정에서부터 적용할 필요가 있다. 부모와 자녀들 사이의 인식의 차이가 있는 것을 피차 인정하고 상대편을 이해하도록 노력하는 것이다. 직장에서도 선배들과 후배들이 생각의 차이를 겪고 그로 인해 갈등이 생길 수 있다. 이런 상황에서는 아무리 자신들의 생각이 옳다고 주장하고 설득하려 해도 별 효과가 없다. 논쟁을 해봐야 갈등만 더 커질 뿐이다.

어느 사회나 이전 시대의 경험이 있는 세대가 필요하고 그 경험에 묶이지 않고 새로운 것을 이루려는 세대가 있어야 한다. 두 세대가 서로를 이해하고 서로의 부족한 것을 보완하게 되면 건강한 사회가 될 수 있다.

조손가정, 노인문제의 대안

출산율 하락과 노인 인구 증가가 심각한 사회 문제로 떠오르고 있다. 출산율이 낮아지는 원인은 자녀들에 대한 가치를 그다지 높게 생각하지 않는 의식과 현실적으로 자녀를 낳아서 키우기 어렵기 때문이다. 특히 맞벌이 부부가 늘어나면서 이 문제는 풀기 어려운 숙제가 되었다. 전문가들은 가정 스스로 해결하기 어려운 문제로, 기업과 정부가 탁아방을 운영하는 것이 해결책이라고 말한다. 그러나 정부와 기업도 현실적으로 이 문제를 풀어 갈 마땅한 대안이 없다.

한편 노인 인구는 증가하면서 일하려는 노인들은 늘어났지만 마땅한 일자리는 없다. 정부는 이들을 위한 일자리를 제공할 계획을 세우지만 그것으로 노인 문제를 해결하지는 못한다. 나는 두 문제를 동시에 풀 수 있는 대안으로 손자 손녀 양육 사역을 제안하고 싶다.

맞벌이 부부거나 특별한 사정으로 자녀를 부모가 키울 수 없는 경우에 전통적으로 할아버지와 할머니가 맡아서 키웠다. 지금도 자녀를 양가 부모님에게 맡기는 사람들이 꽤 많다. 그런데 언제부터인가 할아버지 할머니들이 손자 손녀 돌보는 일을 꺼리는 것을 본다. 그 동안 자녀 양육으로 고생했으니 늙어서는 편하게 지내고 싶다는 것이다. 자녀를 맡기는 부모 입장에서는 나이 드신 할아버지 할머니에게 맡기는 것이 교육적으로 바람직하지 않다고 생각하는 경향도 있다. 그러나 아이들의 부모와 할아버지 할머니가 조금만 생각을 바꾸면 당면한 이 문제를 풀어가는 데 중요한 열쇠를 발견할 수 있다.

첫째, 이 일에 대한 신앙적인 안목이 필요하다. 할아버지 할머니들이 귀찮은 일을 떠맡는 것이 아니라 하나님이 맡기신 사역으로 생각하도록 돕는 것이다. 개인적으로 볼 때 가정의 문제, 작게는 자녀들의 고민을 덜어주는 정도로 생각하지만 이렇게 해서 출산율을 조금이라도 높일 수 있다면 그것은 사회적으로도 엄청난 영향을 미치는 일이다. 아마도 나이 든 사람들이 우리 사회를 위해서 할 수 있는 어떤 일보다도 위대한 일로 받아들인다면 의미 있는 사역이 될 것이다.

둘째, 이렇게 해서 손자 손녀를 의미 있게 돌보기 시작하면 점차 해체되고 있는 가정을 회복하는 데도 기여할 수 있다. 손자 손녀 뒤치다꺼리만 하는 것이 아니라 그들에게 세대를 넘어서는 인간관계를 보여주고 바른 가치관을 가르칠 수 있다. 삶에 필요한 지혜도 가르치면서 핵가족화되는 과정에서 잃어버렸던 가족의 사랑을 회복할 수 있다. 신앙이 없는 자녀들의 가정에서 자란 손자 손녀들에게 신앙을 가르칠 수도 있다.

셋째, 생각을 바꾸게 되면 손자 손녀를 돌보기 위해서 교육을 받을 필요를 느끼게 된다. 손자 손녀를 돌보고 양육하기 위해 필요한 교육을 받다보면 그것을 계기로 삶에 적극적으로 임하게 되고, 전문적인 일로 연결될 수 있다. 아직 정정한 60대들을 전문적인 식견을 가진 유아보육사로 양성한다면 늘어가는 노인 문제와 육아 문제를 해결할 수 있는 대안이 될 것이다.

사실 지금까지 나이 드신 어르신들을 섬기는 것은 그저 편하게 해드리는 것으로만 생각했다. 그러나 자신이 기여할 수 있는 의미 있는 일을 발견하고, 그 일을 보람 있게 할 수 있다면 그것이 진정으로 어르신들을 위한 일이다. 손자 손녀 양육 사역이 바로 그런 일 중 하나다. 요즘 사회에서 실버산업에 관한 이야기가 많이 오르내리고, 교회마다 어르신들을 위한 프로그램들이 열리고 있다. 그러나 어르신들을 '위한' 사역만을 생각하지 말고 어르신들에 '의한' 사역도 생각할 때가 되었다. 최근 친구들이 손자 손녀를 얻었다는 소식을 들으면서 이 사역이 머지않아 내 사역이 될 것을 기대하고 있다.

부모를 공경하는 사회

2004년 돌아가신 어머니에게는 아버지가 남기신 돈도 없었고, 노후를 위해 준비해 놓은 돈도 없었다. 그러나 돌아가실 때까지 풍족하지는 않아도 경제적인 걱정 없이 사셨다.

어머니가 노후를 어려움 없이 지낸 이유는 간단하다. 자녀들이 어머니를 봉양했기 때문이다. 부모 봉양은 마땅히 해야 할 일이지만 현대사회는 피하고 싶은 일로 받아들이고 있다. 그렇게 된 몇 가지 이유를 생각해 보자.

첫째로 젊은 자녀들이 부모들을 경제적으로 봉양할 여유가 없다고 생각한다. 그러나 그것은 경제적인 문제가 아니라 의식의 문제이다. 가족에게 노부모 부양의 책임이 있다는 견해가 1998년에는 89.9퍼센트에서 지난 2002년에 70.7퍼센트로 20퍼센트 가까이 줄었다. 이 통계는 요즘 사람들의 의식의 변화를 단적으로 보여준다.

예전보다 경제적으로 잘살게 된 것은 누구나 인정하는 사실이다. 경제적인 여유가 없다고 하지만 자녀들의 교육비는 세계적으로 놀랄 만큼 쓰는 것이 현실이다. 자녀를 위해 쓰는 돈의 일부만이라도 부모에게 사용한다면 얼마든지 문제는 해결된다. 우리가 회복해야 할 의식은 바로 우리 사회가 전통적으로 강조해 온 효도이다. 과거에는 부모님을 경제적으로 봉양하는 일이 평생에 진 빚을 갚는 길이라는 의식이 있었다. 그러나 점차 그 의식이 사라져가고 있다.

효도는 우리의 전통적인 가치관일 뿐 아니라 성경이 강력하게 가르치는 사실이다. 어릴 때는 부모에게 순종하라고 했고 나이가 들어서는 부모를 공경하라고 했다(엡 6:1-2). 그리고 효를 행하여 부모에게 보답하는 것이 하나님 앞에 받으실 만한 것이라고 했다(딤전 5:4). 그러므로 부모에게 효를 행하고 구체적으로 부모의 경제적인 생활을 돕는 것은 그리스도인으로서 당연한 의무이다.

둘째로 자녀들도 그렇게 생각하지만 부모들 중에도 자녀들에게 신세지지 않겠다고 말하는 사람들이 많아졌다. 60세 이상 노인 300명을 대상으로 설문조사한 결과 자식에게 의존한다는 응답은 39퍼센트에 그쳤다. 또 다른 조사에서도 응답자의 70.8퍼센트가 노후생활 책임 소재에 대해서 자기 자신이라고 응답해 자녀 의존성향을 많이 벗어나고 있음을 보여주었다. 자녀를 사랑해서 부담주지 않으려는 마음 때문인지 아니면 자녀들에게 신세지는 것이 자존심 상하기 때문인지, 이도저도 아니면 자녀들에게 아예 기대하는 것이 없어서인지 모르지만 요즘 추세인 것만은 확실하다.

부모가 자녀들을 키우느라 평생을 수고한 것처럼 나중에는 자녀들이 부모를 경제적으로 봉양하는 것은 아름다운 일이다. 또한 가정을 가정답게 하는 일이다. 그렇게 하는 것이 자녀들을 위한 일이기도 하다. 부모를 공경하는 것이 약속 있는 첫 계명이며 그래야 잘되고 땅에서 장수하기 때문이다(엡 6:3).

자녀들에게 신세지지 않겠다는 것은 자녀들이 하나님의 복을 받을 기회를 주지 않는 것이다. 자녀를 사랑한다면 그들에게 봉양할 기회를 주고 자녀들이 하나님의 축복을 받게 해주어야 한다.

셋째로 우리 사회의 전반적인 분위기가 점점 바람직하지 않은 방향으로 흘러가고 있다는 것이다. 전문가들이 나이 든 부모들의 생활을 가족의 책임에 맡길 것이 아니라 국가가 책임져야 한다고 주장한다. 혹시 부자 나라여서 국가가 나이 든 부모들을 부양할 수 있다고 해도 그것은 바람직한 가정의 모습이 아니다. 선진국 노인들은 경제적으로는 어려움이 없어 보이지만 가정적으로 보면 비참하다. 자녀들이 봉양은커녕 일 년에 한두 번도 찾아오지 않는다. 경제적으로는 괜찮아 보여도 결코 행복해 보이지는 않는다.

물론 경제적으로 어려운 경우 자녀 대신 정부가 맡아주는 것은 바람직한 일이다. 앞으로 자녀들의 숫자가 더 적어질 것이고, 노인들은 더 늘어날 것이므로 현실적으로 자녀들이 부모 봉양하기가 쉽지 않을 것이다. 그래도 노인들의 생활에 대한 책임을 가족에게서 떼어 가면 우리의 가정은 점점 빠르게 와해될 뿐이다.

요즘 많은 사람들이 가정 해체를 염려하고 전통적인 가정으로의 회복을 주장한다. 이를 위해서 가장 중요한 일은 자녀들에게 부모들을 봉양하는 것을 가르치는 일이다.

요즘 젊은 부모들이 자녀 사랑하는 모습을 보면 정말 대단하다. 그런 모습을 볼 때마다 이런 생각을 한다. '이렇게 부모 사랑을 한껏 받은 자녀들이 부모들이 나이 들었을 때 얼마나 그들을 봉양할까?' 생각하면 할수록 마음이 무거워진다.

진정으로 자녀를 사랑한다면 자녀들에게 지금 부모에게 순종하는 것은 물론 부모가 나이 들었을 때 봉양할 것을 가르쳐야 한다. 그러기 위해서는 부모들이 먼저 자기 부모들을 봉양하는 모습을 자녀들에게 보여주어야 한다. 그것이 가장 효과적인 교육이다. 부모들이 할아버지 할머니를 봉양하는 모습을 보고 자란 자녀들과 자기 가정밖에 모르는 부모 밑에서 자란 자녀들을 비교해 본다면, 어느 편이 더 바람직한 가정을 이룰 수 있을 것인가에 대한 답은 자명하다.

사도 바울은 부모 봉양의 중요성을 강조하면서 어려운 과부들을 돌보는 일을 교회가 떠맡지 말고 자녀들이 담당하도록 했다(딤전 5:4, 16). 한마디로 가정에서 자녀가 감당해야 할 책임을 교회가 빼앗지 말라고 한 것이다. 그렇게 할 때 가정의 진정한 모습을 유지할 수 있기 때문이다.

과거에는 나이 드신 부모를 봉양하는 것이 당연한 것이었는데 이제는 그렇지 않다. 이것을 사회의 발전의 결과로 보는 사람도 있을지 모르겠다. 그러나 적어도 그리스도인들에게는 성경의 가르침으로부터 멀어져 가는 것이라고 말할 수밖에 없다.

부모를 공경하고 나이 드신 부모를 봉양하자는 것은 단순히 우리의 전통적인 미덕을 회복하자는 것만이 아니다. 성경이 가르치는 분명한 가르침을 이 시대에 회복하자는 것이다.

올해 초에 처음으로 직장에 들어가 월급을 받은 아들에게 돈을 어떻게 쓸 거냐고 물었더니 먼저 하나님께 십일조 드리고 어머니께 용돈을 드리겠다고 했다. 아내가 그 돈을 받고서 기뻐하면서 하나님께 감사헌금 드리는 것을 보았다. 뿌듯했다. 언젠가는 나도 그 돈을 받게 될 것을 기대한다. 그래서 우리 아들이 하나님께 더 많은 복을 받게 될 것을 기대한다.

14

죽음과 신앙

christian

죽음을 앞두고 잊어서는 안 될 것이 있다.
주님 앞에 어떻게 설 것인지의 문제이다.
어떤 삶을 살았는지에 관계없이 주님 나라에 들어가면
분명 우리 삶에 대해 평가를 할 것이다. 죽을 때 죽더라도
살아 있는 동안 하나님 보시기에 칭찬받을 만한 삶을 살아야 한다.
그래서 사도 바울처럼 고백할 수 있어야겠다.
"나는 선한 싸움을 싸우고 경주를 마치고 믿음을 지켰다" (딤후 4:7-8).

노후준비,
축복의 길

"준비된 노후는 축복입니다." 나이가 들어가는 내 귀에 멋진 말처럼 들린다. 아쉬운 것은 부동산 투자 광고에 나온 광고 카피라는 점이다. 노후 준비를 위해 월세가 꼬박꼬박 나오는 상가를 사두어야 한다는 광고였다. 물론 노후를 위한 경제적인 준비는 필요하다. 그러나 경제적 준비가 된다고 노후가 복되다는 보장은 없다.

하나님의 뜻에 맞는 노후 준비의 출발은 미래에 대한 쓸데없는 걱정을 버리는 것이다. 노후를 생각하면 은근히 걱정된다. 미래를 위한 계획이나 대책 없이 사는 것도 신앙적인 모습은 아니다. 그런데 예수님은 "내일 일을 위하여 염려하지 말라 내일 일은 내일이 염려할 것이요 한 날의 괴로움은 그날로 족하니라"(마 6:34)고 말씀하셨다. 결국 오늘을 열심히 사는 것이 미래를 위한 준비이다. 걱정과 준비는 엄연히 다르다. 걱정은 불신앙에서 나온 것으로 사람을 불행하게 만든다. 진정한 노후 준비는 인생을 주님께 맡긴 사람이 오늘을 책임 있게 사는 것이다.

대부분의 사람들에게 노후 대책은 경제적인 준비를 의미한다. 그러나 노후 준비는 총체적인 관점에서 이루어져야 한다. 가장 먼저 나이가 드는 것을 현실로 인식하고 그로 인한 변화를 수용해야 한다. 노화는 필연적인 현실이다.

먼저 노후가 있다는 것을 인정해야 한다. 지금 하는 일을 죽을 때까지 하겠다고 공언하는 사람이 있다. 갈렙이 85세까지 활동했던 예를 들며 그것이 성경적이라고 생각하는 사람들이다. 그때까지 건강을 유지한다면 좋은 일이다. 그러나 성경에 나오는 위대한 지도자들이 적절한 때에 후계자에게 자신의 일을 물려주었음도 기억해야 한다. 현대사회에서 은퇴는 제도화되었다. 은퇴를 수용하는 것도 지혜이다. 은퇴는 삶의 뒤안길로 물러나는 것이 아니라 활동 현장을 떠나는 것일 뿐이다. 그래야 세대 간의 교체가 자연스럽게 이루어진다. 한 세대가 물러가지 않으면 다음 세대가 제대로 성장하지 못한다.

또 노후를 여생이라고 생각지 말아야 한다. 평균수명이 길지 않을 때는 은퇴 후에 몇 년 정도 살다가 세상을 떠났다. 그 시절 은퇴 후의 삶은 여생(餘生)이었다. 그러나 평균수명이 팔십에 가까운 지금, 은퇴 후에 맞이하는 노후는 길고 길다. 여생이 아니라 새로운 삶이며, '자투리 시간'이 아니라 '옹근 시간'이다. 결국 경제적인 문제만 고민할 것이 아니라 다음 세대의 삶을 위해 다양한 준비가 필요하다. 마치 어린 시절에 성인이 되기 위해서 준비했던 것처럼 실제적인 준비가 필요하다.

현대인의 노후는 삶의 여정을 새롭게 반복하는 것이 되어야 한다. 노년기는 인생의 마지막을 정리하며 성숙하는 기간이다. 이 기간에 한 사람의 생애에 필요한 세 가지를 새롭게 반복하는 것이 좋다. 노년에도 새롭게 배움을 통해 성장해야 하고, 일을 통한 성취를 누려야 하며, 또한 쉼을 통한 성숙을 이루어야 한다. 물론 배워야 할 내용이나 해야 할 일이 이전과는 다르겠지만 노후의 삶을 의미 있게 보내기 위해서는 단순히 쉬는 시간이 아니라 배우고 일하고 쉬는 기간이 되어야 한다.

사람은 누구나 한 번 태어났다가 한 번 죽는 것이 정한 이치이다(히 9:27). 그런데 다른 모든 일에 대해서는 준비를 잘 하는데 더 확실한 죽음에 대해서는 그렇지 못하다. 죽음 자체에 거부감이 들기 때문이다. 죽음을 준비한다면 먼저 유언장을 생각한다. 그러나 더 중요한 것은 죽음을 충분히 생각하고 그것을 맞이할 준비를 하는 것이다.

내 죽음을 생각해 본다. 당장 죽음이 찾아온다면 어떻게 맞이할 수 있을까. 영생을 믿지만 막상 죽음이 찾아온다면 담담하게 맞을 수 있을까. 주변에 말기암에 걸려 힘들어하는 사람들을 보면서 내가 그런 위치에 있다면 어떻게 할 것인가를 생각해 본다.

가장 먼저 떠오르는 것은 사도 바울의 고백이다. "이는 내게 사는 것이 그리스도니 죽는 것도 유익함이라. 그러나 만일 육신으로 사는 이것이 내 일의 열매일진대 무엇을 택해야 할는지 나는 알지 못하노라. 내가 그 둘 사이에 끼었으니 차라리 세상을 떠나서 그리스도와 함께 있는 것이 훨씬 더 좋은 일이라. 그렇게 하고 싶으나 내가 육신으로 있는 것이 너희를 위하여 더 유익하리라"(빌 1:21-24). 지금 죽는다면 곧 그리스도와 함께 있게 될 테니 안타까울 것은 없다. 그렇지만 아직 하나님이 사용하실 일이 남았다면 조금 더 있다 가게 해달라고 부탁하고 싶다. 그래서 좀 더 살기 위해서 노력을 해보겠지만 굳이 죽음이 찾아오면 주님의 부르심으로 생각하고 가는 수밖에 없다.

사실 죽음에 대한 두려움은 그리 크지 않다. 내 존재가 이 세상에 끝난다는 아쉬움은 있지만 영생의 소망이 있기 때문에 죽음 자체가 두렵지는 않다. 오히려 세상에서 질병으로 오랫동안 고생하면 내 존재가 비참할 뿐 아니라 가족들에게 짐이 될까 오히려 더 염려스럽다. 그래서 하나님께 이렇게 기도하고 싶다. "아버지, 제가 세상에서 사는 것이 힘들어 보이면 주님의 나라로 빨리 데려가 주세요." 죽음을 생각하면서 가장 안타까운 것이 있다면 남아 있는 사람들과의 관계의 단절이다. 내가 죽으면 아내와 자식들과 헤어져야 한다. 아내는 과부가, 아이들은 아버지 없는 아이들이 될 것이다. 이미 어느 정도 성장했기 때문에 아버지가 없어도 큰 어려움은 없을 것이다. 그러나 관계의 단절은 피할 수 없다. 물론 우리 모두가 죽었다가 주 안에서 한 가족으로 부활할 것이다. 이 땅에서의 혈연관계는 내 죽음으로 끝이 난다. 그러니까 지금 가족들과 남은 기간을 사랑을 나누면서 지내야 한다.

죽음을 앞두고 잊어서는 안 될 것이 주님 앞에 어떻게 설 것인지의 문제다. 내가 어떤 삶을 살았는지에 관계없이 주님의 나라에 들어가게 될 것은 확신한다. 그러나 내 삶에 대해 분명히 평가할 것이다(고후 5:10). 그때를 대비해서 사도 바울과 같은 고백을 할 수 있어야겠다. "나는 선한 싸움을 싸우고 나의 달려갈 길을 마치고 믿음을 지켰으니 이제 후로는 나를 위하여 의의 면류관이 예비되었으므로 주 곧 의로우신 재판장이 그날에 내게 주실 것이며 내게만 아니라 주의 나타나심을 사모하는 모든 자에게도니라"(딤후 4:7-8). 죽을 때 죽더라도 살아있는 동안 하나님이 보시기에 칭찬을 받을 삶을 살아야겠다고 다짐한다.

《인생이 내게 준 선물》이라는 책의 저자는 암으로 죽기 전에 알고 지내던 모든 사람을 만났다고 한다. 어쩌면 갑작스럽게 죽는 것보다 시한부 인생이 되는 것도 좋을 수 있다. 훨씬 더 실감나게 죽음을 준비할 수 있을 것 같다. 감정이 있었던 사람들에게도 마음이 풀릴 것이다. 감사한 마음이 있다면 그것을 다 이야기했을 것이다. 시한부 인생이 아니라서 그런 만남을 가질 수 없다고 생각하면 안 된다. 모든 사람들을 이 땅에서 마지막으로 보게 된다는 기분으로 그들을 대하면 삶의 자세가 달라질 것이다.

죽음의 윤리, 품위 있는 죽음

2006년 가을, 갑작스럽게 심장에 이상이 발견되어 관상동맥 이식수술을 받았다. 생전 처음 해보는 엄청난 수술인지라 많이 긴장했다. 수술 전 며칠을 병실에서 보냈는데, 옆에 돌아가신 아버지와 같은 연세의 할아버지가 누워 계셨다. 그런데 그분 때문에 밤에 잠을 잘 수 없었다. 그분은 병세가 악화되어 회복 가능성이 없었지만 인공호흡기를 달고 생명을 유지하고 있었다. 낮에는 별 문제가 없었지만, 밤이 되면 호흡이 불규칙해 인공호흡기에 달린 경보장치가 울렸다. 간호사들이 급히 달려와 조치를 취하곤 했다. 그렇다고 힘들어 하는 환자를 두고 뭐라 불평할 수도 없었다. 다행히 낮에 정신이 돌아오면 이야기도 조금은 할 수 있었다. 그리스도인 간병인의 도움으로 함께 기도도 했다. 어릴 때 외사촌 누나에게 들었다면서 죽으면 예수님에게 가고 싶다는 고백도 들었다. 하지만 고통이 심한지 이제 죽게 내버려 두라고 자주 소리쳤다. 옆에서 듣기에 정말 안쓰러웠다.

가족들은 미안했던지 다음 날 옆방에 있는 일인실로 옮겼다. 나는 반갑기도 했지만 안타까운 마음도 들었다. 다음날에 옆방에 들려보니 방을 옮긴 지 얼마 지나지 않아 돌아가셨다고 한다. 그분과 가족들을 위해서 기도해주고 나왔다.

그분이 곧 세상을 떠난다는 사실을 모두 알았지만, 어쩔 수 없이 마지막까지 고통을 받으면서 힘들게 세상을 떠났다. 그 모습을 지켜보면서 꼭 그렇게 할 필요가 있었을까 의문을 갖는다. 인공적으로 생명을 연장시키기보다 자연스럽게 죽음을 맞이하도록 했으면 더 좋았을 것이다. 대신 가족들과 남은 시간을 좀 더 의미 있게 보내도록 하는 것이 바람직했을 것이다.

그런데 현재의 법으로는 그리 쉬운 일이 아니다. 자칫 잘못하면 안락사와 혼동이 되어서 윤리적인 논란의 여지가 생길 수 있다. 윤리적으로 보면 적극적인 안락사와 소극적인 안락사를 구별할 수 있다. 후자는 '품위 있는 죽음'이라는 훨씬 긍정적인 관점으로 볼 수 있다. 즉 의학적으로 회생 가능성이 없을 때 본인이 원한다면 의미 없이 생명을 연장하지 않고 훨씬 품위 있게 죽을 수 있도록 길을 열어주는 것이다. 그렇게 되면 생명을 연장하는 데 사용할 에너지를 죽음을 준비하는 데 사용할 수 있다. 특히 가족들과 의미 있는 작별 인사를 나눌 수 있다.

그리스도인에게 '품위 있는 죽음'이 의미 있는 것은, 죽음이 우리의 삶의 종말이 아니라는 것을 알기 때문이다. 우리는 죽은 후에 다시 부활할 것을 알기 때문에 죽음을 무작정 원수로만 생각할 필요가 없다. 죽음이 우리 존재의 마지막 사건이 아니고 이 세상에서 다른 세상으로 넘어가는 길목이기 때문에, 그 길목을 지날 때 품위 있게 지나는 것이 의미 있는 일이다.

사람의 생명을 단축시키기 위해 인위적인 방법을 사용하는 것은 안락사의 범주에 들어간다. 그러나 의학의 도움이 없이는 연명이 불가능한 환자의 생명을 의술로 연장시키는 것을 생명을 존중하는 태도라고 할 수 있을지 의문스럽다. 어차피 죽을 목숨인데 질질 끌지 말고 빨리 죽게 하자는 의미가 아니다. 죽는 과정에서 인간의 존엄성을 지키게 해주는 것을 의미한다면 꼭 법으로 금할 필요가 있을지 모르겠다.

유산, 자녀에게 독이 되다

내 아버지는 돌아가시면서 아무런 유산을 남기지 않으셨다. 오히려 사업 실패로 생긴 빚을 남기고 돌아가셨다. 어머니는 마음고생을, 장남인 나는 약간의 몸고생을 했다. 다행히 친척들의 도움으로 비참한 상황은 겪지 않았다.

그런데 그런 아버지에 대해 아쉬움을 갖지 않는 것은 적어도 우리 가정에서 유산 문제로 형제가 갈등을 빚을 일이 없었기 때문이다. 종종 유산 문제로 형제자매가 갈등을 빚는 것을 보면서 유산이라는 것은 형제우애에 별로 도움이 안 된다는 것을 알게 되었다. 우리나라 사람들은 자녀들에게 유산을 물려주는 데 적극적이다. 그러나 한번쯤 생각해볼 필요가 있다. 언젠가 교계 어른들이 유산을 남기지 말자는 운동을 벌인 적이 있었다. 자녀들에게 유산을 남기는 것이 잘못된 일은 아니지만 신앙인들이라면 한번쯤 생각해볼 만한 일이다.

자녀들에게 유산을 남기지 않아야 자녀들이 진정으로 독립할 수가 있다. 유산을 기대하면 아무래도 그것에 의지하게 되고, 진짜 독립하기가 어렵다. 물론 장애가 있다든가, 경제적인 활동을 할 수 없는 처지에 있는 자녀들을 위해서는 유산이 도움이 될 수 있다. 그러나 그렇지 않은 경우라면 오히려 유산이 없는 것이 자녀의 삶에 도움이 될 것이다.

유산을 남기면 자녀들 사이에 갈등의 가능성이 생긴다. 가난한 집의 자녀들이 돈 문제로 싸운다는 소리는 들어 보지 못했다. 그러나 재벌가 자녀들이 돈 문제로 싸운다는 소리는 종종 듣는다. 아무리 내가 유산을 물려받아도 다른 형제가 좀 더 많이 받는 것처럼 느껴지면 받아들이기 힘든 것이 사람의 마음이다. 그러다보면 돈 문제로 형제자매 사이에 거리가 생기게 된다.

유산을 남기게 되면 자녀들이 살아생전에 부모를 대하는 태도가 순수하지 못하기 쉽다. 돈과 관계없이 부모에게 효도해야 하는데 그러기가 쉽지 않다. 본의 아니게 오해도 받을 수 있다.

《다 쓰고 죽어라》라는 책에서는 부모가 살아있는 동안 자녀들을 위해서 돈을 충분히 사용하라고 권한다. 죽은 후에 돈을 남기는 것은 자녀들에게 별로 유익할 것이 없다는 이야기이다.

성경에서도 의인의 자손들이 걸식하는 것을 본 적이 없다고 약속한다. 아이들이 하나님의 뜻대로 자라도록 신앙을 유산으로 남겨준다면 다른 유산에 대해서 걱정할 필요가 없다. 이렇게 자녀들에게 유산을 남길 생각을 하지 않는다면 물질에 대한 욕심을 절제하기가 훨씬 쉬울 것이다.

초상,
죽음을 애도하는 법에 관하여

한 사람의 죽음은 인생의 마지막이지만 그 죽음은 가족이나 주변 사람들에게는 또 하나의 일상의 체험이다. 다른 사람의 죽음에 대해서 어떻게 생각하고 어떻게 받아들이느냐는 문제도 신앙의 중요한 적용점이 될 수 있다.

전도서는 초상집에 가는 것이 잔칫집에 가는 것보다 낫다고 했다. 초상집에 가는 것은 모든 사람이 죽는다는 사실을 마음에 각인시킬 수 있는 기회이기 때문이다(전 7:2). 상가에 가는 첫 번째 목적은 사람이 죽는다는 사실을 재확인하는 것이어야 한다. 다른 사람의 죽음을 통해 하나님이 우리에게 주는 교훈을 발견하는 시간이 된다. 그것을 제대로 받아들인다면 영적으로 유익을 얻을 수 있다.

"우는 자들과 함께 울라"(롬 12:15)는 말씀이 있다. 이 말씀은 인간이 겪는 모든 슬픔의 때에 적용이 되겠지만 가장 가까운 가족을 먼저 보낸 유가족들과 함께 시간을 보내는 것으로 적용할 수 있다. 호상(好喪)이라도 유가족을 위로해야 하며, 특히 병사나 사고사를 당한 경우에는 함께 하면서 위로할 필요가 있다.

그러나 상가에 가보면 대부분의 시간을 같은 자리에 앉아 음식을 함께 나누는 사람들과 이야기할 때가 많다. 돌아가신 분과는 무관한 일상적인 이야기가 대부분이며, 설사 돌아가신 분에 대한 이야기를 나누려고 해도 아는 바가 없는 경우가 많다. 장례기간 동안 유가족을 위로하기도 하지만 가만히 생각해보면 돌아가신 분을 위한 자리라기보다 유가족들의 친지나 친구들이 오랜만에 만나 그간의 일상사를 나누는 자리가 되어버린다. 물론 이런 현실은 피할 수 없고 억지로 바꿀 수도 없다. 그러나 그리스도인들은 이 자리를 주신 하나님의 뜻을 기억하고 행동하는 것이 좋다. 상가에서 그리스도인들이 가장 신경 쓰는 문제는 절을 할 것이냐, 기도를 할 것이냐 하는 것이다. 향을 피우는 곳도 있고, 국화꽃을 놓는 곳도 있다. 유족들에게 큰절을 하는 경우도 있고 그냥 인사만 하는 경우도 있다. 사소한 문제지만 신경이 쓰이는 부분이다. 개인적으로는 그리스도인들이 지키는 관례대로 해왔지만, 때때로 종교적인 문제가 아니라면 유가족이 원하는 대로 해주는 것도 예의라고 생각한다. 특히 믿지 않는 가족들과 믿는 가족들이 섞여 있는 경우 종교 문제로 갈등이 생기는 것을 종종 보는데, 이런 경우 주의가 필요하다. "약한 자들에게 내가 약한 자와 같이 된 것은 약한 자들을 얻고자 함이요 내가 여러 사람에게 여러 모습이 된 것은 아무쪼록 몇 사람이라도 구원하고자 함이니"(고전 9:22). 장례에서도 유가족의 형편을 이해하고 돕는다면 그들의 마음을 살 수 있다.

장례나 제사에 종교적인 의미가 명확한 경우에는 종교적으로 타협하지 않는 것이 바람직하다. 그러나 단순히 가족의 문화적인 차이일 경우 지나치게 율법적이 될 필요는 없다. 최근에 비신자들과 대화를 하다 보면 이런 문제 때문에 기독교에 대해 거부감을 갖는 경우가 종종 있다. 신앙에 본질을 지키기 위해서는 갈등을 감수해야 한다. 그러나 본질을 벗어난 사소한 문제로 기독교에 거부감을 갖게 하는 것은 바람직하지 않다.

상가에서 예배를 인도할 때가 있다. 그때는 죽음에 관한 성경의 가르침을 나누고 유가족을 위로한다. 때로는 살아있는 사람들에게 복음으로 전하기도 하지만 그리 쉽지 않다. 가장 어려운 것은 돌아가신 분이 믿지 않으셨다면 어떤 설교를 하느냐도 문제이다. 돌아가신 분을 존중해야 하기 때문에 그의 사후에 대해 함부로 말할 수 없다. 예의도 중요하고 진리도 중요하다.

기본적으로 성경은 죽은 사람의 운명에 대해서는 신경 쓰지 말라고 가르친다. "한 번 죽는 것은 사람에게 정해진 것이요 그 후에는 심판이 있으리니"(히 9:27). 돌아가신 분이 천국에 갔다고 단언할 필요도 없고, 부인할 필요도 없다. 예배의 중심은 생사화복을 주장하시는 하나님에게 두어야 한다. 그리고 함께 예배드리는 사람들에게 부활의 소망을 확인시켜 주며, 믿지 않은 사람들에게는 복음의 메시지를 조심스럽게 전하면 된다. 특히 믿지 않는 가족들이 복음을 들을 수 있는 중요한 기회이므로, 예배를 인도하는 분에게 특별한 부탁을 드리는 것도 바람직하다. 한 사람의 죽음으로 살아있는 한 사람이 영적으로 살아난다면 얼마나 의미 있는 일이겠는가.

장례 부조는 결혼 부조와 함께 부담되는 일이다. 경제적으로 어려운 가정의 장례비용을 돕기 위해 부조하는 것은 그리스도인으로서 사랑의 표현이 될 수 있다. 그러나 그렇지 않은 경우의 부조는 방문하는 사람에게 부담이 된다. 경제적으로 여유가 있다면 조문객들의 부조를 정중히 사양하는 것이 미덕이 될 수 있다. 부모님을 마지막으로 보내면서 자녀들이 힘을 합하지 않고 오히려 부조를 나누는 과정에서 갈등을 빚는다는 소리를 들으면 안쓰럽다.

물론 부조를 받지 않고 장례를 치르기 위해서는 절약해야 한다. 장례와 관련한 지출이 그리스도인에게 어떤 의미가 있는지 면밀하게 따져보자는 것이다. 관과 수의, 묘지를 결정하면서 마지막 도리를 다한다는 명목으로 과도하게 지출하기 쉽다. 장례의 절차나 소상한 내용을 알지 못하는 유가족들은 장례식장에서 권하는 대로 하기 쉽다. 그러나 무조건 그들의 조언을 듣다 보면 실수할 수 있다. 조언을 참고하되 형편에 맞게 결정해야 한다.

무작정 값싸게 하라는 것이 아니다. 돌아가신 분의 품위를 생각하는 동시에 죽음과 주검에 대한 신앙적인 가치관을 반영해서 결정하라는 것이다. 건전한 장례를 위해서 품위(dignity), 단순성(simplicity), 경제성(economy)을 우선적으로 고려하면 좋다. 가정의 경제적인 형편에 맞지 않는 무리한 지출은 돌아가신 분에게도 덕이 되지 않고, 유가족들에게 큰 부담이 될 수 있기 때문이다.

제사,
신앙의 리트머스인가

전통에 따라 제사와 고사를 지내는 가정이 많다. 제사는 신앙인에게 심각한 갈등의 원인을 제공한다. 기독교가 제사를 반대하기 때문에 기독교를 못 믿겠다는 사람도 있고, 제사나 절을 강요하는 가족들과의 갈등 때문에 가족과 상종하지 않는 그리스도인들도 있다.

문제는 제사나 고사가 우상숭배라는 것이다. 조상신을 믿고 제사상에 절한다면 말 그대로 우상숭배이다. 그러나 조상신을 믿지도 않고 숭배하지도 않으면서 그저 전통적인 예식으로 생각하고 절한다면 예절의 하나로 볼 수 있다. 중요한 것은 믿는 사람이 어떻게 처신하느냐에 달렸다. 고린도전서 8장에서 사도 바울은 이렇게 가르친다.

"우리가 우상은 세상에 아무 것도 아니며 또한 하나님 한 분밖에 없는 줄 아노라. 비록 하늘에나 땅에나 신이라 불리는 자가 있어 많은 신과 많은 주가 있으나 그러나 우리에게는 한 하나님 곧 아버지가 계시니 만물이 그에게서 났고 우리도 그를 위하여 있고 또한 한 주 예수 그리스도께서 계시니 만물이 그로 말미암고 우리도 그로 말미암아 있느니라"(고전

8:4-6).

결국 조상신에게 드리는 제사와 고사는 아무것도 아니다. 그저 세상 문화의 형태로 인정하면 된다. 그러나 사람들의 정서는 그렇지 않다. 제사나 고사는 종교적인 요소들이 강하기 때문에 그 자리에서 절하는 것은 종교적인 행위로 인식된다. 만약 종교적 요소가 강한 행사라면 참석하지 않는 것이 바람직하다.

독실한 신앙인인 아내를 따라 교회에 출석만 하는 남편이 있었다. 남편은 교회에 출석하는 아내와 아들에게 큰집에서 지내는 제사에서 절할 것을 강요하지 않았다. 그런데 어느 해인가, 큰집에 사정이 생겨 부부의 집에서 제사를 지내게 되었다. 남편은 당연하게 여겼지만 아내는 제사를 모실 수 없다고 반대했다. 아내 입장에서 제사를 지내지 않겠다는 것은 신앙적 결단으로 보일 수도 있지만, 다른 관점에서 보면 가정에 맡겨진 책임을 소홀히 하는 것일 수도 있다. 이런 경우에는 제사를 수용해야 한다. 수용할 뿐 아니라 성심껏 준비를 하는 것이다. 그러나 제사 의례에서는 신앙인으로서의 분명한 태도를 취해야 한다. 이렇게 하면 신앙을 지키면서도 가정의 평화를 유지할 수 있다.

제사에 대한 새로운 관점도 필요하다. 우리는 몇몇 조상만 기억하지만, 우리 조상들을 거슬러 올라가면 가장 위에 아담과 하와가 있고, 사람을 창조하신 하나님이 최고 정점에 계신다. 사람이 궁극적으로 드려야 할 제사는 하나님께 드리는 것이다. 하나님께 드리는 제사가 오늘날 예배의 형태로 발전했다. 조상신에게 예배드리는 것이 아니라 조상을 창조하신 하나님에게 예배드린다. 조상을 통해 나에게까지 생명을 주신 하나님께 감사드리는 것이다.

보통 제사에서는 제사 형식만 중요하게 생각한다. 그러나 예배드린 후
에 돌아가신 조상들이 생전에 보여준 다양한 삶의 교훈을 나누는 시간이
더 중요하다. 조상들을 친밀하게 생각할 수 있고, 그들의 남긴 교훈을 가
족들과 나누며 교훈을 얻을 수 있다.

장례에 임하는 그리스도인의 자세

아무리 강심장인 사람도 목에 칼을 대고 생명을 위협하면 꼼짝 못한다. 행복한 삶을 살던 사람도 의사가 시한부 인생을 선고하면 표정이 달라진다. 죽음이 두렵기 때문이다. 죽음은 사람들이 가장 두려워하는 것이다. 사람들이 죽음을 두려워하는 이유는 죽음이 존재의 끝이라고 생각하기 때문이다. 그러나 그리스도인들은 부활과 하나님 나라에서 영원한 생명을 누릴 것이기 때문에 죽음을 슬퍼하거나 두려워할 필요가 없다. 죽음은 우리 존재의 끝이 아니라 다음 단계로 넘어가는 길목이다.

10여 년 전 예상치 않은 몸의 이상으로 죽음을 한치 앞으로 둔 적이 있다. 그때 나는 죽음 자체를 두려워하기보다 내가 죽은 후에 남을 어린 자녀들에 대한 안쓰러움이 더 컸다. 몸의 이상이 그리 크지 않아서 감사했고, 당시 죽음을 수용할 수 있는 믿음을 주신 것도 감사했다.

신앙을 지키기 위해 생명을 내어놓은 수많은 신앙의 선배들이 있다. 그들이 순교할 수 있었던 것은 생명보다 신앙이 더 귀하다는 것을 알았기 때문이다. 또한 죽음을 다음 단계로 가는 길목으로 수용했기 때문이다.

우리의 믿음은 죽음을 수용하는 것으로 나타난다. 사도 바울이 죽음을 앞두고 "세상을 떠나서 그리스도와 함께 있는 것이 훨씬 더 좋은 일"(빌 1:23)이라고 말한 것은 죽음을 담담하게 수용하는 그의 믿음을 보여준다. 그러므로 우리는 생명을 하나님이 주신 선물로 귀하게 여기는 것과 똑같이 죽음 역시 하나님이 우리에게 허락하시는 선물로 생각하고 받아들여야 한다.

그렇다고 죽음을 수용하는 것과 죽음을 미화하는 것을 혼동해서는 안 된다. 낙태나 자살, 안락사 등이 문제가 되는 것은 생명을 경시하는 행동이기 때문이기도 하지만, 죽음을 수용하는 것이 아니라 죽음을 강요하는 것이기 때문이다. 성경은 어떤 행동이라도 자기나 다른 사람에게 죽음을 부과하는 것을 살인으로 규정한다. 죽음의 주권을 가진 분은 오직 하나님뿐이시다. 그러므로 우리는 사람의 생명을 귀하게 여기면서도 우리에게 주어지는 죽음을 수용할 수 있어야 한다.

우리의 믿음은 죽음을 수용하는 데 나타나는 한편, 죽음의 사실을 나누는 장례와 성묘에도 나타난다. 상가에서 상주와 조문객이 어떻게 처신하는가는 문화에 따라 차이가 많다. 장례에 대한 표준 규정 같은 것이 있으면 좋겠다는 생각을 해보기도 하지만, 더 중요한 것은 죽음에 대한 분명한 믿음을 나누는 것이며 살아있는 사람들이 죽음을 인식하고 그것을 준비하는 마음을 갖도록 하는 것이다. 그래서 전도서 기자는 "초상집에 가는 것이 잔칫집에 가는 것보다 나으니"(전 7:2)라고 했다.

전통적으로 기독교의 장례는 매장이었다. 그러나 좁은 땅에서 무한정 매장하는 것은 현실적인 문제가 있다. 몇 년 전만 해도 그리스도인에게 화장은 금기였다. 불교식이라고 생각했기 때문이다. 그러나 육체의 부활을 믿는 사람에게 죽은 몸은 특별한 의미가 없다. 물론 당사자들이 매장을 원한다면 따르는 것이 예의이다. 그러나 화장과 함께 수목장도 대안으로 등장했다. 어떤 형태이든 돌아가신 분의 인격을 훼손시키지 않으면서 부활의 신앙을 표현할 수 있는 장사라면 가능하다.

몇 해 전, 김인수 장로님(전 고려대 교수)의 장례식은 감동 그 자체였다. 장례식이 끝난 후에 그의 몸이 간 곳은 병원이다. 평생 주님을 위해 헌신했고, 마지막 가는 길에는 자신의 몸을 병원에 기증한 것이다. 죽음을 통해서 하나님께 영광 돌리고 이웃에게 덕을 끼치고자 한다면 이런 결정은 고귀한 결정이다.

어느 나라나 돌아가신 조상들을 위한 예절들이 있다. 우리나라에서는 제사라는 형태로 지켜진다. 그리스도인들은 제사의 형태가 우상숭배처럼 보인다고 해서 거부감을 갖는다. 그러나 그것 때문에 돌아가신 조상들을 위한 추모예배나 성묘하는 것을 소홀히 해서는 안 된다. 돌아가신 조상을 기억하고 그들의 덕을 기리는 것 또한 믿음의 행위이기 때문이다.

먼저 가신 분들의 신앙과 살아있을 때 남겼던 덕을 기리는 것은 자손들에게 영적인 유익이 된다. 또한 돌아가신 분들을 기억하므로 남아있는 자손들 역시 똑같이 그 길로 가게 될 것을 인식하는 기회가 된다. "한 번 죽는 것은 사람에게 정해진 것이요"(히 9:27)라는 진리의 말씀은 장례나 성묘 등을 통해 지속적으로 들려져야 한다.

신앙은 생활이요,
생활은 믿음이 드러나는 곳이다

지금까지 사람이 태어나서 죽을 때까지 경험하는 일상사들을 신앙의 눈으로 바라보았다. "너의 일상이 초라해 보인다고 탓하지 말라. 풍요를 불러낼 만한 힘이 없는 너 자신을 탓하라"는 릴케의 말은 우리가 일상에서 경험하는 심정을 잘 대변해준다. 일상에서 일어나는 사소한 일에 치이고 낙담하고 주저앉는 경우가 다반사지만, 그 속에서 신앙은 빛을 발한다.

이 책에서 언급한 내용들에 대부분 쉽게 동의할 수 있고 공감하는 내용들이지만 어떤 부분은 다르게 생각할 수도 있을 것이다. 믿음이 있는 사람이라고 해서 이 책에서 내린 결론에 꼭 동의해야 하는 것은 아니다. 만일 누군가 자기의 결론을 다른 사람에게 강요한다면 그것은 또 다른 형태의 율법주의일 뿐이다. 개인 성향이 다르고, 믿음의 분량도 다르기 때문에 얼마든지 다르게 생각할 수 있고 구체적인 상황에서 다른 결론을 내릴 수 있다. 그러나 일상에서 경험하는 모든 것을 믿음의 눈으로 보아야 하며, 그것들의 구체적인 결정이 바로 믿음의 표현이라는 사실은 모든 사람이 동의하리라 믿는다.

우리는 지금까지 신앙생활을 종교적인 삶으로 이해했다. 기도하고, 성경 읽고, 교회에 잘 가고, 교회의 활동에 참여하는 것 등이다. 그래서 신앙이 좋다는 사람들이 종교적인 영역에서는 구별된 모습을 나타낸다. 그러나 우리의 일상생활은 믿음보다 익숙한 사고방식이나 주변의 생활양식을 따라 이루어지고 있다. 종교적인 관점에서 보면 분명히 그리스도인이지만 일상의 삶을 보면 믿음이 없는 주변 사람들과 크게 다르지 않다. 결국 믿지 않는 사람들은 그런 그리스도인들을 보고 별로 놀라지 않을 뿐 아니라 도전 받지도 않는다. 감동을 받지 못하는 것은 더 말할 것도 없다. 사람들은 모두가 공유하는 일상의 삶에서 뭔가 다른 기준에 입각한 가치관을 가지고 행동하는 것을 볼 때 관심을 갖는다. 또한 그것이 자기들이 따라가기 힘든 일이라면 그런 사람을 존경하게 된다. 그리고 그의 믿음에 관심을 갖게 될 것이다.

히브리서 11장은 믿음의 사람들을 소개하면서 "이런 사람은 세상이 감당치 못하느니라"(히 11:38)고 표현했다. 지금 우리 삶의 환경은 믿음을 가지고 살기에 그다지 어려운 환경은 아니다. 특별한 예외는 있겠지만 모두 자유스럽게 종교생활을 할 수 있다. 그러나 일상의 삶을 하나님의 뜻대로 살아가는 것은 여전히 쉽지 않다. 일상의 사소한 일에서 매순간 하나님이 원하시는 것이 무엇인지를 생각하고 그것을 선택하고 결단하기는 쉽지 않다. 그러나 주님은 우리가 그렇게 살기를 원하신다. 사도 바울이 빌립보 교회 성도들에게 한 권면은 세상 속에서 일상의 삶을 살아가는 우리들에게 큰 도전이 된다.

"끝으로 형제들아 무엇에든지 참되며 무엇에든지 경건하며 무엇에든지 옳으며 무엇에든지 정결하며 무엇에든지 사랑받을 만하며 무엇에든지 칭찬받을 만하며 무슨 덕이 있든지 무슨 기림이 있든지 이것들을 생각하라"(빌 4:8).

우리 시대는 책상과 교단을 떠나 실제적인 삶을 찾아나서는 신학자가 필요하다. 로버트 뱅크스가 말한 사도적 신학자, 맨발의 신학자 말이다. 전공에 관계없이 일상의 문제에 관심을 가지고 성경적, 신학적 해답을 찾아나서는 사람들이 많아질 때 한국 교회는 신앙과 삶의 괴리 문제를 해결할 수 있다.

물론 목회자들도 더 관심을 가지고 연구해야 한다. 일상의 삶을 사는 성도들의 고뇌와 헌신에 민감해야 한다. 삶에서 일어나는 문제들에 대해 거리낌 없이 질문하고, 그에 대한 성경적 대답이 오가야 한다. 완벽한 대답은 찾기 어렵더라도 함께 고민하는 과정이 있을 때 신앙과 삶의 괴리는 좁아질 수 있다.

그리스도인이라면 일상생활 문제에 관심을 갖고 하나님의 뜻을 찾아가는 노력이 필요하다. 태어나서 죽을 때까지 인생 어느 한 구석에도 하나님의 뜻이 담기지 않은 영역이 없기 때문이다. 조용히 자기 삶을 돌아보고, 이웃들을 들여다보며, 이 사회와 민족의 장래를 생각하고, 전 지구마을의 가치와 의미를 되새기는 것은 그리스도인이 실천해야 할 생활신학이다. 평생을 사는 동안, 삶의 전 영역에서 하나님의 뜻을 찾아갈 일이다.